ミンスキーと〈不安定性〉の経済学

L・ランダル・レイ
横川太郎［監訳］　鈴木正徳［訳］

WHY MINSKY MATTERS
An Introduction to the Work of a Maverick Economist
L. Randall Wray

白水社

MMTの源流へ

ミンスキーと〈不安定性〉の経済学——MMTの源流へ

ミンスキーと〈不安定性〉の経済学＊目次

装幀＝コバヤシタケシ　組版＝鈴木さゆみ

はじめに

ミンスキーは重要である。本書は、ミンスキーがなぜ重要なのかを明らかにする。

本書はハイマン・P・ミンスキーの伝記でもなければ、「ミンスキーの思想史」の講義でもない。ミンスキーの思想をより多くの人たちに分かりやすく説明しようとするものである。ミンスキーの文章は不明瞭なことで有名だ。経済学者を含め、ミンスキーに関心があって理解しようとする者にとってさえ、彼の著作は難解である。

本書では、ミンスキーの最も重要な貢献を、専門用語を使わずに平易な言葉で説明する。ミンスキーの名前を最近知ったばかりの人たちのために「ミンスキーがなぜ重要なのか」説明し、さらに彼の貢献を掘り下げていきたい。この作業は、チャールズ・ダーウィン、ジークムント・フロイトあるいはミルトン・フリードマンがなぜ重要なのかを、解き明かそうとするのと同じようなものである。

フリードマンなら、みなさんもおそらくご存じであろうし、その著作を読まれた方もいるかもしれない。フリードマンの著作は、シンプルだが活き活きとしたスタイルで一般の読者向けに書かれている。それに比べて、ミンスキーのスタイルはずっと退屈で分かりにくく、そもそも一般読者向けの著作自体がほとんどない。一般読者向けを目指したとしても、たいてい目論見どおりにはいかなかった。ミンスキーの著作には通訳が必要なのである。

しかし、一般読者に理解してもらうには、単なる翻訳だけでは不十分である。読者を惹きつけ、興味を抱かせることも必要である。そこで現在であれば、世界金融危機の到来を彼が予見していたという事実が、ミンスキーに興味を持ってもらえる切り口になる。もちろん、世界金融危機は最後の危機ではないだろう。彼は次にやってくる危機、さらにその次の危機をも予見していたのだ。

とはいえ、本書は金融危機について論じるものではない。だが、本書を読み終えた後には、あなたは金融危機のことを、そしてそれにどう対処すべきかをよく理解できているだろう。ミンスキーの研究は、直近の暴落を理解するだけでなく、次の暴落を引き起こす力を認識することをも可能にするのである。

本書は、ミンスキーの著作中で論じられている、三つの主要なテーマから構成されている。一つ目は、今や有名になった書籍『金融不安定性の経済学（*Stabilizing an Unstable Economy*）』につながる金融不安定性に関する著述。二つ目は、雇用、不平等、貧困に関する初期の研究。三つ目は、一九八〇年代半ばから彼が亡くなるまでの晩年の研究、つまり「マネー・マネージャー資本主義」の分析につながる研究である。これらはすべて関連しているが、彼のキャリアの各段階として論じることは有益である。

ミンスキーの研究に通底するテーマは、ほとんどの経済学者の「ビジョン」が間違っているということである。市場プロセスは安定をもたらしなどしない。一般に認められた経済学の教義に装飾を加えたところで、間違ったビジョンを埋め合わせることはない。こういったビジョンとは異なるからこそ、ミンスキーは重要なのだ。

ミンスキーという男は、大きくて目立つ人物であった。彼は常に注目の的になりたいと望み、たいていそのとおりになっていた。彼はどの部屋でも、その部屋の中で最も頭の切れる男であった。背が高くて社交的で、髪はボサボサ。年をとっても茶目っ気たっぷりで、若いころの写真のたばこを吸う姿は粋だった。

　ミンスキーを初めて見たときのことは、鮮明に覚えている。実際のところは、こんなひとりごとをぶつぶつ言いながら、すり足で教室に入ってきたときの声をまず聞いた。「学生が多すぎる。年々増えてくる。最後に教室に入ってきた者がドアを閉めてくれれば本当にいいんだが。ここで話していることを外の人間には知られたくないからな」。それから彼は最高に素晴らしい講義を始めた。話題は、ウィリアム・ジェニングス・ブライアンの「金《きん》の十字架」演説から、「オズの魔法使い」のニューヨークの銀行家への批難、前日のセントルイス・カージナルスの試合にいたるまで多岐にわたったが、授業が終わるまでに、すべての話題についてきれいに締めくくった。

　私がミンスキーのティーチング・アシスタント（授業助手）を務めていたとき、彼は私を自分のオフィスに呼び、「考え方は急進的でも構わない。だが、服装はそうはいかない」と小言を言った。タンクトップに短パン、ビーチサンダルという私のお気に入りスタイルに彼は眉をひそめ、オフィスでは必ずワイシャツ、スラックス、ネクタイを着用するように言ったのだ。何年か後に知ったのだが、実は彼も大学院生のときランゲ教授から全く同じ小言をもらっていた。

　ミンスキーのティーチング・アシスタントとして私は、彼が学部生への単位付与について、あまりに寛大すぎることを納得してもらおうと多くの時間を費やした。おそらく彼は、学生の少なくとも半分が途方に暮れてしまうような講義スタイルを申し訳ないと感じていたのだと思う。彼はめったに講義資料を持参せず、シラバスを完全に無視し、課題にした文献についてほとんど論じなかった。寛大さは彼の償いだったのである。

　われわれが生まれる何十年も前に起きたあまり知られていない事件の詳細を議論するとき、ミンスキーはよく「覚えておきたまえ」と前置きして話し始めた。彼は、時間をかけ努力しなければ理解できない彼独特の用語を生み出した。ミンスキーの用語では、「資産を購入する」のではなく、「資産にポジションを取る」のである。負債を返済するために資産を売却しなければならなくなれば、これは「〔資産の〕ポジションを売ることで〔支払いのための現金の〕ポジションを作る」になる。これはある意味、彼が正確を期しているからであり、ウォール街の用語を採用しているからである。しかし私は、若干の神秘性と、わざとあいまいにすることによる悪評を彼が楽しんでいたのではないかと思っている。

　ミンスキーは、それが常人の理解を超えていると分かっていながら、珠玉の知恵を差し出して、そのあとそっとウインクしていたのだろう。

　ミンスキーは常々、自分は巨人たちの肩の上に立っていると語っていた。彼は、過去の経済学者が「本当は何を言わんとしているのか」を見抜こうとして、彼らの書き散らしたものを探索することにはほとんど関心を示さなかった。おそらく彼は、彼の著作を何としても解釈しようとする人間に我慢がならないだろう。その一方、彼は何よりも注目の的になることを好んだし、また彼はわれわれがその肩に立つことができる巨人のひとりであった。

　本書の企画を提案してくれたプリンストン大学出版局の編集責任者セス・ディチックに感謝している。エリック・ティモワーニュと数人の匿名の査読者からは有益なコメントをいただいた。本書を完成させるために取得した一年間の研究休暇中に金銭面で支援してくれたレヴィ経済研究所、そしてミンスキー・アーカイブ[1]のミンスキーの著作を利用できるようにしてくれたディミトリ・パパディミトリウとヤン・クレーゲルにもお礼申し上げる。また、長年親交をいただいたエスター・ミンスキー、ダイアナ・ミンスキー、アラン・ミンスキーの各氏にも感謝を伝えたい。そして何よりも、私を支え鼓舞してくれたハイマン・ミンスキーに感謝の意を表したい。

序論

投資に対する、より冒険的な資金供給が、その主導者に利益をもたらし、他者がそれに追随するような中においては、景気が拡大する中でさえ、安定性が不安定性を生み出す。

——Minsky, 1975, p.125[1]

経済活動の体系化の問題に対する最終的な解決法などというものは、存在しない。

——Minsky, 1975, p.168[2]

ハイマン・P・ミンスキーの研究がなぜ重要なのか？　それは、彼が「それ」（世界金融危機）の到来を予見していたからである。事実、最初に危機が起きたとき、彼の研究をよく知る人の多くが（ほとんど知らない人たちの一部でさえ）それを「ミンスキー・クライシス」だと宣言した。そのことだけでも、彼の研究に対する興味を刺激するにちがいない。

英国女王がご自身の経済顧問に、「なぜ誰も世界金融危機の到来を予見できなかったのか」と尋ねた話は有名である。その答えが複雑なのは明らかだが、それには戦後のマクロ経済学理論の発展への言及が含まれていなければならない。その発展とは、「ケインズの時代」から、ミルトン・フリードマンのマネタリズムの台頭とロバート・ルーカスによる非常に極端な形での新古典派経済学の再興を経て、最後に世界金融危機の瀬戸際でバーナンキ議長が採用した新しい貨幣的合意（new monetary consensus）にいたるものである。上記のマクロ経済学理論の発展を論じるに当たっては、金融理論および「効率的市場仮説」と、金融機関の規制と監督に対する「不干渉」主義の並行した発展を論じることが不可欠である。

世界的な金融崩壊の直前において、マクロ経済学として通用していたものは、現実の経済とはほとんど関係がなかった。主流派経済学によってモデル化された世界は現実の経済と何の関係もなかった。その世界は「合理的期待」に基づいていたが、それによれば、金融機関のない世界に住んでいて、誰もが、少なくとも確率的誤差《ランダムエラー》の範囲内で、正しい判断を行いありとあらゆるものを最大化する。これらのモデルにおいては、バブルも、投機も、暴落も、危機も存在しない。そして、誰もがすべての負債を必ず期限どおりに返済する。

その世界と比べれば、レイク・ウォビゴン*などまるで無法地帯のようなものだ。主流派経済学者が何も予見しなかったのも、全く驚くに値しない。

つまり、女王の経済学者に危機の予見を期待することは、地球平面説の信者にＮＡＳＡの航法を担当させて、彼らがスペースシャトルの大気圏再突入と着地地点を正確に予測することを期待するようなものだろう。米国の大統領経済諮問委員会（Council of Economic Advisers, CEA）にも同じことが言える。ＣＥＡは、実際には役立たずの政策立案者同様、理論に対する応援団程度の役割しか果たしてこなかった。

本書は、経済理論と経済政策に対する主流派に代わるミンスキーのアプローチを紹介し、なぜミンスキーが重要なのかを説明するものである。二〇〇〇年の時点で危機の可能性を警告していた経済学者はわずかながらいたが、ミンスキーの警告は実に半世紀前、金融不安定性に関する洞察を論じた一九五七年の著作から始まっていた。その後四十年以上にわたって、彼はその理論を洗練し、継続的にアップデートしてきた。単に先見の明があっただけではない。彼の分析はもっとずっと深く掘り下げられている。それゆえ、彼の研究は次の危機のみならず、その後の危機に際しても、われわれを導き続けることができるのである。

ミンスキーの考え方は、「安定性が不安定性を生み出す（Stability is destabilizing）」という彼の印象的な言葉の中に見出すことができる。一見、矛盾している、あるいはおそらく皮肉のように思えるが、実は深い洞察に満ちている。つまり、経済が力強く安定した成長を達成しているように見えれば見えるほど、そのことがますます暴落が起こりやすい状況をもたらしているのである。安定性が行動、政策立案、ビジネスチャンスを変化させ、その結果として不安定性が生み出されるのである。

一九二九年、米国の最も有名な経済学者アーヴィング・フィッシャーは、株式市場は「恒久的な高原状態」を達成し、市場が暴落する可能性は取り除かれたと述べた。一九六〇年代の後半にはポール・サミュエルソンのようなケインジアンの経済学者たちが、政策立案者は経済を「微調整《ファインチューン》」する方法を学んだので、インフレも不況も二度と生じないだろうと述べた。一九九〇年代半ばにはグリーンスパンＦＲＢ議長が、ナスダック（ＮＡＳＤＡＱ）の株式ブームに反映された「ニューエコノミー」がインフレなき高成長を促す条件を作り出したと論じた。二〇〇四年にはバーナンキＦＲＢ議長が、

＊　子どもたちが全員平均を上回る能力を持っているという架空の町。自分を過大に評価する認知バイアスを指す「レイク・ウォビゴン効果」という心理学用語は、この町の名前に由来している。

「大いなる安定（the Great Moderation）」の時代が訪れ、不況はゆるやかなものになり金融市場の振幅は小さくなるだろうと述べた。

いずれのケースにおいても、経済と金融市場がより安定し、「良き時代」が永遠に続き、そして経済学者たちがついに正解にたどり着いたと、信ずるに足る十分な証拠があった。しかし、いずれのケースも予言は完全に間違っていた。いずれのケースでも「安定性が不安定性を生み出す」という考え方が正しかった。いずれのケースでも、ミンスキーは、自らの正しさを証明したのである。

しかし、ミンスキーは、華やかで有益な言葉以上のものを私たちに残してくれた。

ウォール街の思考枠組み《パラダイム》

ミンスキーは、二つの世界にしっかりと立脚してきた。一つは「高度な理論」の世界、すなわち経済学者が理論とモデルを生み出し、ときには経済データを用いてそれらを検証する学究的環境である。残念ながら、主流派マクロ経済理論が近年はっきりと示したとおり、世界が実際にどのように動いているかについての理解の発展という点では、同理論は「針の上で天使は何人踊れるか」を議論するのと同じくらい役に立たない。

しかしながら、ミンスキーは現実世界の金融市場にもう片方の足をしっかりおいてきた。それどころか彼は、自分は「ウォール街の思考枠組み《パラダイム》」から始めるのだと常に主張していた。念のため断っておくが、それは、彼が、ウォール街占拠運動が反対デモを行っていた「上位一パーセント」のうちの一人だという意味ではない。ミンスキーは、現代の経済を理解するためには、「高度な金融」を理解しなければならないと言いたかったのだ。ミンスキーは、銀行とその他の金融機関、そして金融市場を深く理解していた。

この理解が、ミンスキーが主流派に代わるアプローチを発展させるのに役立った。彼は「それ」（新たな大恐慌）が到来するのを予見したのみならず、「それ」が再び起きる可能性があるとずっと警告していた。[3] 今にして思えば、世界金融危機につながる状況を生み出した証券化、債務比率の上昇、負債の上に負債を重ねる重層化、レバレッジド・バイアウト（ＬＢＯ）のような金融革新の存在を、彼は「リアルタイム」に把握していた。

そのうえ彼は、採用されたとしたら、不安定性に向かう推進力を弱めるような政策を最初から考案していた。金融システムは、ミンスキーが自らの理論と政策を発展させてきた半世紀の間も進化していたため、彼は自らの提案をアップデートし続けた。

皮肉なことに、主流派経済学は全く反対の方向に進んだ。つまり、金融システムがますます複雑になり支配力を増す中で、主流派は、金融に対するアプローチを実際には単純化した。そして、大学の象牙の塔から出てきたモデルの中で、ウォール街の役割を取るに足らないものに追いやった。

この巨大な怪物と化した金融システムの規制と監督を担当する政府の役人たちは、主流派の考え方はさほど悪いものではないと言わんばかりに、過度に単純化された、根本的に危険な主流派の考え方を頻繁に採用したのである。

「それ」は再び起こった！

米国政府自身による世界金融危機の原因調査でさえ、われわれの「公的管財人」が暴走する金融システムを抑え込むのに失敗したことを指摘している。『金融危機調査報告書（*The Financial Crisis Inquiry Report*）』[4] は、危機は予見も回避も可能だったと強く主張している。それは「単なる偶然のできごと」

ではなく、「太い尾《ファットテール》*を持った黒 鳥《ブラックスワン》**」とも関係なかった。危機は規制当局の目の前で、巨大銀行によって生み出されたのだった。

報告書によれば、世界金融危機はコーポレートガバナンスとリスクマネジメントの大失敗を意味しており、そのほとんどが、金融取引（実態はギャンブルを行っていた）と急成長（ウイリアム・ブラックが主張しているように、不正行為の分かりやすい兆候）に、根拠もなく、そして愚かにも集中したことの結果であった。(5) それどころか、政府の監督者は巨大銀行の悪行に手を貸していた。監督者は自らの職務を拒否するだけでなく、銀行の自主規制と自主管理を支持して規制と監督の撤廃を推進し続けていたのである。例えば、ポール・サミュエルソンの甥で、ハーバード大学の今日最も著名なケインズ派経済学者であるローレンス・サマーズが、クリントン政権の財務長官時代に、経済を沈没させる金融津波の発生を引き起こす上で決定的な役割を果たした「金融派生商品《デリバティブ》」の規制緩和を推進したのは有名である。

悪しき市場参加者、悪しき金融慣行、悪しきできごとに焦点を当てることは危険である。(6) 確かに、危機に対して最も責任がある人たち、すなわち巨大銀行や「シャドーバンク」の経営陣が訴追されていないのは、恥ずべきことである。それでもやはり、より長期的なトレンドを理解することが重要である。ミンスキーの枠組みは、戦後の金融システムの変容という文脈において危機を考えるのに有益である。そして、腐ったリンゴにすべての責任を押し付けるべきではないことに彼も同意するだろう。

世界金融危機の教訓

ミンスキーが言っていたとおり、金融の脆弱性は一九六〇年代から直近の暴落にいたるまで強まる傾向にあり、「それ」（もう一つの、一九三〇年代のような「大暴落」）が「再び起きる」可能性を高めた。

そのため、世界金融危機は厳密には不可避ではなかったが、金融構造上、危機が発生する可能性が高かった。多くの重要な点において、われわれは世界大恐慌前夜と似た状況を作り出し、同じような危機を経験した。

一方、最も重要な違いは危機への対応であった。ミンスキーが言っていたとおり、「大きな銀行」（米国の連邦準備銀行、またはＦＲＢ）***と「大きな政府」（米国財務省）がわれわれを最悪の事態から救ったのである。おかげでわれわれは恐慌に陥らずに済んだ。確かに、ひどい不況になり（六年経ってもまだ完全に脱出できていない）、金融システムのすさまじい崩壊が起きて何兆ドルもの資産が吹き飛んだ。しかしながら、この危機で失業率が二桁にまで達し、おそらく二千五百万人が失業していたものの、ローズベルト大統領の「ニューディール」とジョンソン大統領の「貧困との戦い」の間に整備された社会的セーフティネットのおかげで、一九三〇年代に経験したような苦境にまで陥ることはなかった。

オバマ大統領の「大きな政府」の財政赤字は、（一部急遽策定された景気刺激策のせいもあって）一兆ドルにまで膨らんだが、それが経済の下支えとなった。

＊　金融商品の値動きの分析において、一般的に利用される正規分布では示すことができないような極端な変動を示す分布のこと。

＊＊　主に金融市場において、過去の経験や統計からではほとんど予測できず、発生すれば大きな衝撃を与える極端な事象のこと。

＊＊＊　原著では“Fed”。これは、金融政策の決定主体のみならず、連邦準備制度全体や連邦準備銀行を指すためにも使われる用語である。日本ではＦＲＢが同様の使われ方をしていることから、その趣旨でＦＲＢと訳出している。なお、本来ＦＲＢが意味する“Federal Reserve Board”および“Federal Reserve Bank”は、それぞれ「連邦準備制度理事会」「連邦準備銀行（連銀）」と表記する。

そして、ＦＲＢのベンジャミン・バーナンキ議長は、世界の銀行システムを救うために「大きな銀行」による二十九兆ドル（この数字は間違いではない！）の救済策をとりまとめた。[7] その結果、これが世界大恐慌以来の最悪の金融危機であったことを考えれば、銀行取り付けは非常に少なく、銀行の破綻も驚くほど少なかった（世界大恐慌の際には、取り付けを食い止めるためにローズベルト大統領が銀行の「休業」を宣言し、営業再開が許可されたのは全銀行の半分だけであった）。

ミンスキーが論じたように、金融危機に対する唯一の賢明な対応は、アーヴィング・フィッシャーが「負債デフレ」と呼んだ、パニックに陥った家計、企業、銀行が保有資産を流動化しようと金融資産を投げ売りするのを防ぐために、ＦＲＢが「最後の貸し手」としての役割を果たすことである。[8] 世界大恐慌が始まったときのフーバー政権の財務長官アンドリュー・メロンは、悪名高くも危機の解決策として流動化を提言した。「労働者を流動化し、株式を流動化し、農民を流動化し、不動産を流動化する……それはシステムから腐敗を一掃するだろう」。[9] しかし、すべてを売却することによって価格が暴落し、農家、企業、家計が破産し、不況はいっそう悪化した。

バーナンキ議長の対応は、手際こそ悪かったが、ＦＲＢが銀行を救い資産価格の急落を防ぐ上で、決定的な役割を果たしたことは間違いない。

しかし、その結果は、バラ色とはとうてい言い難かった。われわれは頑健な金融システム、厳格な規制、強力なセーフティネットを手に入れて大恐慌から抜け出したが、二〇一五年の時点では、危機を引き起こした金融機関をかろうじて支えているだけである。二〇〇六年や一九四〇年と比べ、経済はずっと弱い状態のままだ。住宅ローン*を抱えている何千万人もがひどい債務超過のままであり、何百万人もが家をすでに失っている。

表面上の失業率は低下したが、その改善の大半は錯覚に過ぎない。何百万人もの労働者がすべての望みを捨てて、労働力人口のカウントから外れてしまったのだ。「回復」から何年も経っているにもかかわらず、持ち家比率（自分の家を保有しているアメリカ人の割合）も就業率（仕事がある成人人口の割合）も、世界金融危機前の水準をはるかに下回ったままである。不平等が実際に拡大しており、景気回復による利益はすべて、所得と富の分配における最上位の人たちの手に渡っている。

そのうえ、ワシントンの連邦政府は、ローズベルトの例にならわず、金融システムの徹底的な改革に取り組まなかったため、現在の巨大銀行は世界金融危機の前夜と比べて、実際にさらに大きくまたさらに危険になっている。巨大銀行は、世界金融危機を生み出したのと同じ慣行の多くをまたしても始めている。われわれの「公的管財人」は、このような事態を再び許している。われわれは、世界金融危機から多くを学ばなかったようだ。

主流派経済学者によるミンスキーの発見

この序論の冒頭でも触れたとおり、危機が起きたとき、著名な経済学者たちはミンスキーを発見した。米国で最も有名なケインズ派経済学者のポール・クルーグマンは、ニューヨーク・タイムズのコラムの多くをミンスキーの研究に当てた。二〇〇九年五月、クルーグマンは読者に対して、ミンスキーの一九八六年の著作を徹底的に研究するつもりであることを以下のように明らかにした。

＊　本書では“mortgage”を、分かりやすさを優先して「住宅ローン」と訳しているが、厳密には「抵当証書」となる。アメリカでは、住宅を担保とする貸付を行う際、債務者が、借入金額を記載した約束手形、不動産抵当契約証書、保険証書などの書類を債権者に交付する方式を採用している。これらの書類の総称が“mortgage”であり、有価証券のように債権者によって第三者に譲渡・所有権を移転することが可能となっている。

したがって、実は、ここソウルで、私はハイマン・ミンスキーの最高傑作[10]を読んでいる……そして私は、ミンスキーのプラトン哲学的なイデアは現実よりもはるかに優れていると言わなければならない。そこには深い洞察がある。それは金融の脆弱性の概念と、世界大恐慌の記憶が薄れるにつれてシステムが実はより脆弱になってきていたという卓越した洞察である。ところが、その洞察は第九章の中で取り上げられている。それ以外の部分を読むのは、仰々しい表現、カレツキーの所得分配理論（これは根本的な論点とは関係ないと思う）などのせいで長くつらい作業である。公平のために言っておくと、私はケインズを原書で十分に理解できるようになるまで数十年かかった。再読すれば、ミンスキーの洞察の深さを全体にわたって理解できるかもしれない。あるいは、できないかもしれない。[11]

クルーグマンは、ロンドン・スクール・オブ・エコノミクス（LSE）で三回講義を行ったが、その三度目の講義のタイトルは「ミンスキーを再読する夜」であった。その講義の中で、彼は「ミンスキーがクールになる前からミンスキーに夢中になった」と主張し、世界金融危機が発生するずっと前から、経済の脆弱性の増大を認識していた点をミンスキーの功績として評価した。

同様に、二〇〇九年四月の「ミンスキー・カンファレンス」[12]において、ジャネット・イエレン（後にバーナンキの後任としてFRB議長の座に就いた）は次のようにコメントした。

ハイマン・P・ミンスキーの名を冠した学会で、このような高名な方々を前にお話できることを大変うれしく思います。前回私がここでお話したのは、私が連邦準備制度理事会の理事を務めていた十三年前でした。そのときの私の演題は、「金融機関における信用リスク管理の『新しい』技術」でした。それは、私がリスクの測定と管理を改善すると期待していた金融革新を説明するものでした。今日の演題は、「ミンスキー・メルトダウン――中央銀行家への教訓」です。その皮肉について述べるつもりはありません。金融の世界の混乱によって、ミンスキーの著作が読まれなければならなくなったと言えば十分でしょう。それは大変価値があるものだと評価されつつあります。この一年半の劇的なできごとは、彼と比較的少数の人たちが想定していたシステムの崩壊の典型的な事例でした。[13]

では、一流かつ正統なケインズ派経済学者が「ミンスキーを再読」し、そこに望ましいものを数多く見出したとして、なぜこのことが経済学的思考と政策立案に抜本的な改革をもたらしていないのだろうか。

「経済は生来安定的である」という前提のミンスキーによる否定

クルーグマンはLSEの講義で、ミンスキーの問題点は、主流派の正統な新古典派経済学を否定し、異端派のアプローチを採用したことだと説明している。それが、ミンスキーの考えが本来あるべき影響力を持っていない理由だというのだ。

二〇一四年、クルーグマンはそのテーマに再び触れ、「それの到来を予見すること」ができないとしても、古き良き主流派経済学はその問題を説明することができると、後知恵で次のように主張した。

異端派は、自分たちが重要な部分で、誤った筋立てに沿って研究してきたことを認識しなければばならない。彼らが自分たちに言い聞かせている筋書きは次のとおりだ。それは、経済学者が世界経済危機の予言に失敗したこと（さらに、危機への政策対応がまずかったこと）に加えて、不平等の急拡大が、従来の経済分析の失敗を示しているというものだ。したがって、基本的にサミュエルソンの一九四八年の教科書から始まったすべての体系を権威の座から引きずり下ろし、他の学派に等しいチャンスを与えるべき時が来たのだ、と。

異端派にとっては（おそらくは世界にとっても）残念なことに、これは実際に何が起こったのかという話をほぼ完全に間違ったものにしてしまう。

確かに、経済学者は二〇〇八年の危機を予言できなかった（予言できた人はほとんどいなかった）。しかしこれは、経済学がこのような危機を理解するためのツールを持っていなかったからではなかった。われわれはずっと前から銀行危機のロジックを十二分に理解していた。その代わりに実際に起こったことは、シャドーバンキングの重要性が増していることに気づけなかったという現実世界の観察力の不足であった……。これは目先の問題に過ぎず、深刻な理論上の失敗ではなかった。人々がシャドーバンキングの重要性を認識すると、すぐにすべてが落ち着くべきところに落ち着いた。われわれが見ているのは古典的な金融危機なのだ[14]。

クルーグマンによれば、主流派は単にシャドーバンキングの台頭に気づかなかっただけだ。ミンスキーが、遅くとも一九八〇年代前半には言及していたことに、である。ミンスキーは、一九八七年には証券化に関する洞察に満ちた論説を書き、「証券化が可能なものは、何でも証券化されるだろう」と予言さえしていた[15]。

しかし、本書が明らかにしているように、クルーグマンは二つの点で根本的な誤りを犯している。

第一に、クルーグマンは銀行業務を理解していない。対照的に、ミンスキーは銀行業務を深く理解していた。その一部は、ウォール街の人脈から、あるいはセントルイス銀行の取締役を務めた経験から得たものだった。これは第四章のトピックである。

さらに重要なのは、クルーグマンを含む正統派の経済学者が、通説に対するミンスキーの「不満」を理解していないことである。ミンスキーにとっての主たる問題は、正統派がシャドーバンクの台頭に「気づかなかったこと」ではなく、その詳細な分析を加えても、正統派の理論は改善しないと主張していたのである。

ミンスキーの批判はずっと根本的なものだった。すなわち、主流派経済学は、経済は生来安定的であるという前提からスタートしている。市場の力が、経済を需要と供給が一致する「均衡」に引き戻すと仮定している。これは、まさにミンスキーが否定していたことなのである。

経済学者の自白

主流派の経済学者たちも、後知恵の恩恵を受けて、危機を引き起こしたと彼らが主張している数多くの要因を今は認識している。これらは、クルーグマンや他の経済学者たちが、危機の到来に気づくことができたであろうから、知っていればよかったのにと望んでいることである。

1　太い尾《ファットテール》を持った黒　鳥《ブラックスワン》　金融市場は、二〇〇〇年代前半の陶酔的なブームの中で典型的には過去五年間といった比較的短期のデータに基づいて、リスクを見積もっていた。また、市場は「テールリスク」（悪いことが起きる確率）は低いと思い込んでいた。しかしこれは、バーナンキ議長が「大いなる安定の時代」と宣言した、資産価格がたえず上昇した、めったにない平穏な時期だったことに留意すべきである。それは、とりわけ好況の主要な原動力であった米国の住宅用不動産に、当てはまった。

住宅価格は着実に上昇しており、住宅ローンの債務不履行や差し押えはほとんどなかった。債務不履行のリスクを計算し、テールリスクを測定するためにこの期間のデータを利用すれば、必然的に市場はリスクを大幅に過小評価することになってしまう。市場は、「ファットテール」から生じる損失をカバーできるように、「ブラックスワン事象」が起きた場合の損失準備金をより多く確保しておくべきであった。われわれは今や、そのことをよく分かっている。

2 FRBは金利をあまりに長い間、あまりに低く維持しすぎた　二十一世紀初頭の「ブッシュ不況」以来、FRBは低金利を維持してきた。景気回復が十分な雇用を生み出していなかったからである。インフレの兆しが見られなかったため、FRBには金融政策を引き締める理由が見当たらなかった。しかし、このような低金利は、投機家による借入を誘発し、不動産、一次産品《コモディティ》、株式の資産価格ブームに拍車をかけた。FRBは、消費者が購入する、上昇のゆるやかだった「実物」の価格にしか注目していなかったため、「資産価格インフレ」を無視した。FRBが投機バブルに注意を払っていたならば、金利引き上げによってバブルを未然に防げたかもしれない。われわれは今や、そのことをよく分かっている。

3 誰もシャドーバンクの台頭に気づかなかった（クルーグマンの個人的お気に入り）　銀行としての規制と監督を受けない金融機関を指す「シャドーバンク」という用語を作り出したのは、ピムコ（PIMCO：世界最大の債券型投資信託運用会社）のポール・マカリーだとされている。シャドーバンクとは、具体的には年金基金、短期証券投資信託（money market mutual funds, MMMF）[*]、住宅ローン会社、様々な種類の証券化媒体《ビークル》などを指す。世界金融危機にいたるまでの二十年間で、シャドーバンクは、資産規模において商業銀行よりもずっと巨大に成長した。また、シャドーバンクは、預金の提供や貸出を含め、銀行が行う業務の多くを行っていたが、政府の監督をほとんど免れていた。さらに重要なことに、それらのレバレッジ比率〔自己資本または純資産に対する資産の割合〕は、銀行よりもずっと高かった。資産を購入するために、シャドーバンクはごくわずかな「自己資本」しかリスクにさらさず、大部分は「他人資本〔外部から借り入れた資金〕」を利用した。保有する資産の価値のほんのわずかな下落でさえも、すべての資本を食いつぶしてしまう可能性があり、そうなった時点から「他人資本」が損失を出し始める。わが国の規制当局は、シャドーバンクにより多くの資本保有を強制し、「自己資本」をもっとリスクにさらさせるべきであった。われわれは今や、そのことをよく分かっている。

したがって、正統派経済学には何の間違いもなかった。われわれはファットテール・リスク、資産価格バブル、シャドーバンクを従来のモデルに取り入れればいいだけだ。そうすれば、われわれは次の危機の到来を予見するだろう。あるいは、正統派の経済学者がそれを保証してくれるというわけだ。

世界金融危機以来の政策対応は、主としてその考え方に基づいている。主たる提言は、「システミックリスク**」を低減するために、「マクロ・プルーデンス規制***」を導入することである。これは大きなテーマであり、それが本当は何を意味するのかに関して多くの意見の相違がある。しかしながら、最

＊　短期証券で運用されるオープンエンド型の投資信託。換金自由で、小切手が振り出せる商品もあるため、安全かつ当座預金のような利便性を有する銀行預金類似商品として残高を伸ばしたが、世界金融危機に際して額面割れを起こし、解約が殺到した。

＊＊　個別の金融機関の支払不能等や、特定の市場または決済システム等の機能不全が、他の金融機関、他の市場、または金融システム全体に波及するリスクのこと。

＊＊＊　金融システム全体のリスクの状況を分析・評価し、それに基づいて制度設計・政策対応を図ることを通じて、金融システム全体の安定を確保するための規制のこと。

も重要な提案は、資本要件を引き上げること、金融機関に「身銭を切らせる」（自己資金をより多くリスクにさらす）ことを強制すること、金融システムの業務分野分けを復活させることである。その考え方は、ほとんどの人々が金融サービスを利用する比較的安全な金融システムの業務分野を、リスクをとる意欲と能力がある人たちのためのより大きなリスクを負う業務分野から切り離しておいて欲しいというものである。

正統派に代わるミンスキーの経済学のビジョン

たとえ先に挙げた三点を世界金融危機の要因だと捉えるとしても（三つの議論は混乱しているので、そうすべきではないが）[16]、ミンスキーは主流派経済学にこれらを加えたところでほとんど意味がないと主張するだろう。間違っているのは、主流派のビジョンであり、市場原理は基本的に安定しているという確信である。

ほとんどの人は、アダム・スミスの「見えざる手」の比喩を聞いたことがあるだろう。[17] その考え方は、すべての個人が自らの欲望を満たそうとする市場経済は、望み得る最良の結果に、自然と到達するだろうというものである。より専門的に言えば、それらの個人は「価格シグナル」に反応することで、均衡価格（市場清算価格）で需要と供給の一致をもたらすと考えられている。

例えば、エンジニアに対する需要が供給を上回れば、エンジニアの給料が上がり、より多くの大学生がその職業を選ぶ誘因が生じる。その結果、給料の均衡が達成され、需要と供給が一致する。同様に、製品の供給が需要を上回れば、生産者は、均衡価格で需要と供給が等しくなるまで、生産量を減らし、価格を下げる。

これは常識的なことのように思えるが、「秘訣《トリック》」は、市場経済はすべての市場で同時に需要と供給が均衡する「一般均衡」の状態に経済全体を到達させることを、示したことにあった。それだけでなく、一般均衡が「安定的」、つまり、経済が均衡から外れれば、市場原理の見えざる手が常に経済を均衡に向かわせることを示す必要があった。

　新古典派の「ビジョン」では、アダム・スミスの比喩がわれわれの現実世界に当てはまる。確かに、現実経済が常に均衡状態にあると主張している新古典派経済学者はいない（とはいえ、彼らのモデルの多くはその前提からスタートしているが）。新古典派経済学者は、われわれの経済がブラックスワン・ファットテール現象の一つである「ショック」にさらされて、均衡から逸脱すると考えている。しかし、このようなショックのあと、市場原理が経済を均衡に戻すように作用するのである。

　市場原理が、現実世界においてどのくらいの速さで作用するかについては、主流派内で論争がある。クルーグマンは、「海水学派」（ハーバード大学、イェール大学、プリンストン大学といった米国東海岸の経済学者）と「淡水学派」（シカゴ大学の経済学者）という有名な区分けをしている。海水学派は、均衡への回帰を阻む頑強な「摩擦《フリクション》」があると考えている一方、淡水学派は均衡に向かう力は強力だと考えている。これを受け、海水学派の経済学者はこのような摩擦を取り除き、あるいは減らすために政府がより大きな役割を果たすことを支持しており、淡水学派の経済学者は政府の政策は無力あるいは事態を悪化させさえすると考えている。

　これに対してミンスキーは、現代経済の内的ダイナミクスは均衡に向かうものではないと主張した。そのように作用する見えざる手など存在しないのである。たとえ主流派寵愛の「均衡」が達成できたとしても、その内的ダイナミクスがわれわれを均衡からはじき飛ばしてしまうのである。システムは安定的ではないのである。そして、もし奇跡的に度重なる幸運に恵まれて、安定的な均衡を達成できたとしたら、安定性が不安定性を生み出すことになる。

これは、静穏が人々の行動、政策立案、ビジネスチャンスを変えるからである。バーナンキ議長の「大いなる安定」が安定的な均衡になり得なかったのは、市場参加者が「安定」を計算に入れて、ブラックスワンとファットテールの可能性を割り引いて考えたからだった。彼らはより大きなリスクを負ったのである。安定的な経済では、市場は飽和状態になりがちなので、高い利潤を得る機会を見つけることも一層難しくなる。最後に、経済の安定は、（税収を増やし、ある種の支出を減らす自動安定装置によって）財政引き締めと金融引き締め政策を促進し、システムはより安定的だという理由に基づいて金融規制緩和をも促進する。このような政策の傾向は、リスクをとることを促す。これらすべての要素が、システムを頑健な構造から金融的に脆弱な特性に変化させた。

これが、ミンスキーがわれわれに残した基本的な洞察である。そして、この洞察こそが、淡水学派にも海水学派にも拒絶されている洞察である。彼らは必死になって自分たちの均衡理論を維持し、安定を必要とする経済のモデルを構築しようとしている。彼らには見えざる手が必要である。それがなければ、彼らの理論体系全体が崩れてしまうのだ。

海水学派に属するケインズ派経済学者の中には、こう反論する者もいるかもしれない。ミンスキーが正しいならば、現代の経済システムのダイナミクスは次のようなものになる。つまり、（a）安定は束の間のものであり、（b）システムをより安定的にするためにわれわれが行うことはすべて、結局不安定性を生み出す。ところが実際には、戦後の非常に長い期間、われわれの経済は比較的安定していたように思われる。安定化政策は機能していたように見えた。ミンスキーは悲観的すぎるのではないか。

後述するとおり、比較的安定していた長い期間の後に、不安定性が増大し、そして一連の金融危機が発生したことは、実はミンスキーが正しかったことを証明している。ミンスキーによれば、ニューディール期と戦後の間もない時期に、われわれは生来の不安定性を抑制する一連の制度を整備した。しかし、時間の経過とともに、利潤を追求する企業がその抑制を回避する方法を見つけたのみならず、金融機関の規制と監督が徐々に緩められたせいもあって、それらの制度は脆弱化した。

金融構造は、安定性を促進するものから、より大きな不安定性を生み出すものへと徐々に進化していったのである。そこで、（ミンスキーが言ったように）金融を「再構築」し、ブームと破綻に不可避的に進む力を抑える新たな制度を考案することが課題となる。

これは、ローズベルトのニューディールが課した古い規制をただ復活させれば良いという問題ではない。時代は変化している。われわれには新しいニューディールが必要である。

このあとの各章では、われわれが現在直面している不安定性を抑制するのに必要な改革を概観するために、ミンスキーの貢献を検討する。そのためには、偏狭な正統派の考え方を捨てなければならない。海水学派も淡水学派もわれわれを救うことはできない。どちらも同じ誤ったビジョンに依拠しているからだ。われわれが必要としているのは、必ずしも均衡へと向かうわけではなく、相対的に安定した状態から不安定性を高める方向へ進化する経済という、ミンスキーのビジョンなのである。

第一章では、ミンスキーの主たる貢献領域を簡単に要約する。第二章では、戦後の経済理論と経済政策の発展を考察し、それをケインズ革命における理論および政策と比較対照する。ミンスキーは、重要な点においてケインズ革命は中断していると、常に論じていた。なぜなら、古い新古典派経済学がケインズの考え方のうちほぼ異論のない部分を統合していく過程で、ケインズのビジョンが抜け落ちてしまったからである。ミンスキーの研究の多くは、ケインズの再解釈と金融が演じるますます重要な役割を組み込むための拡張をもたらした。

残りの章ではミンスキーの研究をより詳細に検討する。それは非常に重要な意味においてケインズのビジョンに従って、理論と政策におけるケインズ革命を拡張する。特に第二章では、主流派のケインズの解釈とミンスキーの再解釈を対比する。

第三章では、ミンスキーの最も有名な貢献である「金融不安定性仮説（the Financial Instability Hypothesis, FIH）」の展開における初期の研究を考察する。ミンスキーは、それをケインズの「景気循環の投資理論」から始めているが、そこに「投資の金融理論」を付け加えている。景気拡大期には、企業の金融ポジションがより脆弱になり、ひいては経済全体の金融ポジションが脆弱になる。ミンスキーは、一九五〇年代後半にこの金融不安定性のモデルに取り組み始め、一九七五年の著書『ケインズ理論とは何か（*John Maynard Keynes*）』[18]で実質的にそれを完成させた。そのタイトルにもかかわらず、これは決してケインズの伝記ではなく、ケインズの思想の解説ですらない。そうではなく、ミンスキーがしばしば語っていたように、経済の理解に対する彼独自の革新的な貢献を生み出すために、彼は「巨人たちの肩（なかでも最も重要なケインズの肩）の上に立った」のである。

第四章では、銀行業務に対するミンスキーの考え方を確認し、それをポール・クルーグマンのような正統派のケインズ経済学者の考え方と比較する。正統派のアプローチは、単純な「預金乗数」に基づいているが、ミンスキーの考え方は現実世界の銀行業務に対するずっと深い理解に基づいていた。さらに言えば、ミンスキーは貸借対照表（バランスシート）と資産のポジション取得からスタートしており、これを企業、家計、そして政府のすべてに適用できると主張していたことから、単なる銀行業務の理解よりもずっと守備範囲が広かった。だからこそ、ある重要な意味において、彼がよく語っていたように「誰でも貨幣を創造することができる」のであるが、「問題は、それを受け入れさせることができるかである」ということになるのである。

第五章では、雇用と貧困に関するミンスキーの貢献について探究する。金融部門に関する研究ほど有名ではないものの、バークレー時代に始めたこの研究は、ケネディ、ジョンソンの両政権期の、正統派ケインジアンに基づく「貧困との戦い」に代わる政策を提示した。ミンスキーは当初から、この「戦い」には雇用創出の要素が含まれていないので失敗するだろうと主張していた。ミンスキーにとって、貧困の大部分を解決する方法は非自発的失業をなくすことである。それゆえ彼は、世界大恐慌の間に八百万人の雇用を生み出したニューディールの雇用促進局（Works Progress Administration, WPA）にならったプログラムを提案した。このテーマは金融不安定性というミンスキーの最大の関心事とほとんど関係ないように見えるので、彼が一九六〇年代の大半と一九七〇年代前半の研究をそれに費やしたことは、奇妙に感じられるかもしれない。しかし、ミンスキーは、完全雇用の維持と貧困と不平等を減らすことが、金融と経済の安定性を高めるために不可欠であると考えていた。その理由について第五章で明らかになる。

第六章では、ミンスキーの晩年の研究を検討する。そのほとんどは、彼が大学を退職し、レヴィ経済研究所へ移った後になされたものである。ここでは、金融不安定性仮説の初期の研究に大幅な拡張と修正が施されている。ミンスキーは、景気循環の過程における金融ポジションの進化に焦点を当てるよりも、金融システム全体のより長期的な変容を強調した。このことは、いくつかの点で、もともと彼の論文指導者だった偉大なヨゼフ・シュンペーターの研究への回帰を示している。シュンペーターもまた、資本主義経済の経時的な進化に関心を持っていた。ミンスキーは、資本主義経済がいくつかの異なる形態を経て進化してきたという段階論のアプローチを発展させた。後述するとおり、ミンスキーは、第二次世界大戦後の米国経済が非常に安定した資本主義の形態として始まったが、その後半世紀にわたって金融システムは脆弱化する方向に進化したと主張した。わが国の資本主義は、マネー・マネージャー資本主義という新しい局面に入ったが、それは二〇〇七年から二〇〇八年にかけての世界金融危機という破綻を招いた。第六章では、その観点から世界金融危機をミンスキー的に分析する。

ミンスキーは、一九六〇年代から銀行の規制と監視を改善するための提案に取り組んでいた。第七章は、「堅実な銀行経営（prudent banking）」、つまり、「健全な」銀行がどのように事業を運営しているかについての初期の研究から始める。次に、先進資本主義経済の金融システムが提供しなければならない本質的な機能について検討する。その上で、それらの機能を果たしつつも堅実な銀行経営を促進することを企図したミンスキーの提案をいくつか見ていく。

第八章は最終章であり、安定性、民主主義、安全、平等を促進するためのミンスキーの全般的な改革を示す。ミンスキーの関心は、民主主義を促進しつつも、現代資本主義に固有の、不安定性へ向かう生来の推進力を弱めるような政策、規制、プログラムにあった。ミンスキーは、最近数十年にわたる不安定性と不平等の拡大が、システムをより一層不安定にしていると強く信じていた。彼が取り組んだのは、民主主義が重んじる自由を維持しつつ、どのようにこの不安定性を弱めることができるかという問題である。

本書には、参考文献のリスト（「参考文献」）とミンスキーの著作リスト（「ミンスキー著作一覧」）も載録されている。両リストには重複もあるが、文中の引用の完全な出所を調べるために、読者は「参考文献」を利用すべきである。

第一章　ミンスキーの主な貢献の概要

私が［ポール・］ダグラスから学んだ教訓は、コブ＝ダグラス生産関数を含むいかなる定式化された分析ツールも、現実の世界で起きていることをほとんど説明しないこと、そして分析ツールが有用であるためには、それが市場の制度、慣習、適法性の理解の中に埋め込まれていなければならないことである。(1)

——Minsky, 1988, p.174

資本主義経済は、相互に関連する一組の貸借対照表と損益計算書によって説明することができる。貸借対照表上の負債は、要求があり次第、［契約等で予め決められた］一定の事象が発生した時、あるいは［契約等で予め］決められた日に支払いを行う約束である。(2)

——Minsky, 1992

本書はミンスキーの伝記ではないが、まずは彼の人生の簡単な紹介から始めよう。(3)

ハイマン・ミンスキー（一九一九―一九九六年）は、シカゴ大学で学部生として数学を学び、一九四一年に専攻を数学、副専攻を経済学として同大学を卒業した。ミンスキーには、経済学の修士号を取得するための特別研究奨学金《フェローシップ》が与えられていた。しかし、彼はわずか一学期間在籍しただけで、ワシリー・レオンチェフ教授の下で、戦後計画を研究するグループに参加するために、ハーバード大学へ移った。彼はシカゴ大学へ戻って研究するつもりだったが、ハーバード大学はそれよりも好条件の特別研究奨学金を提案してくれた。しかし、わずか一学期後に陸軍に徴兵されたため、それも短期間で終わった。彼は、一九四六年にベルリンで除隊になったが、アメリカ占領軍政府の人的資源課で六ヶ月間の民間人任用に応じた。彼は、特定の制度と歴史的状況の重要性についての認識はその仕事から得たものだと、後に語った。

ミンスキーは、シカゴ大学とハーバード大学の両方から大学院の特別研究奨学金のオファーを受けたが、そのときにはシカゴ大学で一緒に研究したいと思っていた教授の何人かが不在になるのでハーバード大学を選んだ。一九四九年に、彼はブラウン大学で初めて正規（常勤）の研究職に就いたが、多くの博士論文提出資格者のように、教鞭を執りながら博士論文を書き上げなければならなかった。ミンスキーは、ハーバード大学教授のヨゼフ・シュンペーターの指導の下で、論文を書いていたが、その完成前にシュンペーターは亡くなった。ミンスキーは、「シュンペーターは『死ぬ』という、論文指導者の大罪を犯した」と冗談で言っていた。レオンチェフ教授は、論文テーマが自身の関心分野ではなかったにもかかわらず、シュンペーターの後任を買って出てくれた。ミンスキーは一九五四年に博士論文を完成させた。ブラウン大学在職中の一九五五年にはエスター・デ・パルドと結婚し、二人の子どもを授かった。二人のうち、一人は美術史の教授に、もう一人は革新的なラジオ番組のプロデューサーになった。

彼はカリフォルニア大学バークレー校の客員の職につくために、一時的にブラウン大学を離れたが、結局一九五七年にバークレー校で正規採用されることになった。また、一九六〇年には全米経済研究所（National Bureau of Economic Research, NBER）で研究するために休職したが、一九六五年までバークレーに籍を置いていた。全米経済研究所にいる間に、彼は多くの一流経済学誌で論文を発表したが、その研究には乗数加速度モデル、中央銀行業務と貨幣市場、雇用と経済成長、金融危機が含まれていた。

一九六〇年代半ばには、学生運動が激化していた。ミンスキーはその目的を支持する左派であったが、そのやり方には必ずしも賛成していなかった。バークレーからセントルイスのワシントン大学に移った理由の一つは、平和と静穏を手に入れるためだったと彼はよく語っていた。実際には、他に二つの理由があった。それはすなわち、高収入とセントルイスのマーク・トウェイン銀行の経営に関わるチャンスであった。その関わりが、彼の金融機関、金融商品、金融慣行に対する理解を深めるのに役立ったのである。

一九六九年から一九七〇年にかけて、ミンスキーは英国のケンブリッジ大学で一年間の研究休暇《サバティカル》を過ごした。そこで彼は、ジョーン・ロビンソンやフランク・ハーンといった影響力を持った経済学者と交流することができ、(ロビンソンの論文指導を受けていた)ヤン・クレーゲルとの親密な交友関係が始まった。クレーゲルは数年後、夏の終わりに北イタリアの港町で毎年開催される「トリエステ・サマースクール・オブ・アドバンスト・エコノミック・スタディーズ」の創設に貢献した。ミンスキーはそこで講義を行い、ポール・デヴィッドソンやピエランジェロ・ガレニャーニといったポスト・ケインズ派の経済学者たちと議論を行った。他の人が講義をしている間、ミンスキーはしばしば聴衆の真ん中に陣取って、まるでそれを無視するかのごとく新聞を読んでいたが、それに続く議論では鋭い質問を投げかけていた。

一九九〇年にミンスキーは教職を離れ、優れた研究者としてバード大学のレヴィ経済研究所に移り、一九九六年に亡くなるまでそこで過ごした。レヴィ経済研究所では、現在も続いている「金融政策と金融構造」および「米国と世界経済の現状」の研究プログラムを創設した。また彼は、政策形成に影響を与えようとする同研究所の活動を支える原動力でもあった。例えば、彼はコミュニティ開発銀行のシステムを全国的に展開する提案を作成し、その考え方の一部は、クリントン政権期に成立した、（小規模な）プログラムに資金拠出する法案に取り入れられた。

一九九六年、ミンスキーは、進化制度経済学の分野における学識、教育、公職、研究の模範たることを認められて、進化経済学会（AFEE）から「ヴェブレン＝コモンズ賞」を授与された。ミンスキーは、一般的にポスト・ケインズ派と目されているが、彼は自らの研究の説明として「金融的ケインジアン」という呼び方を好み、アメリカ制度学派に親近感を抱いていた。

ミンスキーの政治信条は左派だが、それは異色なものであった。一方においては、学生時代は、急進派を自認するほど左派政治活動に積極的であった。彼の両親は、ロシアから亡命してきたメンシェヴィキ*であり、アメリカ社会党が主催したカール・マルクス生誕百周年を祝う米国内のパーティーで出会った。バークレー時代、ミンスキーは民主党左派の政治グループに加わっていた。彼の政治信条は、ブラウン大学とカリフォルニア大学バークレー校を去る決断をくだす一因となった。というのも、彼は両大学の幹部の怒りを買っていたため、さらなる昇進が危うくなっていたからである。

他方、シカゴでの学生時代には、（コブ＝ダグラス生産関数で知られ、後に上院議員となった）ポール・ダグラスと親交を深めた。ダグラスは、ミンスキーを穏健な反レーニン主義者だと思っていた。ミンスキーは、レオン・レヴィやヘンリー・カウフマンなど、多くの銀行家やウォール街のトレーダーと親交があった。彼の親友の多くは主流派経済学者であり、米国的な意味で特にリベラル派〔左派〕ばかりというわけではなかった。彼は、経済学を「われわれ〔ケインズ派〕」対「彼ら〔新古典派〕」に分けることを望んでいなかった。亡くなる一ヶ月前、彼はレヴィ経済研究所の同僚に主流派経済学者と交流するようにと頼み、それがたとえ小さなものでも、「学問を動かす」べき時が来たとわれわれ全員に語った。

ミンスキーは、福祉国家を激しく非難することで、左派的な学生にショックを与えるのが大好きだった。ときには、それがレーガン大統領のように感じられることもあった（彼が福祉に反対していた理由を私が知ったのは後のことである。それについては第五章で論じる）。

ミンスキーは、マルクスについて教えたり、言及したりすることはめったになく、自身の著作でマルクスについて触れることもあまりなかった。ミンスキーによる多くの左派経済学者の研究に対する批判は、相当痛烈だったかもしれない。後述するように、シカゴ大学の学生時代に彼が最も重要な影響を受けたのは、ヘンリー・サイモンズとオスカー・ランゲの二人だった。今日ほとんどの経済学者は、サイモンズはシカゴ大学の「自由市場」派経済学者、ランゲは社会主義陣営、悪く言えば共産主義者と見なしているので、このことがミンスキーの政治信条にあいまいさを付け加えている。

しかしながら、ミンスキーの考え方によれば、どちらも市場を「機能させる」（別々の）方法を提示していた。ミンスキーは、ランゲがポーランドの新しい共産主義政府で働くためにシカゴ大学を去ったときはがっかりしたと、後に語っている。ミンスキーは、ランゲから大きな影響を受けたことを認めていたが、その後一九四〇年代にランゲがニューヨークにやって来た際には彼を避けていた。これは、おそらく共産主義政府との関係のせいであろう。仲間の経済学者に、ミンスキーの政治信条が急進的だというレッテルを貼る者は、ほとんどいなかったと言って間違いないだろう。たとえ、自分自身でときには急進的とレッテルを貼っていても！

ミンスキーが最も大きな影響を受けたのは、シカゴ学派のうち制度学派の流れを汲む学者（特にへ

＊　ロシア社会民主労働党の右派。革命路線をめぐってレーニンが率いる同党のボリシェヴィキと対立し、分裂した。

ンリー・サイモンズとポール・ダグラスだが、ランゲ、ジェイコブ・ヴァイナー、フランク・ナイトを含む制度学派以外の人間とも彼は研究を行っていた）とハーバード大学のヨゼフ・シュンペーターであった。ミンスキーの見るところでは、「ランゲの社会主義は、スターリンの社会主義よりもサイモンズの資本主義と共通点が多い。サイモンズの資本主義は、ヒトラーの資本主義よりもランゲの社会主義と共通点が多い(4)」というものであった。またミンスキーは、シカゴ大学の主要な教授の中で、ケインズの研究に共感しているのはランゲとおそらくダグラスだけだ、ということにも気づいていた。

ミンスキーは、ランゲやナイトとともに開いた講座の講義録を数多く残していたが、これらは以下のような彼の主張を補強するものだった。すなわち、当時のシカゴ大学では、経済学は「社会の研究の一部であり、経済史、政治学、社会学、人類学、そして経済学が現代社会を理解するために組み上げられた体系の一環」として教えられていた。その方が「専門化された講座で経済学だけを切り離して教える通常の方法よりもはるかに優れている。私がやるなら、標準的な米国の経済学の講座は社会科学と歴史の文脈の中で導入されるだろう。今の米国の経済学の教え方は、よく訓練されてはいるがろくに教育されていない経済学者を生み出している(5)」と、ミンスキーは主張していた。

ミンスキーは、ハーバード大学でアルヴィン・ハンセンのティーチング・アシスタントをしていたが、主流派「ケインジアン」の「機械的な」アプローチには魅力を感じなかったと後に述べていた。ミンスキーがケインズから影響を受けていたことは確かだが、彼はポール・サミュエルソン、ロバート・ソロー、ジェイムズ・トービンといった戦後の米国の「ケインジアン」にさほど親近感を抱いていなかった。(6)ジョーン・ロビンソンは、彼らのことを「似非ケインジアン*」と呼んでいた（彼らの母親は、新古典派経済学だと分かっているが、父親は分からず、少なくともケインズではないと、彼女は言っていた）。

当時、ハーバードは「ケインジアン」として知られていたのに対し、シカゴ大学はミルトン・フリードマンの「マネタリズム」の総本山として知られるようになったことから、ミンスキーがシカゴ大学での初期の訓練から、より多くのことを学んでいたのは意外である。しかし、彼が強調していたように、ミンスキーが在籍していたころのシカゴ大学は、現在のような自由市場イデオロギーの砦《とりで》ではなかった。彼がシカゴ大学で学んだことは、現実世界の制度と行動、および経済史に対する深い理解を醸成する必要性の認識であった。彼の講義メモは、当時のシカゴ大学の経済学が、今日大学院生に教えられている難解な数学的モデルとは似ても似つかなかったことを明らかにしている。

ミンスキーは最初期の研究から、制度的制約のある経済の動的かつ進化的な変化を研究することに興味を持っていた。実際、彼は最初期の論文の一つで、ポール・サミュエルソンの有名な線形加速度モデルに、制度的な「天井《シーリング》と床《フロア》」を付け加えた。この研究については後述するが、その基本的な考え方は、現代の資本主義経済にはブームから崩壊へ移行させる力があり、生来的に不安定であるというものである。

これが、サミュエルソンのモデルからミンスキーが拝借したものである。しかし、ミンスキーは、公的なものと私的なものの両方を含む様々な制度が、その不安定性を抑制すると論じた。これが、彼がシカゴ大学の制度学派の伝統から学んだものである。この二つを組み合わせることで、ミンスキーは、現代経済には生来の循環的傾向があるにもかかわらず、制度的な制約によって不安定性が弱められるので、制御不能なインフレや不況はまれなできごとになると、説明できたのである。

銀行業務に対するミンスキーのアプローチは、金融部門の分析にシュンペーター[7]の革新《イノベーション》の理論を適用している一方で、ジョン・G・ガーレイとエドワード・S・ショーに拠るところが非常に大き

＊ 原著での“bastard Keynesians”の“basterd”は、庶子や私生子を意味している。

い。一九六〇年代、彼は金融政策立案と銀行規制の大がかりな研究に携わり、連邦準備制度理事会とカリフォルニア州銀行委員会のために調査を行った。後に、彼はミズーリ銀行の持株会社の取締役を務めたが、そのことが金融の動向を把握し続けるのに役立った。また彼は、戦後の米国の金融機関に関する最も明敏な歴史家であるマーチン・メイヤーとも親しくなった。

バークレーにいる間、ミンスキーは失業と貧困を減らす政策を立案するために、労働経済学者と親密に研究を行った。実際にミンスキーは、ケネディとジョンソンの「貧困との戦い」に代わる政策を提案し、反貧困プログラムを成功させるためには、雇用創出に焦点を当てる必要があると論じた。ミンスキーはこの提案を、経済の安定性を促進するための自身の政策提言に統合した。

こういった経験のすべてを通じて、ミンスキーは現実世界の制度と慣行を深く理解することができ、それが彼の著作と思想に影響を与えた。レヴィ経済研究所に移った後、彼はウォール街の人脈を利用して「金融システムの再構築」と名づけられた長期研究プロジェクトを立ち上げ、それが毎年四月に開かれる「ミンスキー・カンファレンス」の創設につながった。[8] 近年では、失業と貧困に関する彼の研究も見直され、完全雇用と経済の安定性を促進する政策の重要な要素として、直接雇用創出への関心が再び高まっている。[9]

ミンスキーの主な研究分野

ミンスキーといえば金融不安定性仮説（ＦＩＨ）の展開が最も有名だが、彼の貢献は決してそれだけではない。本節では他の三つの分野における彼の研究をも考察する。すなわち、貨幣と銀行業務の分析、「最後の雇い手」の提案、経済の長期的な進化に関する視角の三つである。ここでは彼の主な研究分野を短く概観するにとどめ、詳細はその後の章で論じる。

▽貨幣と金融機関

ミンスキーは、ガーレイとショーにならって貨幣創造に幅広く取り組み、「誰でも貨幣を創造することができる。問題は、それを受け入れさせることができるかである」と論じた。[10]貨幣は、実は計算貨幣で表示された借用書（ＩＯＵ）に過ぎないが、ある貨幣が他の貨幣よりも幅広く受け取られるという貨幣ヒエラルキーがあって、そこでは財務省と中央銀行によって発行される通貨（monetary IOU）が貨幣ピラミッドの頂点に立つ。

ミンスキーは銀行業務を、基本的に借用書を「受け入れ」、顧客に代わって支払い、顧客の負債を保有するビジネスだと見なしていた。銀行は、自身の借用書で支払いを行うが、その後それは中央銀行の準備預金を使って決済される。さらに、「銀行家は企業家と同じ期待感にあるから、利潤を追い求める銀行家は自分の顧客に融資する方法を見つけ出すだろう。銀行家によるこのような行動は不均衡化の圧力をさらに強化する。資本資産の価格が低下する過程においては、銀行家の企業融資意欲も同時にまた損なわれていく[11]」。言い換えれば、銀行家は順景気循環的に顧客の需要に応じるので、「マネーサプライ」が膨張あるいは逆に縮小する。景気が良ければ融資が受けやすく、景気の見通しが悪ければ銀行は融資をしようとしない。

ミンスキーは、最初期に発表した論文の一つで、[12]米国の「フェデラル・ファンド」市場の発展を分析した。フェデラル・ファンド市場は、法定準備率を満たすために銀行間資金決済に伴う流出分を賄い、銀行同士で準備預金を貸し借りし合う銀行間市場である。その当時、この市場は比較的新しい金融革新であった。ほとんどの人は、準備預金の量が銀行融資の制約になると考えていた。というのも、銀行は準備預金が不足することがないように、融資を実行する前に準備預金を蓄積する必要があると考えたからである。
しかしミンスキーは、銀行は準備預金を節約するためにフェデラル・ファンド市場を利用しているのだと論じた。つまり銀行は、準備預金を必要としている他の銀行にそれを利子付きで貸すことができるから、余分な準備預金（超過準備）を保有する必要はない。このため、ＦＲＢが準備預金量に制約を加えることによって、銀行の融資活動すなわち「信用創造」に影響を与えることが困難になる。ミンスキーによれば、銀行融資の量は、銀行が保有する準備預金の量によって決定されるのではなく、銀行の融資意欲および顧客の借入意欲によって決定される。資金決済のため、あるいは法定準備預金額の充足のために準備預金を必要とするのであれば、銀行は単にフェデラル・ファンド市場に行って借りればよいのである。

これが意味しているのは、中央銀行が銀行融資に影響を与えたければ、銀行の融資の決定および借り手の借入の決定に影響を与えなければならないということである。例えば中央銀行は、（銀行が借り手の信用力を決定する）与信審査基準を引き上げて、銀行に（借り手に対して）さらなる担保やより良好な信用履歴を要求させることができる。中央銀行は、銀行の融資量を減少させるために金利を引き上げることも可能である。しかし、融資量を減少させるのに準備預金の量を利用することはない。中央銀行は、準備預金の量ではなく、金利の誘導目標で操作を行うのである。

ミンスキーは、一九六〇年代にＦＲＢのために実施した調査から、準備預金の大部分は割引《ディスカウント・》窓口《ウィンドウ》で供給されるべきであるという結論に達していた。それはつまり、準備預金を他の銀行から、あるいは中央銀行による公開市場での国債買入を通じて入手するのではなく、銀行に中央銀行から直接借りさせるべきだということである。ミンスキーは、銀行が準備預金を借りたい場合には、ＦＲＢの割引窓口に追い込み、「帳簿」を広げさせる（銀行の資産をＦＲＢに開示させる）よう強いることを支持していた。

どの資産が「割引」、すなわち、準備預金を貸し出す際に担保に取ることに適しているかをFRBが決めることによって、FRBが「割り引く」資産を銀行は差し出す。この方法をとれば、何が準備預金の貸出の担保となり得るのか決めることによって、中央銀行はより綿密に銀行を監督し、より安全な銀行活動を促進することができる。

残念ながら、FRBは反対の方向を進み、公開市場操作を選択して徐々に割引窓口を廃止した。この点では、FRBは、実はミルトン・フリードマンのようなマネタリストの提言に従っていたのだ。マネタリストたちは、FRBが準備預金の量をコントロールしつつ、準備預金の銀行間の配分と準備預金の「市場価格」（金利）を市場に委ねることを望んでいた。一九八〇年代前半、FRBは準備預金とマネーサプライを一定の割合で増やすフリードマン型のルールを採用したこともあった。これらは、すべてフリードマンの「自由市場」の考え方により一致したものだった。

その政策は今や、完全な失敗だったと認識されている。ミンスキーなら、現代のすべての中央銀行が今や（彼が選好していたとおり）翌日物金利誘導目標によってオペレーションを行っていることを知って喜ぶだろうが、中央銀行は今でもミンスキーが提言した割引窓口ではなく公開市場操作によって大部分の準備預金を供給する「不干渉」政策に固執している。この方法では、ミンスキーが望んでいたような、銀行を監督する中央銀行の能力を弱めてしまう。

二〇〇〇年代の初めから中ごろにかけて、FRBが銀行の貸借対照表を注意深く観察していたならば、積み上がっていく粗悪な資産すべてに気づいたであろう。割引窓口での貸出が行われていれば、FRBには銀行の貸借対照表がもっとはっきり見えていたかもしれない。FRBがミンスキーの提言に従っていたならば、適切な与信審査が行われていない過剰な銀行融資によって引き起こされた制御不能な投機バブルを抑制できたかもしれない。

▽金融不安定性仮説

銀行貸出の順景気循環的な動きは、景気循環を増幅し、不安定性へと押しやる力を強める。ミンスキーにとって、現代の景気循環は金融循環である。支出の拡大と資産購入の拡大は、資金調達を必要とする。銀行に、資金調達の需要を満たす意欲がある限り、生産は拡大し資産価格は上昇する。このことが、信用に対する需要と銀行の貸出意欲の両方を拡大させることを可能にする。

シティグループのCEOチャック・プリンスの説明でよく知られているとおり、「音楽が鳴っている間は、立ち上がって踊らなければならない」。まわりの銀行が貸出を行っていれば、あなたの銀行も貸出を行わなければならない。しかし音楽が止まったとたん、あなたの銀行は欲しくもなければ、売り払うこともできない資産を抱えていることに気がつく。貸出と支出、そして資産価格が崩壊する。この順景気循環的な貸出の動きがなければ、景気循環はなくなりはしないだろうがずっと弱められ、負債デフレにはなり得ないだろう。われわれは、金融部門を景気循環の〔上昇下降の〕両方向に対する加速装置と考えることができる。

ミンスキーの理論は、「景気循環の投資理論と投資の金融理論」と要約することができる。前者は、投資支出の変動が景気循環の駆動力だと捉える、通常のケインズ派の考え方である。企業が楽観的なときには、工場や設備に対する投資が増加し、雇用と所得を生み出す。期待が反転すると、支出と雇用が減少する。

ミンスキーの拡張は、投資の金融理論を付け加えたことであり、現代の投資は高額なため融資を受けることが不可欠で、その融資こそが構造的な脆弱性を生み出すと強調したことである。景気の上昇期には、利潤を追求する企業や銀行はより楽観的になり、よりリスクの高い金融構造を受け入れる。企業は、期待利潤に対してより多額の債務返済を約束する。貸し手は、より少ない自己資金とより質の低い担保を許容する。

ブーム期には、金融機関は新商品を導入し、監督官庁によって課されたルールや規制を巧みにかいくぐる。借り手は外部金融（貯蓄や内部留保を利用せず、借入を行うこと）を増やし、潜在的に不安定な短期の負債をますます多く発行する（それは「借り換え」あるいは更新をしなければならないため、貸し手にそれを拒絶されるかもしれないリスクがある）。景気が過熱すると、中央銀行は沈静化のために金利を引き上げる。しかし、短期での資金調達が多ければ、借り手はその分（金利を「固定」できない短期借入の）債務返済コストの増加に直面する。

ミンスキーは、金融ポジションの脆弱性についての有名な分類を展開した。最も安全なのは、「ヘッジ金融」と呼ばれる（この用語は、いわゆるヘッジファンドとは関係ないことに注意が必要である）。ヘッジ金融のポジションでは、期限が到来する利子と元本の両方を含むすべての返済を行うのに十分な期待所得がある。「投機的金融」は、期待所得が利子を支払うには十分だが、元本は借り換えなければならないポジションを指す。所得が増えなければならず、また借り換えへの継続的なアクセスが見込めなければならず、あるいは元本返済のために資産を売却しなければならないという意味で、このポジションは「投機的」である。

最後に、「ポンツィ金融」は、利子の支払いすらできず、したがって債務者は利払いのために借入を行わなければならないポジションを指す（借入残高が利払いのための借入によって増加する）。なお、これはネズミ講を主宰した有名な詐欺師カルロ・ポンツィにちなんで名づけられた（もっと最近のバーニー・マドフの詐欺も、よく似たネズミ講である）。投機的金融のポジションは、所得の減少あるいは金利の上昇が生じると、ポンツィ金融に変化する。最近の危機が示したように、ポンツィ金融は金融業界の与信慣行からも発生する可能性がある。多くの家計が、二〇〇〇年代の初めから中ごろにかけて、そもそも返済不可能な住宅ローンを借りたため、それらの家計はポンツィ金融の状態からスタートした。

ポンツィ金融のポジションは、貸し手がローン残高の増加を許容している間しか債務不履行を回避できないので、本質的に問題がある。ある一線を越えると、貸し手は債務不履行を強制することで損失をカットすることになる。

景気が循環する中で、脆弱性が増大し、システムは様々な方向からの危機の可能性にさらされる。それは、例えば、所得フローが期待よりも少ないことが判明したり、金利が上昇したり、貸し手が貸出を抑制したり、あるいは有名な企業や銀行が支払約束を履行できなかったりなどである。金融は、ブームを加速させるのと同じように、債務者に支出を削減させたり、支払契約の履行のために資産を売却する必要を生じさせたりするため、崩壊に拍車をかけることになる。

支出が減るにつれて、所得と雇用が減少する。資産が売られるので、資産価格が下落する。極端な場合、アーヴィング・フィッシャーが世界大恐慌で目にしたような、負債デフレのダイナミクスが生じる可能性がある。そうなれば、資産価値が急落し、財産が吹き飛び、いたるところで倒産が発生する。それが人々や企業に支出を切り詰めさせ、生産と雇用を崩壊させるのである。

しかし、ミンスキーは、シカゴ大学での初期の教育を経て、制度的な「天井と床」がそういった循環を弱めるのに役立つことを認識していた。最も分かりやすいのは政府による制度だが、株価の下落幅が大きすぎるときに取引を一時中断し、下落速度を落とすのに役立つ株式市場のルールのような民間の制度的制約もある。

制約を加える最も重要な二つの制度は、「大きな政府」（国庫）と「大きな銀行」（中央銀行）である。

大きな政府は、反景気循環的な予算、すなわち好況時には支出を減らし税収を増やす一方で、不況時には支出を増やし税収を減らすことによって経済を安定させるのに役立つ。つまり、景気拡大期の財政黒字と景気後退期の財政赤字が景気循環を制約するのである。ミンスキーにとって、景気後退期に政府の財政赤字が増えることは全く問題がない。それどころか、この赤字は景気後退が恐慌に変貌するのを防ぐのに不可欠なものである。

中央銀行は、好況期に貸出の抑制を試みることができる（ただし、ミンスキーはこれに懐疑的だった。利益を追い求める銀行は、フェデラル・ファンド市場の創設が一例であるように、制約を避ける金融革新を生み出すからである）。しかし、もっと重要なことは、中央銀行は、金融危機が発生した際に、最後の貸し手としての役割を果たすことができる点にある。中央銀行は、預金引き出しに応じるために、準備預金を必要としているすべての銀行に準備預金を貸し出すべきである。実際、ミンスキーは、割引窓口での貸出の対象を、「非銀行金融機関」（現在ではシャドーバンクと呼ばれている）を含む幅広い金融機関に拡大することを推奨した。この貸出によって、金融機関の取り付けが防止され、それにより、銀行が預金引き出しに応じるために資産を投げ売りしなければならないという圧力が軽減されるのである。

ミンスキーであれば、世界金融危機が一九三〇年代型の世界大恐慌にならなかった理由は、大きな政府の予算が一気に（一兆ドルもの）巨額赤字となり、大きな銀行（ＦＲＢ）が空前の規模で準備預金を貸し出したからであると主張しただろう。また、おそらく政府の赤字はさらに大きくすべきであったし、ＦＲＢの反応はもっと素早くもっと断固としたものであるべきだったとも主張したであろう。さらにミンスキーは、持続的な回復が軌道に乗るはるか手前で財政刺激策をやめてしまったことについて、ワシントン（およびロンドン、東京、ユーロ加盟国の財政を縛る欧州通貨同盟（ＥＭＵ））を批判したであろう。

しかし、二〇〇八年以降に全面的な恐慌が世界を飲み込むのを防いだ主な制度的要因として、間違いなく大きな政府と大きな銀行を挙げたであろう。

▽**最後の雇い手**

貧困と失業に関するミンスキーの研究はあまり知られていないが、一九六〇年代から一九七〇年代の半ばにかけて書かれた、彼のこのテーマに関する著作は金融不安定性に関する著作に匹敵する量がある。分かりにくいかもしれないが、この二者には関連がある。ミンスキーは、失業、貧困、不平等を減らすことが金融的な安定性を促進するのに役立つと考えていた。

ミンスキーは、バークレーで労働経済学者と共同で、福祉ではなく雇用を重視する反貧困戦略を策定する研究を行っていた。彼は、ケネディ＝ジョンソン政権の「貧困との戦い」を批判し、大規模な雇用創出の要素がなければ、福祉に依存する社会的に取り残された階級を生み出すとともに、貧困を減らすことに失敗するだろうと警告していた。彼は、たとえ最低賃金であっても、低所得の各世帯に正規雇用の仕事を一つ提供すれば、すべての貧困家庭の三分の二が貧困ラインを脱することができると示した。[13] さらに、ミンスキーは、新規就労によって生み出される生産が、新規の就労者が必要とする追加的な消費を上回ると見積もっていた。なぜなら、新規就労に伴う賃金増加の乗数分だけ国内総生産（GDP）が拡大するからである。

ミンスキーは、法定最低賃金は、「最後の雇い手」（Employer of Last Resort, ELR）が存在する場合にのみ、「有効」であると主張した。そうでなければ、仕事を見つけられないすべての人たちにとって、本当の最低賃金はゼロだからだ。それゆえ彼は、最低賃金で働く準備と意欲があるすべての人を雇用できるように、国が資金を拠出する体制を整えておくことを提案した。最低賃金で「無限に弾力的に」雇用を供給する能力があるのは、国だけである。

ミンスキーが意図しているのは、国がプログラムの賃金を予め設定し、その賃金で働く用意と意欲があるすべての人たちを雇うということである。ミンスキーは、民間部門の仕事であれ、政府の正規の仕事であれ、より好条件の仕事を提示された人はそちらを選択することができるという意味で、ELRを「最後の雇い手プログラム」と呼んでいた。雇用主は、そのプログラムよりもわずかでも高い給料を支払えば、そのプログラムの労働者から採用することができるから、プログラムを「就労者予備軍」を供給するものと考えることもできる。ミンスキーの考え方では、それはマルクスの「失業者予備軍」よりもずっと良い。なぜならば、失業者は求職中に技能を失い、悪い習慣を身に付けてしまうからである。

ブックエンドに例えるならば、一方の端が最後の貸し手としての中央銀行で、もう片方の端が最後の雇い手（ELR）としての政府である。つまり、ちょうど最後の貸し手が（銀行が投げ売りに走らないように貸出を行うことで）資産価格の下限を設定するように、最後の雇い手は（働く意欲がある者なら誰でも最低賃金が得られる）賃金の下限を設定し、同時に総需要と総消費の下限をも設定する。このようにして、反景気循環的な財政政策が強化され（雇用創出への政府支出が景気後退期に増加し、労働者が民間部門に引き抜かれる景気拡大期に減少する）、同じく反景気循環的な金融政策による介入を補完するのである。

ミンスキーは、ELRプログラムの労働者は、社会にとって有益なことを行い、仕事を通じて技能を習得すると強調した。彼の提案は、ニューディールの様々な雇用プログラムをモデルとしていた。実のところ、ミンスキーはそれらのプログラムに関して個人的な経験があった。というのも、彼は（後に上院議員になった）ポール・ダグラス教授の助手として共に研究を行い、コブ゠ダグラス生産関数の推定を行っていたからである！

ミンスキーは、「やらせ仕事「人を遊ばせないでおくための無意味な仕事」」のプロジェクトは提唱していなかった。それは、労働者のやる気を失わせ、政治的に受け入れ難いものだからである。ケインズと同様、ミンスキーは、このような労働者がすべきことがたくさんあると確信していた。例えば、公園や校庭の手入れ、環境改善（清掃、森林再生、エネルギー効率改善のための建物の改装）、様々な公共サービス（高齢者のための食事の宅配サービスや子供の遊び場の監視員のような仕事を含む）がある。

ミンスキーはＥＬＲプログラムを、投資を促すための「呼び水《ポンプ・プライミング》」政策と取りこぼされた人たちのための福祉の組み合わせに頼る、という一九六〇年代の典型的な「ケインジアン」のアプローチに代わる安定化政策だと考えていた。ミンスキーの考え方によれば、「ケインジアン」のアプローチは、失業率を下げるために政府が需要を増やしたら、そのあとは呼び水によって引き起こされるインフレと戦うために支出を削減し増税するといった具合の「ストップ・ゴー」政策、すなわち不安定化政策を必然的に伴う。景気を良くしようとして投資を促進することで、政府は金融不安定性をも高めてしまうが、それは投資の一部が民間の負債によって賄われるからである。そのあと政府が景気を冷やそうとするときには、企業（と家計）は景気上昇期に増加した負債の返済が困難になっている。それゆえ、ミンスキーは自らの提案を「ケインジアン」のアプローチよりも好ましいものだと考えていた。

▽経済の長期的進化

ミンスキーの金融不安定性仮説は、通常、景気循環の理論だと解釈されている。それに対し、彼は特に第二次世界大戦以降の変化に焦点を当てた経済の長期的な変容の理論も展開していた。ここではミンスキーの考え方を簡単に要約するにとどめ、詳細は後ほど改めて説明する。

ミンスキーによれば、資本主義はいくつかの段階を経て進化してきたが、それぞれの段階は異なる金融構造によって特徴づけられていた。十九世紀は、「商業資本主義」の時代であり、そこでは商業銀行業が最も支配的だった。商業銀行は、（例えば、企業が労働者を雇い原材料を購入できるようにするために）短期の商業貸付を行い、預金を創造していた。企業は生産を行い財・サービスを販売して、その借入を返済していた。〔長期の〕投資は、主に内部留保で賄っていた。銀行経営は、預金の取り付けが起きた場合を除けば比較的安全なものだった。政府は、中央銀行を最後の貸し手として機能させることによってこの取り付けを予防することを学んだ。

このシステムは、二十世紀の初めまでに、ルドルフ・ヒルファディングによる造語である「金融資本主義」に取って代わられ、そこでは投資銀行が主役となった。この段階の際立った特徴は、高額な資本資産を購入するために、企業が長期の外部金融を利用したことにある。その金融構造はよりリスクの高いものであった。というのも、長期の融資は、長い時間をかけてのみ、そして投資プロジェクトが賢明なものであった場合のみ返済され得るからである。この局面の資本主義は、世界大恐慌への突入により崩壊した。ミンスキーは世界大恐慌を金融資本主義の崩壊と捉えていた。

第二次世界大戦後、資本主義の新形態「経営者・福祉国家資本主義」に移行した。そこでは、金融機関はニューディール改革によって規制されており、巨大な寡占企業が内部留保で投資を賄うようになっていた。[14] 民間部門の債務は小さかったが、戦費調達で残った政府の債務は大きく、それが家計、企業、銀行に安全な資産を供給していた。失業率は低く、政府は貧困層や高齢者の面倒を見るための社会的セーフティネットを導入していた。このシステムは金融的に頑健であり、前述した大きな政府と大きな銀行の制約のおかげで深刻な不況を経験する可能性は低かった。

しかし、第二次世界大戦後の数十年間にわたる比較的安定した繁栄が、貯蓄の巨大なプールを生み出し、一層大きなリスクをとることを促進した。そして、それが次の「資金運用者資本主義《マネー・マネージャー》」につながった。この形態の資本主義において最も有力な金融の担い手は、高利回り追求型の巨大な資金プールを有する「マネー・マネージャーの運用する資金」である。この「マネー・マネージャーの運用する資金」には、年金基金、ヘッジファンド、政府系ファンド、大学基金のような、規制がほとんどない「シャドーバンク」が含まれる。金融技術者による革新は、民間の負債を対所得比で増加させ、不安定な短期融資への依存を高めることにつながった。

こういった変化にある程度気づいている論者も多く、この新しい資本主義の形態を表現するのに様々な用語が使われている。批判者は、金融化《ファイナンシャライゼーション》やカジノ資本主義と呼び、一方支持者はオーナーシップ社会や新自由主義《ネオリベラリズム》と呼んでいる。それは、「金融」による「産業」支配の強化、上位「一パーセント層」への所得と富の一層の集中、最大手金融機関の「自主管理」を支持した政府の規制緩和、負債比率の上昇、負債のさらなる重層化、国際貿易と資本移動の障壁の撤廃を伴うものであった。

これらの変化の結果として、金融システムに亀裂が入り始めた。戦後初の米国での金融危機は、(地方債市場で)一九六六年に発生したが、政府の迅速な介入によって短期間で解決された。これがパターンを決定した。一九七〇年代と八〇年代には危機がより頻繁に発生するようになったが、そのたびに政府は危機を救った。その結果、これまで以上にリスクの高い資金調達方法が、政府の介入によって「有効化(validate)」され、次々と新しい資金調達方法が試みられた。危機はより深刻なものになり、政府によるさらに大規模な救済努力を必要とするようになった。

二〇〇七年、ついに世界の金融システム全体が崩壊し、多くの論者がそれを「ミンスキー・モーメント」あるいは「ミンスキー・クライシス」と呼んだ。残念ながら、ほとんどの分析はミンスキーの「発展段階」のアプローチではなく、金融不安定性仮説に依拠していた。そのため、これは金融システム全体の崩壊であって通常の危機ではないことを、理解していなかった。

ミンスキーが考えていたように、金融システムが脆弱なものへと長期的な変容を遂げていたのだとすれば、大規模な改革をしないままの回復は、金融資本主義の段階を終わらせた一九二九年の恐慌のような規模のさらに大きな崩壊の前兆となるだけである。問題を本当に解決する唯一の方法は、ニューディール型の根本的な改革である。それ以外の方法では、経済をまた別の崩壊へ向かわせるだけだろう。

二〇〇七年に崩壊したのは「マネー・マネージャー資本主義」であった。この段階は、重要な点においてミンスキーが明らかにしたように、一九二九年に破綻した「金融資本主義」に似ていた。もちろん、一九二九年の破綻のあとには、世界大恐慌が起こり、経済と、とりわけ金融システムを大幅に改革したニューディールが展開された。

今回、われわれは非常に深刻な景気後退とすさまじい金融危機に見舞われたが、一九三〇年代の不況のレベルにまでは落ち込まなかった。一九三〇年代の不況の際には、失業率が二十五パーセントに達し、国民総生産が半減し、株価が最大で八十五パーセント下落した。

なぜ両者でそのような違いが生じたのだろうか。ミンスキーの答えは、大きな政府と大きな銀行であった。前者は、経済規模において連邦政府が占める割合を示しており、それはGDPの三パーセント前後から二十パーセント超にまで拡大した。大きな予算を有する大きな政府は、反景気循環的な支出によって景気悪化を緩和することができる。大きな銀行のFRBは、金融機関と市場を下支えするために介入できる。

FRBは一九一三年から存在していたが、一九二九年の「大暴落」が発生した時点では、その役割は非常に限定されていた。全銀行の半分が、その後の十年間で（その大部分は非常に早くに）倒産した。しかしFRBは、二〇〇七年以降には、その役割を非常に幅広く捉え、銀行などの金融機関を救うのみならず、金融市場に直接介入して市場が望まない資産を購入した。

それから数年間にわたって、FRBは、金融システムを救うために合計で米国のGDPの二倍に相当する二十九兆ドルの貸出を行った。[15] それが適切な政策であったかどうかはともかく、この未曾有の介入がそれ以上の崩壊を防ぎ、あるいは少なくとも先延ばしした。さらに、「大きな政府」の財政赤字が、年間一兆ドル超にまで増加した。それが総需要の下支えに寄与した。これらの介入が相まって、今までのところは、大恐慌の再来を防いでいるのである。

しかし、ミンスキーの分析でわれわれを心配にさせるのは、これらの政策が経済の安定性を取り戻すのに有用なほど経済を不安定化させてしまうことである！ 金融市場の参加者は、何か悪いことが起きれば、政府による救済を期待するようになるだろう。したがって皮肉なことに、介入の成功がより高リスクを取ることを助長することになる。

世界大恐慌後、市場参加者は非常に用心深くなり、大暴落の記憶が薄れるまでの数十年間、リスクを回避してきた。それに対して今回は、リスクを取るある種の行動がすぐに復活したものの、巨大損失をもたらしたような行動は復活しなかった。それでも二〇一二年までに、金融の脆弱性を示す（負債比率や株価売上高倍率などの）多くの指標が、二〇〇七年の水準（あるいは、それよりずっと高水準）にまで戻ってきている。世界金融危機の前に流行した危険な金融慣行の一部が、またしてもはびこっている。コベナンツライト・ローン（担保条件や所得条件のような制限が少ない融資 Covenantlite loans）、「現物支払（payment-in-kind）」証券、ジャンクボンド、高利回りのCDO（債務担保証券 collateralized debt obligations）、効率的な市場の価格決定が与信審査を不要にするという信仰、これらすべてが拡大しつつある。

大金融危機が再び到来するのだろうか？ 確実なことは言えないが、ミンスキーの理論はその可能性が高いことを教えてくれる。さらに彼の理論は、金融システムの再構築と経済の安定化を図るための指針を与えてくれており、この二つが相まって、近い将来に危機が繰り返される可能性を減らすことができるかもしれない。

ミンスキーは、自身の制度学派のルーツにならい、資本主義は「五十七種類」[*]あり、ゆえにマネー・マネージャー資本主義の死は、新しいより安定した資本主義に置き換えられるかもしれないと論じた。しかし彼が強調したように、資本主義に固有の不安定化傾向に対しては、一度きりの最終的な万能の解決策は存在しない。

そのため、ミンスキーは依然として重要である。本章の最後では、ミンスキーの政策提言に目を向けよう。

▽資本主義の改革

ミンスキーは、資本主義をより安定的でより公平なものにするための、資本主義全般を改革する提言を数多く行った。ここでは彼の主な政策提言の要約を紹介する。マネー・マネージャー資本主義と経済の過度な金融化の問題を解決するための詳細な提言は、後ほど検討する。

＊大きな政府（規模、支出、課税制度）

ミンスキーによれば、政府は、その予算規模の変動が、民間投資の規模の変動を相殺できるくらい大きくなければならない。この定義に従えば、政府支出は概ね「投資と同じ、あるいはそれ以上の規模」でなければならないということになる。[16] ミンスキーは、ケインズにならって、民間支出のうち最も変動が大きい要素は、工場や設備への投資であると考えていた。政府が十分に大きく、かつ政府予

＊　ハインツの製品は五十七種類あるという昔からの宣伝文句で、ミンスキーは、「資本主義には、ハインツのピクルスと同じくらい多くの種類がある」（Minsky 1991, p.10）という冗談を好んで使っていた。

算が反景気循環的に変動するならば、それが投資の変動を相殺し、ゆえに総需要を安定させられる。この指標に基づけば、GDPの約五分の一を占める米国の連邦政府は、（民間投資よりもかなり大きいことから）十分すぎるほど大きいと言える。

ミンスキーがこの提案を行ったのは、米国の海外との貿易が基本的に均衡しており、家計の消費がかなり安定している（家計所得の変動に応じて受動的に調節している）時期であった。しかし、国際貿易の重要性が高まり、貿易赤字の変動が米国経済の不安定性を高めるようになった。[17] さらに、これはミンスキーが一九九〇年代初めに認識し始めたことだが、家計が支出を賄うのにますます借金に頼るようになったため、消費も不安定になってきた。景気後退期に入ると、消費者は借入や支出を削り、事態を悪化させるようになった。

これらの理由から、わが国の大きな政府の予算はおそらく投資支出より大きくなければならない。これは、例えば、完全雇用状態で予算がGDPの約二十パーセントであるべきだとすれば、完全雇用に達していない場合は、政府支出がこれより若干多いが税収は少なく、完全雇用を上回っている場合は、税収がGDPの二十パーセントを超えるが支出は少ないであろうことを意味する。予算の反景気循環的な変動は、好況時には経済から需要を取り除き、不況時には需要を付け加える。このような状況は、民間支出の変動を相殺するのに役立つだろう。

租税に関して、ミンスキーは、大部分の租税はコストを引き上げるのでインフレ促進的であると考えていた。とりわけ、社会保障税の雇用主負担部分と法人所得税は財・サービスの価格に転嫁されるコストだと主張していた（Minsky, 1986, *Stabilizing*, p. 305; 邦訳『金融不安定性の経済学』三七九頁）。さらに、社会保障給与税（payroll tax）の雇用主負担が（機械を増やして労働者を減らし）労働を資本に置き換えることをミンスキーは懸念していた。したがって、彼は法人所得税および社会保障給与税の雇用主負担部分の廃止を提唱していた。
ミンスキーはそれに代わるものとして、課税範囲の広い付加価値税（value-added tax, VAT）を支持していた（これは消費に対する売上税であり、ヨーロッパでは一般的なものである）。また、彼は人々の行動に影響を与える物品税と「悪行」税の利用を増やすことを支持しており、とりわけ石油の利用を減らすために石油への課税強化を提唱していた。

＊雇用戦略とインフレ

ミンスキーは、支出の優先順位を雇用プログラム、児童手当、公共インフラ投資に向けて再編し、国防費を削減し、老齢・遺族・障害・健康保険（Old Age, Survivors, Disability, and Hospital Insurance, OASDHI）以外の移転支出を削減したいと考えていた（Minsky, 1986, p. 308, 邦訳三八三―三八四頁）。彼は、雇用プログラムは、高齢者向けのものを除いて大部分の移転支出の代わりとなり得るし、それによって国防費以外の支出を大幅に削減できると考えていた。

最後に、ミンスキーは、移転支出の自動的な生活費調整をなくしたいと考えていた。これは、（社会的支出が自動的に増加することを回避しつつ、「ブラケット・クリープ」[*]で税収が増えることで）インフレが政府予算を均衡に向かわせるようにするためである。これは、経済が完全雇用状態のときに、インフレに向かう推進力を弱めるのに役立つだろう。

ミンスキーが移転支出（例えば、「公的扶助」、フードスタンプ、失業手当）を減らしたいと考えていた理

＊　インフレによって名目所得が増加することで累進所得税の適用税率が上がり、税負担が急激に増加すること。

由の一部は、これらの移転支出が経済に対してインフレ・バイアスを与えると確信していたからである（Minsky, 1986, p. 313, 邦訳三八九頁）。彼の考え方では、総需要の水準が、総生産水準での総生産コスト（主に賃金）に対する価格のマークアップを決定する。社会的支出は、総供給にさほど貢献することなく所得を生み出し、総需要を増やすので、コストに対するマークアップが高くなる。移転支出が生産に比べて増加すると、物価は上昇する。

政府支出に関して、生産を増やすことなく総需要を増加させる政策から、総需要と総供給の両方を増やすような政策へ移行することができれば、物価は低くなるだろう。とりわけ、公共インフラ整備と（福祉ではなく）最後の雇い手プログラムによる雇用創出は、需要の増加と同時に供給能力を増加させることでインフレを抑制するだろう。

＊企業制度改革

株式会社制度は、資本資産が極めて高額な経済においては不可欠であるが、ミンスキーによれば、この種の制度的取り決めは、「特定の資産の所有・取得と資金調達の分離を容易にする……。その結果、当初はヘッジ金融の利用を耐用年数の長い資本資産にまで広げるための装置であった株式会社が、投機的金融の仲介機関になり得るのである。そして、株式会社は、資本集約的な生産様式と投機的金融の両方を促進するので、不安定化要因なのである」（Minsky, 1986, p. 316, 邦訳三九三―三九四頁〔訳を一部変更した〕）。ミンスキーが言っているのはこういうことだ。すなわち、株式会社制度の創造は、株式を売ることで投資のための資金を調達することを助けたが、現代の株式市場は新たな資本ストックの調達のためではなく、大部分が投機のために利用されている。

ミンスキーは、政策によって「株式会社が不安定性を拡大する力」を弱めることができると考えていた。彼が提案していた政策の一つに法人所得税の撤廃があった。法人所得税は、資金調達方法を新株発行よりも借入に偏らせ（支払利息が税制上有利な扱いを受けるので、借入が促進される）、また買収の標的となる企業の負債を増加させるレバレッジド・バイアウト（ＬＢＯ）の誘因となる。彼はまた（雇用主による社会保障給与税負担の廃止のような）物的資本への投資よりも労働者の雇用を優遇するような政策を強く求めていた。高い雇用率は、投資ではなく消費に基づく成長を誘導するので、経済を安定化させるのである。

＊市場支配力

反景気循環的な政府赤字は、民間の利潤フローを維持し、企業が負債の契約を履行できるようにする。ミンスキーは、全体としてはこのような政策に代わるものがないことを分かっていた（Minsky, 1986, p. 332, 邦訳四一二―四一三頁）。大きな政府の予算は、経済の安定化を促進するために必要なのだ。一方、個々の企業や銀行が破綻するのを許容することは不可避であり、さもなければ市場原理など存在しないことになる。

ミンスキーの考えでは、市場支配力を手に入れようとする主な動機は、負債を返済するのに十分な水準の価格を設定する能力にある。小さな政府の（つまり、第二次世界大戦以前のような）資本主義の形態では、需要が少ない条件下で、価格を維持しようとするために、談合や政府の政策が正当化されるかもしれない。しかし、大きな政府の資本主義において、政府赤字が民間の利潤を維持しているならば、「価格支配力を助長し、利潤を保護する政策は必要ない」（Minsky, 1986, p. 318, 邦訳三九五頁〔訳を一部変更した〕）。

実際、ミンスキーは、巨大な独占を有利にする条件は、「大きすぎて潰せない（too big to fail）」企業を生み出すことにつながることから、不利益をもたらす可能性があると懸念していた。したがって、彼は「巨大化」に対する動機を弱める政策を支持した。とりわけ、彼は銀行の規模がおおよそ顧客の規模を決めるので、中規模な銀行を優遇する政策が、中規模の企業にも有利に働くと考えていた。大規模な銀行は大規模な顧客の資金需要を満たす一方、中規模の銀行は中規模の顧客の資金需要を満たす。「多数の小規模な独立銀行から成る分権的銀行システムでは、産業構造が中小規模の企業で構成されるようになる」(Minsky, 1986, p. 319, 邦訳三九六頁)のである。[18]

こういったシステムを促進するような政策には、(中小規模の銀行が中小規模の顧客に様々なサービスを提供できるようにするために)商業銀行業務や投資銀行業務のような活動区分の多くを廃止すること、一律の高い自己資本比率(小規模な銀行は概してこの比率が高いので、これは小規模な銀行に有利に働くことになる)、および参入の自由化が含まれる。

ミンスキーはまた、産業政策は、より規模の小さい企業を優遇するだけでなく、資本集約的な生産技術よりも雇用を優遇すべきだと論じていた。小規模な企業は、耐用年数が長く高額な資本資産を購入するための資金調達能力が低いので、より労働集約的な技術を利用する傾向にある。

また、ミンスキーは特定の市場に対する規制と政府による介入を、それらが競争を促すものである限り支持していた。彼は、「競争的市場は効率性を促進する装置である」という通説に同意していたが、次のことをずっと指摘していた。つまり、「市場支配力や外部性が存在する場合を除けば、市場は生産物と生産過程の十分な調整装置である。政府によって生じたか、市場過程によって生じたかにかかわらず、市場支配力や外部性が存在する場合は、その力の行使を制限するための規制が必要になるであろう」(Minsky, 1986, p. 329, 邦訳四〇九頁〔訳を一部変更した〕)。したがって、「非常に望ましい産業政策とは、競争的産業を促進し、資金調達を容易にし、訓練された生産的労働力の展開を支援するという形式をとるものである」(Minsky, 1986, p. 329, 邦訳四〇九頁〔訳を一部変更した〕)。なお、この洞察について、ミンスキーは、シカゴ大学時代の指導教官ヘンリー・サイモンズの功績であることを認めている。

また、彼は、反トラスト法は小規模な企業が成功するのに必要な環境を作り出せないので失敗だったと考えており、産業政策こそがそれに代わる実行可能な政策だと捉えていた。

第二章　われわれはどこで間違ったのか？　マクロ経済学と選ばれなかった道

経済理論においてケインズ革命が実際には存在しなかったと同様に、政策についてもそれは現実には存在しなかったのである……政策担当者や経済顧問がケインズから吸収したものは、〔世界〕大恐慌の経済分析と赤字財政の政策手段とにすぎない。　──Minsky, 1986, p. 291, 邦訳三六二頁(1)

まず、主流派経済学がなぜ危機の到来を予見できなかったのかを理解するために、主流派経済学について検討する。次に、主流派経済学が、思想革命を代表するケインズ自身の経済学からいかに逸脱しているか論じる。重要な点で、この革命は失敗した。だが、この革命はミンスキーに強い影響を与えた。したがって、ケインズ自身の経済学を検討することには、正統派経済学がいかに誤った解釈をしているのか理解する土台を与えてくれるという価値があるのである。

世界金融危機以前の経済学を支配した主流派理論

ミンスキーのアプローチについて深く掘り下げる前に、彼が否定した主流派経済学について簡単におさらいすることは有益である。第一章でも述べたように、ミンスキーは大学院での研究のために、当時は制度学派の本拠地であったシカゴ大学（後に、ミルトン・フリードマンのマネタリズムの拠点となる）

から、ケインズ経済学の主要な中心地の一つとなったハーバード大学に移った。ハーバード大学で、ミンスキーはアルヴィン・ハンセンのティーチング・アシスタントを務めることになった。ハンセンは、あらゆるマクロ経済学の教科書に登場するようになった主要な「ケインジアン」[2]モデルである有名なIS-LMモデル（ヒックス＝ハンセンモデルと呼ばれることが多いが、主流派マクロ経済学の授業ではケインズ自身のモデルという誤解を招きかねない紹介がされている）[3]を改良し、広める役割を果たしたことからアメリカン・ケインジアンの父とも呼ばれている。ミンスキーは、ハンセンのケインズに対するアプローチを「機械的すぎる」と感じた。また「ケインジアン」を「優柔不断」であると批判した。なぜなら、（富裕層から貧困層への）所得再分配を、総需要を増加させる手段として受け入れなかったからである（「所得に対する割合では」貧困層の方が富裕層よりも多く支出し、少ししか貯蓄しないので、再分配は消費需要を増加させることになる）。つまり、ミンスキー自身のアプローチにとって、ケインズ自身の理論は極めて重要であったが、彼は「ケインジアン」によって広められた見解を拒絶したのである。

多くの研究者もまた、ミンスキー同様、「ケインジアン」の理論や政策が、ケインズの『雇用・利子および貨幣の一般理論』[4]（一般理論）に実際どの程度ならっていたのかという点について疑問を呈している。第二次世界大戦直後、マクロ経済学者たちは、「ケインジアン」のIS-LMモデルと、合理的な個人の効用と利潤の最大化に基づくケインズ以前の古いミクロ経済学、言い換えれば、新古典派の企業と消費者の行動についてのアプローチを「結婚」させることに着手した。[5]ポール・サミュエルソンは、これを「新古典派総合」と呼び、授業で教えられるマクロ経済学の基礎となった。[6]

マクロ理論は、一九六〇年代に入ってからも、ヒックスのIS-LMモデルに、ジェイムズ・トービンのポートフォリオ均衡アプローチ、ドン・パティンキンの実質残高効果（労働市場に支配的な役割を与えた）*、フィリップス曲線（失業とインフレーションのトレードオフ）などが加わり発展していった。[7]同様に、新古典派総合に基づく「ケインジアン」政策は、戦後徐々に発展し、最終的にケネディ政権において確固たるものになった。

一九五〇年代以降、ミルトン・フリードマンは、政府介入に依存したケインズ政策に対する「自由放任主義」からの異議申し立てとしてマネタリズムを展開した。(8)「ケインジアン」のアプローチと「マネタリスト」のアプローチは、二十年にわたり経済論争を支配した。ケインジアンが財政政策の裁量的な微調整《ファイン・チューニング》を好んだのに対し、マネタリストはルールに基づく金融政策を選好した。

それにもかかわらず、マネタリストのアプローチさえ、新古典派総合の中に容易に統合されたため、「ケインジアン」とマネタリストの間の「大論争」は、パラメータ（投資の利子弾力性と貨幣需要の所得弾力性）と政策の処方箋（裁量的な金利目標か、マネーサプライの成長ルールか）**の違いをめぐる論争に還元された。これらの理論的アプローチのいずれにおいても、貨幣と金融機関はあるとしてもほんの少しの役割しか果たしておらず、長期的にみれば「実物」変数が支配しており貨幣は「中立」で価格水準だけを決定する。短期的には、労働者や企業が名目価格の上昇を実質価格や相対価格の上昇と誤解する可能性があるため、貨幣は非中立的（意思決定に影響を与える）かもしれない。

例えば、時給が十パーセント上がったとしても、買うものすべての価格も十パーセント上がった場合、「実質」価格または相対価格は変化しないので、行動を変えるべきではない。名目賃金が上がったから、より多くの時間働こうと思うのは、物価の上昇を顧みなかったことで「錯覚した」場合だけ

＊　貨幣賃金を引き下げることによって雇用が増大するという議論で、「新古典派総合」において市場過程が完全雇用をもたらすことを示せるようになった。

＊＊　いわゆるフリードマンのｋパーセントルールのこと。

だろう。驚いたことに、このように人々が「錯覚する」程度の違いが、一九六〇年代以降の経済学に対する主流派アプローチの対抗者を分けるおそらく唯一最大の論争点になった。

この論争は、マネーサプライの増加が（行動を変化させることなく）単に物価を上昇させるのか、それとも実質ベースで支出と所得を増加させるのかを問題にしていた。同様に、中央銀行がマネーサプライを減少させた場合、物価が低下するはずなので、労働者は名目賃金の減少を受け入れるだろうか、それとも名目賃金の低下（と物価の低下）を実質賃金の低下と誤解して、労働時間を減らすだろうか？政策が「重要」かどうかは、「錯覚する」かどうかという問題に帰着した。マネタリストは、労働者や企業を錯覚させるのは難しいと主張したが、「ケインジアン」はむしろ簡単だと主張した。

主流派「ケインジアン」の理論は、本質的にケインズの理論を、賃金と価格の粘着性の問題に還元した。そこでは、名目賃金の低下を受け入れることへの労働者の断固とした拒否が失業の主な原因だとされる。「ケインジアン」の失業に対する解決策は、（「ケインジアン」はあまり効果的な方法ではないと考えていたが、政府支出の増加と減税、またはマネーサプライの増大を通じて）総需要を刺激することであった。これはインフレを引き起こし、労働者を錯覚させて実質賃金が上昇したと思い込ませ、労働者がより多く働くように仕向けると同時に、雇用主を錯覚させて物価の上昇が自社製品への需要のシフトを示していると信じ込ませ、雇用主により多くの労働者を雇うように仕向けるのである。

つまり、トレードオフは、より多くの雇用を得られるが、同時に物価も上昇するというものであった。政策立案者は、失業とインフレの正しいトレードオフを選択しなければならなかったのである。

マネタリストは、リンカーン大統領が「すべての人を少しの間欺くことはでき、一部の人をずっと欺くこともできるが、すべての人をずっと欺くことはできない」と述べたとされるように、この方法は一時的にしか機能しないと主張した。したがって、失業を減らすためにインフレを起こそうとする政策は、結局はインフレを引き起こすだけである。そのため、マネタリストは財政政策を抑制し、インフレ率を低く保つためにマネーサプライの成長にルールを課すことを選んだのである。

一九七〇年代後半のスタグフレーションは、「ケインジアン」とミルトン・フリードマンのルールを支持する「マネタリスト」の間の大論争に終止符を打った。なぜなら、「ケインジアン」は、高インフレと高失業率という問題に対し、両者を同時に解決する術を持っていなかったからである。政策的には、失業と戦うためには需要を刺激すべきだが、インフレと戦うためには需要を減速させなければならなかったのである。彼らはスタグフレーションに対する解決策を何も持ち合わせていなかったのである。政策では、ルールを忠実に守ることでマネーサプライの成長をコントロールすることに焦点を当てるマネタリストの提案が採用された。

しかし、一九八〇年代初頭に、ボルカー議長の下でFRBが（フリードマンの処方箋に沿って）マネーサプライ目標の達成を試みたが、何度も失敗したことでマネタリズム自体も敗北した。そのため、「ケインジアン」の理論や政策の支持が低下しただけでなく、マネタリストも支持を失った。

このことが、ケインズ以前の思想に根ざした一層急進的な理論が次々と台頭する下地を作った。なかでも注目すべきは、ロバート・ルーカスの合理的期待形成という新しい古典派経済学とチャールズ・プロッサーらのリアル・ビジネス・サイクル理論であった。

ロバート・スキデルスキー卿（ケインズの伝記作家）が論じているように、「歴史上、これほど奇妙な考え方に優秀な人たちが熱中した例はまずない」[9]。彼の言う「奇妙な考え方」とは何を意味するのか見てみよう。

まず、新しい古典派経済学は、（継続的な完全雇用を伴う）継続的な市場均衡と、経済主体が永続的な誤りを犯さないことを保証する「合理的期待形成理論」を含む、新古典派経済学の最も極端な見解を復活させた。この復活により、期待の形成は先を見越《フォワード・ルッキング》したものとなり、かつ経済の正しいモデルに基づいたものとなることから、フリードマンのマネタリズムが仮定したような方法であったとしても、合理的な主体を錯覚させられなくなった。

このことはまた、政策立案者が何をしているのかを経済主体が即座に把握し（政策がランダムでなければ、それは予測可能である）、最適な形に自分自身の行動を調整するので、非ランダムな政策は全く効果がないことを意味していた。貨幣は、経済主体が名目価格と実質価格を区別するために必要な情報を収集している間という、一時的にしか重要でない。財政政策は全く重要ではない。例えば、赤字支出は、納税者があとで政府の借金を返済しなければならないことを知っており赤字と同じ額の貯蓄をすぐに始めることから、完全にクラウド・アウトしてしまう（これをリカードの等価定理と呼ぶ）。*

それでも、新しい古典派理論の景気循環の説明は、（名目価格の上昇を相対価格の上昇と誤認させる）マネーサプライのランダムな変動によって引き起こされる短期的な貨幣の非中立性に依拠していた。

リアル・ビジネス・サイクル理論は、景気循環に実物変数〔実物的要因〕のみが作用するとすることで、貨幣のいかなる影響をも排除する最終段階に進んだ。最も重要なのは、生産性のランダムかつ大幅な変動である。このようにして、世界大恐慌は、需要不足（ケインジアンの議論）や金融政策の誤り（フリードマンの言い分）のせいではなく、負の生産性ショックとして説明された。労働者が急に生産的でなくなったため、労働者の実質賃金が低下したというのである。労働者は、低下した実質賃金の下で、より多くの余暇（休み）をとることにした。それゆえ、世界大恐慌期には非自発的失業率は上昇しなかった。それどころか、技術ショックにより労働者の生産性が突然低下し、賃金を引き下げるに値する状況だったので、人々は長期休暇をとった。このような低い実質賃金では、人々は仕事よりも余暇を選好するようになったというのである。

このアプローチでは、すべての行動は常に最適であり、すべての市場は常に均衡している。実際には、観測されている景気循環は循環ではなく、どちらかといえば、経済の軌跡は「ドリフトを伴うランダムウォーク」なのである（経済は、ショックが生じるまで一定のトレンド成長率をたどっており、生産性上昇などの「実物的」要因によって決定される新たなトレンド成長率に瞬時に適応する）。政府は、不況や恐慌と呼ばれているものについて何もすべきではない。なぜなら、これらは実はランダムショックへの最適な反応だからである。

スキデルスキー卿がこれらの理論を「奇妙な」と呼ぶ理由が分かるだろう。世界大恐慌における失業の苦しみは、労働者がより低い実質賃金で働くよりも、炊きだしの列に並ぶことを選好したので、「最適」な反応だったのである。これらの理論を発展させた経済学者は、この研究で実際にノーベル賞を受賞した。

ファイナンス理論の発展は、新しい新古典派理論が貨幣を中立としたのと同様に、金融もまた重要でなくなったという意味で、主流派の経済理論の進化を反映していた。[10] 市場が効率的である限り、すべての金融形態は等価であると考えられており、自己資金を使おうが、株式を発行しようが、借金をしようが違いはないのである。金融機関は、貯蓄者と投資家の間に立ち、貯蓄を役立つプロジェクトに効率的に配分する仲介者と見なされている。金融慣行の進化は、投資家が支払う金利と貯蓄者が受け取る金利の間の「差」を継続的に減らし、さらなる貯蓄と投資を促進する。

国内金融市場の規制緩和（米国では一九六〇年代半ばから実施されている）と国際金融市場のグローバル

＊　民間の経済活動（投資や消費行動）に抑制的な影響を与えること。

化は、このような効率性を高め、したがって成長を促進する上で重要な役割を果たしている。さらに、市場は金融機関を規律づけるものであり、したがって自主規制で十分である。なぜなら、自主規制はインセンティブを安全な慣行を生み出す方向に一致させるからである。一九九〇年代末に金融部門を規制・監督から「自由化」した際、それを主に正当化したのがこの理論であった。

近年、「新しい」新古典派総合（しばしば「新しい貨幣的合意（new monetary consensus）」と呼ばれる）が発展し、「奇妙な考え方」のほとんどを採用しながらも、賃金と価格の粘着性を復活させて「ケインジアン」型の帰結を得ている。ここでもスキデルスキー卿は、新しい正統派を上手に批判している。「合理的期待形成理論という巨大な理論を呑み込んだ後に、この理論が意味する完全雇用状態の継続に対するいってみればブヨ一匹ほどの問題を気にして、市場の失敗の理論を発展させて政府の役割を維持しようとしている」[11]。賃金の粘着性やその他の市場の不完全性が、完全雇用への動きを遅らせ、政策の余地を与えているのである。

戦後初期の「ケインジアン政策」が財政政策で経済を微調整することを主張していたのとは異なり、「新しい」新古典派総合は金融政策をその役割に抜擢した。とはいえ、主流派経済学者はこのころには、フリードマンの好んだ目標である中央銀行によるマネーサプライ操作の試みを断念し、目標を金利操作に置き換えていた。

しかし、目的は同じであった。テイラー・ルールと呼ばれる戦略にしたがって、中央銀行は、実際のインフレ率の目標値からの乖離や需給ギャップ（潜在的な産出量と実際の総産出量の差）に基づいて、金利目標を調整する。例えば、インフレ率が目標よりも高く、実際のGDP成長率が潜在GDP成長率を上回っている場合、経済を冷却するために中央銀行は政策金利を引き上げる。これは実際のところ、失業率が低くなりすぎるとインフレを招く、というフィリップス曲線の考え方を少しアップデートしただけのものであるが、失業率よりもインフレにはるかに関心が向けられたものになっている。策立案者は結果としての失業を完全に無視することになる）を提案しており、世界中のいくつかの中央銀行が（「新しい」新古典派総合の）一部の支持者はもう少し踏み込んで、実際に具体的なインフレ率目標（政明示的にそのような目標を採用している。いかなる場合でも、政府が本当にすべきことはインフレ率を低く抑えることだけであり、それ自体が経済を完全雇用に近い状態に保ち、力強い成長を促進すると考えている。また、金融政策は非常に有効であるという信念がある。すなわち、中央銀行はインフレ率を目標値（例えば、年率一〜二パーセント）に保つことができ、それ自体が市場の力を解き放ち、経済を速やかに完全雇用均衡に戻すことで経済を微調整できるとする。この議論は、一九九〇年代の終わりから二〇〇〇年代前半にかけて、（バーナンキのような）インフレ・ターゲットの支持者によって、物価安定は力強い経済成長を促進するだけでなく金融の安定性も促進する、とさらに踏み込んで主張されるようになった。中央銀行は、一つの石（金利目標）で三羽の鳥（物価の不安定性、生産の不安定性、そして金融の不安定性）を仕留めることができるのである！　大したものである！

主流派経済学者は、二〇〇七年まですべてが申し分なく機能していると考えていた。世界中の中央銀行家は、インフレ率を低く抑えていることについて自画自賛していた。FRB議長のアラン・グリーンスパンは、「マエストロ」と呼ばれ、史上最高の中央銀行家であるとともに、地球上で最も実力のある政策立案者だと讃えられた。

グリーンスパンが退任すると、議長職の衣鉢はベン・バーナンキに引き継がれ、彼は「大いなる安定《グレート・モデレーション》」の考えと、FRBがこの安定に貢献する重要な役割を果たしたことを喧伝した。(12)世界の中央銀行家は、インフレ率を低く抑えることで経済の安定《モデレーション》を促進してきた。経済の中の誰もが、中央銀行家が安定に熱心に取り組んでいることを知っていたので、皆が安定を期待し、それゆえに安定を実現することができたという。

今や必要なのは期待を管理することだけだった。市場は、中央銀行がインフレ率を低く維持することを知っており、経済に不調が生じた場合には、中央銀行が安定を回復するために迅速に行動することを知っていた。このこと自体が信頼につながった。これは「グリーンスパン・プット」として知られ、その後、「バーナンキ・プット」とも呼ばれたが、それは、FRB議長が良くないことが起きないように予防するという発想であった。不動産価格が急騰し、一次産品《コモディティ》価格がバブル化し、株式相場は上昇し、そして、ウォール街の金融機関は莫大な利益を記録した。

なるほど、理論と政策は機能しなくなるまでは機能した。より正確には、二〇〇七年春に、世界経済が一九三〇年代以来の最悪の危機に陥ったときに、その理論と政策は見事に失敗した（免れたのは、金融市場の自由化を認めなかった、特に中国などの数カ国のみだった）。主要な中央銀行は、自分たちが責任を持って助けると市場を安心させるために行動した。しかし、金利を下げても、それこそほとんどゼロにしても何の効果もないことが明らかになった。失業率が上昇し、小売の売上は減少し、世界大恐慌以来最悪の不動産市場の暴落が生じ、そして、金融機関が次々と危機に陥るなど、金融危機は深刻化していった。

「マエストロ」も「大いなる安定」も、もはやこれまでだった。世界金融危機は、伝統的な経済学の問題点を露呈させた。

確かに、以前にもこのようなことはあった。世界大恐慌もまた、これまた自由放任主義に依存し、君臨していた正統派経済学を打ち砕いた。ケインズは、思想革命をもたらした。残念ながら、その革命は未完に終わったか、さもなければポール・サミュエルソンのような、ケインズのあまり革命的ではない側面だけを借りた上で、それらを古い新古典派アプローチに統合した「総合する者たち」に勝手に利用されてしまった。

ミンスキーの見解では、戦後のマクロ経済学の理論からは、ケインズの一般理論の多くの重要な側面が欠落している。たとえば、新古典派総合版のケインズは、真の不確実性または「将来についての知識がないこと（unknowledge）」を組み込んでいなかったため、ケインズの期待の取り扱いから大きく逸脱していた。主流派理論における不確実性の欠如は、経済が常に完全雇用を伴う均衡に戻ってくる傾向を生来的に持つという主流派理論の信念にとって重要であった。

ミンスキーは、ケインズから何を取り戻すべきかを強調し、ケインズの理論をわれわれが実際に生きている世界に適したものにアップデートしたかったのである。何が重要だったのだろうか。それは貨幣、金融機関、そして不安定性が果たす重要な役割と、政府が果たす積極的な役割である。

理論におけるケインズの革命

ケインズの『一般理論』（一九三六年）の中心的命題は、次のように端的に述べることができる。企業家は売れると期待されるものを生産するが、これらの生産決定の総和が、短期と長期のいずれにおいても、完全雇用水準の産出量と一致すると仮定する理由はない。

さらに、この命題は、完全競争と伸縮的な賃金を条件として設けても、そして期待が常に満たされるとしても、さらにたとえ安定した経済環境であっても成立する。言い換えれば、ケインズは失業を説明するために、賃金の粘着性、独占力、見込み違い、経済的不安定性（例えば、「外生的な」ショックやランダムな政策によって引き起こされる）に依拠しなかったのである。これらの条件は、確かに問題をさらに深刻化させる可能性があったが、ケインズは新古典派モデルに最も有利な条件下であっても、失業を伴う均衡が生じる可能性を明らかにしたかったのである。

ケインズのアプローチは、時間を通じて効用を最大化する消費者ではなく、各企業が売れると期待するものを生産する企業家的な意思決定に焦点を当てることから始まる。その企業家的な意思決定は、将来受け取ると期待される収入と生産する時点で負担する費用の比較に基づいている。生産するという意思決定は、同時に、労働者を雇用し、労働者に所得を提供するという決定でもある。それはまた、おそらくある一定期間にわたる支払いの流列を企業に約束させる（企業は通常、少なくとも生産費の一部を資金調達するために借入を行うため）。

生産は、期待される収益が、現在および将来発生する費用を十分なマージンを持って上回らない限り実施されない。費用および収入は、ともに貨幣の形で発生する。推定費用と期待収益の比較が好ましくない場合、生産は実施されず所得も発生しない。期待される有効需要が不足している場合には失業が生じる。

くわえて、賃金の下方伸縮性は雇用の拡大を促進しない。賃金所得者の支出の減少によって引き起こされる収入の減少（所得効果）が、雇用を増やす誘因となる人件費の低下（代替効果）を上回るため、賃金の低下は利潤にマイナスに影響し、したがって企業の労働需要にもマイナスに影響する。ケインズによってなされたこの重大な指摘は、労働市場の伸縮性と硬直性についての過去四十年にわたる議論の中で失われてしまった。

また、生産は貨幣に始まり貨幣に終わるので、ケインズが貨幣の中立性という概念を否定していることにも留意が必要である。重要な意味で、生産の目的は貨幣である（ケインズはこれを生産の貨幣的理論と呼び、マルクスはこれを「M—C—M′」と示した。すなわち、企業家は、まず貨幣Mから始めて、商品を生産し、最終的により多くの貨幣M′を手に入れることを望んでいるのである）[13]。

不況や失業は、「支出しない」という決断、つまり、貨幣の形で貯蓄するという決断によって引き起こされると言える。企業は売上が下がると労働者を一時解雇《レイ・オフ》する。この行動は問題をさらに悪化させる。ケインズにとって最も重要な決断は、企業家が投資をするかどうかを決めることである。なぜなら、この決断は本質的に、知ることのできない将来に向けての見込み《フォワード・ルッキング》に依存するからである。将来の見込みに対する不安が高まると投資は減少する。投資の減少は、雇用を減少させ、さらに消費者に対する販売を減少させることになる。より多くの労働者が仕事を失い不況に突入する。

　このダイナミクスこそが、ミンスキーがケインズの好況と不況の理論を「景気循環の投資理論」と呼んだ理由である。これは、主流派理論が景気循環を悪い政策、錯覚または技術ショックの結果と見なしているのとは対照的である。重要なことは、ケインズは景気循環についての「内因性」の理論を持っていたということである。すなわち、資本主義経済はその性質上、楽観主義と悲観主義の「目まぐるしい回転（whirlwinds）」のために循環する。景気循環は、したがって、生来的に不確実な将来についての期待に依存する投資判断と結びついているのである。

　不確実性は、流動性への選好を生み出し、したがって完全雇用を達成する障壁となる。繰り返しになるが、企業は売って利潤を得られると期待したものだけを生産する。企業は、個々の生産判断の総和が労働資源の一部を未使用に留めることで生じる不安定な経済的圧力に失望したり、さらされたりする必要はない。将来に問題がありそうならば、企業は投資しないことを決断し、資産保有者は、しばしば「貨幣退蔵」や「質への逃避」と呼ばれる流動性のある資産、つまり、国債やさらには通貨などの比較的リスクの低い資産を得ようと決断する。

　ケインズは、新古典派の世界では誰も貨幣を蓄蔵しないだろうという有名な言及をしたが、それはリスクのない（したがってリターンの低い）資産を保有することに価値がないと考えられているからである。このことは、厳密な正統派モデルには貨幣の入り込む余地がないことに失望していたフランク・

ハーンによって後に確かめられた。[14] なぜなら、そのようなモデルは不確実性や倒産を無視しているからである。

チャールズ・グッドハート[15]は、債務不履行の可能性こそが貨幣を用いる経済の分析の中核をなすと論じている。企業家が生産に関する意思決定を今日行うことが、企業家に将来における支払いを約束させ、彼らが契約条件を満たせなくなる可能性を生みだす。しかし、最も厳密な正統派モデルでは、債務不履行を明示的に排除しており、これはすべての借用書（ＩＯＵ）にリスクが存在しないことを示唆している。したがって、金融機関が提供するどのような監視業務の必要性も排除されることになる。これらのモデルでは、貨幣が入り込む余地がないだけでなく、銀行やその他の金融仲介機関も不要なのである。

また、金融不安定性についても除外されている。これは、債務不履行の可能性がないということが、すべての結果に保険を掛ける（ヘッジする）ことができる完全な先見性や完全かつ完備された市場の存在を前提とするからである。

したがって、これらの主流派マクロモデルでは、ケインズが取り入れた現実世界の特徴である、アニマル・スピリットや確信の度合い、市場心理、流動性選好などを取り入れることができない。対照的に、ケインズの基本モデルは、信用格付の不均質性を考慮したり、債務不履行が期待に影響を与えるようにしたり、ある大きな経済主体の支払約束の不履行によって引き起こされる「伝染」やその他の影響を盛り込んだりするために、簡単に拡張することができる。こうした拡張の最も良い例がミンスキーの研究である。

結論として、ほとんどの経済学者は、その経済学アプローチが「それ」〔新たな世界大恐慌〕が起こり得ることを否定していたため、「それが起こるのを予見しなかった」のである。主流派マクロ経済学の土台となる新古典派アプローチは、空想上の世界、つまり物々交換パラダイムに基づく市場交換に焦点を当てた経済にしか適用できない。そのモデルには、貨幣と金融があとから付け加えられているが、実際には重要ではない。見えざる手が、完全な先見性を持つ合理的な個人を、すべての資源が効率的に配分される均衡に導いているはずなので、政府が果たすべき役割はほとんど存在しない。

現在の危機は、われわれが生きる経済の分析にとって、このアプローチが不適切であることを明らかにしている。これとは対照的に、『一般理論』から始まったケインズ革命は、われわれを取り巻く世界を理解する別の可能性を提示している。ケインズの異なる方法論的なアプローチは、資本主義（企業家）経済が危機に向かう原因となる特徴を組み込んだという意味で、「一般的」でありながら「特別」な理論を展開可能にした。

ケインズの伝統の中で活動してきた経済学者は、「それ」が来ることを予見し、経済を再び成長軌道に乗せることに加え、経済を安定させるようにするだけでなく、経済を国民の大部分の利益に沿って運営されるように改革する政策提言を行ってきたのである。

ケインズによって導入された政策の革命に目を向けてみよう。

ケインズ派の政策革命に向けて

ケインズは、一九二六年に「自由放任の終焉」と題する小冊子《パンフレット》を書き、自由放任主義の概念を長らく否定してきた。[16] 彼は、「見えざる手」が利己的な個人を公共の利益のために行動するよう導くことができるという主張に反論しただけでなく、そのような個人が自己の利益〔が何であるか〕を分かっているということさえも否定した。

さらに彼は、自由放任主義の概念は、経済学者によって実際に受け入れられたことはなかったと論じた。むしろ、自由放任主義はそのイデオロギーの信奉者によって採用されたものであった。確かに、一九二六年の論文の中では、ケインズは自由放任主義に対する説得力のある反論をしたわけでもないし、政策的な解決策を提示したわけでもない。彼の有効需要に関する理論の登場までには、さらに十年の歳月を待たなければならなかった。ケインズは、一九三六年に発表した『雇用・利子および貨幣の一般理論』（一般理論）で初めて、なぜ「見えざる手」が失敗するのか、また、なぜ経済において政府が積極的な役割を果たさなければならないのかを明確に示した。

戦後の政策にケインズが与えた影響は、少なくとも彼が理論に与えた影響と同じくらい大きかったが、ケインズ政策と呼ばれた多くの政策が、本当にケインズの一般理論に深く根ざしていたかどうかについては疑問である。しかし、国内の金融・財政政策、国際金融システム、特にラテンアメリカを中心とする開発政策への影響は否定できない。

もし、一般理論の中心的なメッセージを、企業家による生産の意思決定は完全雇用での均衡を生み出すことを期待できないという命題であると理解するならば、明白な政策対応は、政府を利用して、市場の力による「平凡な内野ゴロでアウト」の水準を超えて生産を拡大することを試みるというものになる。残念なことに、「ケインジアン」の政策は、最終的に、完全雇用を維持するのにちょうど良い水準に総需要を維持する「呼び水《ポンプ・プライミング》」や「微調整《ファイン・チューニング》」といった過度に単純化されたメタファーに還元されてしまった。現在では、ケインズ政策は試みられたが失敗した、と主張するのが当たり前のこととなっている。(17)

実際のところ、戦後の経済政策は、一般的に貯蓄と投資を促進する方策で構成されていた。貯蓄の促進は、ケインズとは完全に矛盾しており、それどころか貯蓄が投資を「金融《ファイナンス》」するという新古典派の貸付資金説の考え方に基づいていた。投資の促進は、支出乗数の考え方(18)に基づいたもので、産出高の均衡水準を決定するというケインズの説明と多少整合性があるものの、安定性という重要な問題を無視し、企業家の期待形成を過度に単純化する考えに依拠していた。

ミンスキーはこのような政策をいくつもの理由から拒絶した。

▽投資の能力効果

第一に、投資の需要（または乗数）効果が、投資の供給（または能力）効果によって生じる追加的な生産力を、十分に吸収できると考える理由はない。アルヴィン・ハンセンによる長期停滞論（現代資本主義は投資機会がないために停滞する傾向がある）[19]から、ハロルド・ヴァッターとジョン・ウォーカーによる時間を通じた適切な成長率の維持には総需要が新たな生産力を十分吸収する規模になるよう民間部門の成長に対応した政府部門の継続的な拡大が必要であるとする見解にいたるまで、数多くの関連研究が存在する。

▽〔所得の〕不平等の問題

第二に、民間投資を刺激することで完全雇用を維持しようと試みることは、所得分配を〔消費性向の低い〕資本所有者の方にシフトさせ、不平等を悪化させることで、社会全体の消費性向を低下させる。これは、ケインズが一般理論の第二十四章で取り上げた問題の一つである。さらに、高投資戦略は資本集約型産業を優遇する傾向があり、所得分配を相対的に高所得の労働者や労働組合に加入した労働者にシフトさせることになる（これらの効果については、後ほど詳しく取り上げる）。

▽部門間《セクトラル》バランスの問題

ミンスキーが初期の研究で暗黙のうちに採用し、彼のレヴィ経済研究所の同僚であるワイン・ゴッドリーにより詳細に展開された部門間《セクトラル》バランス・アプローチは、支出の増加が金融収支に与える影響を分析するものである。(20) 後述するように、ゴッドリーは国内民間部門、国内政府部門、海外部門の収支の合計がゼロにならなければならないというマクロ経済の恒等式に基づいて、このアプローチを発展させた。これらの部門は赤字にも黒字にもなり得るが、赤字の部門があれば、少なくとも他の一つの部門が黒字でなければならない。

一般的に、国内民間部門（企業や家計）が貯蓄や金融資産を蓄積するためには、（所得よりも支出が少ない）黒字でなければならない。しかし、それはその国の政府が財政赤字になるか、その国の経常収支が黒字になる（すなわち、輸入を上回る輸出を行う）かのいずれかでなければならないことを意味する。

ミンスキーは、民間部門の（企業が内部所得フローを上回る投資を資金調達するための借入を伴う）赤字支出に主導された景気拡大は、民間部門の所得よりも民間債務の方が早く成長する可能性を意味すると論じた。実際のところ、これはまさに一九九六年以降の十年間に米国（と他のいくつかの国々）で起こったことであり、民間部門の過剰債務状態が作り出されるのを助長し、それが世界金融危機を引き起こしたのである。これが、ミンスキーが政府は投資を優遇することで成長を刺激すべきだという「ケインジアン」主流派の考えを否定したもう一つの理由である。

▽金融不安定性

第四に、ミンスキーの金融不安定性仮説と関連する懸念がある。投資支出を中心とした好景気の過程で、民間企業は流動性を薄く引き延ばし（借入が増えるため、所得キャッシュフローに負債によるレバレッジがかかり、負債に対する安全資産の比率が低下する）、次第に脆弱な金融ポジションに陥っていくことになる。

金融不安定性仮説とゴッドリーの部門間《セクトラル》バランス・アプローチを組み合わせると、政府予算がブームを冷え込ませる上で重要な役割を果たしていることが明らかになる。〔国民〕所得の急激な増加が、〔税収増を通じて〕政府予算を均衡化させ、さらには黒字へ向かわせるからである。政府部門の黒字の裏返しとして、ほとんど認識されていないのが、民間部門の赤字（海外収支を一定とした場合）である。つまり、政府収支の「改善」は、恒等式から政府部門以外の収支が危うい状態になることを意味せざるを得ないのである。

▽ゴルディロックス経済から世界金融危機へ

そのため、ミンスキーとゴッドリーの研究の支持者は、クリントン政権時代の財政黒字と今後の十五年間で連邦政府債務がすべて解消されるだろうという予測に対する肯定的な反応を笑っていた。クリントン政権時代の黒字がブームに終止符を打ち、財政赤字へと変貌したことは、ミンスキーの研究の支持者にとっては意外なことではなかった。なぜなら、政府財政は不況期に自動的により大きな赤字に向かって動くことで、利潤フローを維持し、安全な国債の形で純資産を蓄積させて民間部門の貸借対照表を頑健にするからである。

それゆえに、ケインズを支持するミンスキーのアプローチは、民間部門が信頼できる成長エンジンになり得ることに懐疑的である。また、政府の政策における「呼び水」アプローチについても懐疑的である。むしろ、政策立案は、民間企業を制約する入念に練られた規制と目標を定めた政府支出を伴う、対象をはっきり限定したものにしなければならない。金融部門の規制や監督を全面的に放棄したことは、重大な間違いであったことが証明されている。自主管理に任されたことで、ウォール街の金融機関は複雑で極めてリスクの高い金融商品を生み出した。それが、家計や非金融企業（そして州政府および地方自治体）に重い債務を負わせることにつながった。後述するように、このようなアプローチに頼ったことが、世界金融危機の原因となった脆弱性の増大を助長したのである。

また、ウォール街の金融機関は、所得分配を金融部門と上位一パーセントの所得者や資産家にシフトさせた。国内の企業や家計は、返済不可能な負債を抱えていた。しかし、成長を続けるためには、これまで以上の借入が必要だった。この状況は持続不可能だった。そして、ミンスキーもよく言っていたように、持続不可能なものは持続するわけがないのである。

世界金融危機後の政策への教訓

ミンスキーは、雇用を生み出し、生活水準を高める政策を推進する必要があると常に考えていた。ミンスキーが「微調整《ファイン・チューニング》」が可能でないと考えていたとすれば、どのような政策があり得るだろうか。政策立案に当たっては、三十年以上も放置されてきたこの一目瞭然の分野だけでなく、新たに生じた問題にも対処すべきである。米国の公共インフラは完全に不足している。橋や堤防の崩壊から、過密な都市高速道路や空港、時代遅れの電力網、高速鉄道網の欠如にいたるまで様々な問題がある。

ケインズがそうであったように、ミンスキーも（前述したように）呼び水よりも目標を定めた支出を提唱した。失業を減らすことを目指す政策であれば、雇用を創出し、労働者を雇うことが最善の方法である。インフラを改善する最善の方法は、それを達成するためのプロジェクトに労働者を差し向けることである。

地球温暖化は、よりクリーンなエネルギー生産への移行、公共交通機関の拡大、エネルギー効率を高めるための建物の改修、森林再生といった対処すべき新たな問題を提起している。これらの分野では、政府が直接プロジェクトを請け負うか、民間の支出に補助金を払うかのいずれかで政府支出を増やさなければならない。この支出は米国の生産性を向上させるため、一般的な呼び水よりも効果的であり、前述したような欠点にも悩まされないだろう。

これらのプロジェクトをすべて実施したとしても、それでもなお、何百万人もの労働者が取り残される可能性が高い。第一に、追加的な労働需要が十分な雇用を創出できると考える根拠がないこと、第二に、技能ミスマッチ、（民族、性別、障害がある人、低学歴や犯罪歴を持つ人に対する）差別の問題、および地理的ミスマッチ（失業者が住んでいるところに雇用を創出する必要がある）などが考えられる。ケインズは、経済が改善するにつれて総需要の増加よりも需要の適正な分配が喫緊の課題になることに言及した際に、その点を改めて指摘している。[21] これらの理由から、ミンスキーは「最後の雇い手」を提唱した。[22] 彼の提案については、後の章で詳しく検討する。

これらすべてが、政府支出の増加を必要とする可能性がある（ただし、雇用を生み出さず、米国の生産や生活水準を高めない分野への支出を削減すれば、追加の支出の多くが相殺される可能性はある）。正統派は財政赤字を恐れているが（多くの論者が、財政赤字は民間支出を「締め出す《クラウド・アウト》」だけだと主張している）、その恐れは政府予算を家計の予算と混同している。

主権を有する政府の予算は、家計や企業の予算とは異なる。政府は通貨を発行するのに対し、家計や企業はその通貨の利用者である。表券主義者（chartalist）あるいは現代貨幣理論（ＭＭＴ）のアプローチが説明するように、現代の政府は実際には銀行口座へ記入することによって支出を行っている。[23] それは本当にただのキーストローク、つまりキーボードを叩いてコンピューターに入力することでしかなく、それが誰かの貸借対照表への記帳をもたらすのである。政府がキーストロークを使い果たすことはあり得ない。

ミンスキーは次のように述べている。

法定不換紙幣（fiat money）が、一般的に受け入れられ、価値あるものになるためには、経済主体がこの紙幣によって行わねばならない一連の支払いがなければならない。租税はそのような支払いであるから、課税と支出を伴う政府を導入せずに、法定不換紙幣を導入すべきではない。同様に、部分準備制銀行の負債としての貨幣が、市場において価値を獲得するのは、この信用貨幣（credit money）が受領され得る支払いを行う、銀行の債務者としての経済主体が存在しているからである。貨幣の受領性と価値は、その貨幣建ての支払いの存在に依存している。したがって、課税と支出を伴わない政府の法定不換紙幣と、支払義務を果たすための制約下にある債務者を伴わない信用貨幣は、全く無意味な考えである（p.23）。[24]

「法定不換」紙幣（基本的には、貸借対照表へのキーストロークで生み出される）は、租税がその紙幣によって支払われなければならないために価値がある。人々は、租税を支払う必要があるからこそ、それを受け入れるのである。「キーストロークで生み出される」法定不換紙幣の発行者は、キーストロークを使い果たすことはあり得ず、支払わなければならない支払いを法定不換紙幣で受け取ることで、その需要があることを保証している。

驚くべきことに、FRB議長であるベン・バーナンキさえ、FRBは単純なキーストロークで支出しているので、ウォール街の銀行を救済するために必要なだけ資産を購入することができると議会で証言している。必要なのは、財務省が同じように支出していることを認識することである。そうすればワシントンの政策立案者は、誰もが必要だと認識している公共インフラ投資、地球温暖化防止のための「グリーン」投資、雇用創出といった種類のプログラムの「支出能力（affordability）」について心配することをやめることができる。

もちろん、これは政府による「青天井」の支出を求めているのではない。過大な支出はインフレを誘発し、通貨安を引き起こす可能性がある。政府支出は目標を明確に定めたものでなければならないし、過大であってはならない。では、どのくらいの規模だと過大だろうか。生産能力が完全に使用され、労働力人口が完全に雇用されると、追加的な支出は〔過大で〕インフレを誘発するだろう。

これはまた、ミンスキーの親友であるアバ・ラーナーによって展開され、政策に対する「機能的財政」アプローチとも呼ばれている。[25] 政策の立案は、課題の解決、生活水準の向上、民主的プロセスで定義された公共の目的の達成に向けられるべきである。一年間を通じた、あるいは景気循環を通じた政府予算の均衡といった予算の結果を予め考えることはあってはならない。

言い換えれば、目標は公共の目的を達成するために政府の「財布」を使うことであり、政府の総支出や赤字を特定の金額に強制することではない。これは、政府のプログラムへの支出が予算によって制約されるべきではないという意味ではない。議会は個々のプログラムの予算を承認し、プログラム管理者に予算の目的達成についての責任を課す必要がある。予算編成の目的は、連邦政府全体の予算が均衡するようにすることではなく、むしろ無駄遣い、収賄、汚職を減らすことである。

予算編成は、プロジェクトが公共の利益を満たすように、プロジェクトをコントロールするための一つの手段である。家計や企業の場合とは異なり、主権を有する政府は常にプログラムに対する支出を増やす「能力」がある。しかし、これは必要以上に支出すべきだということを意味しない。

世界金融危機が発生すると、多くの政府（第二次ブッシュ政権、オバマ政権を含む）が財政刺激策を採用したため、条件反射的にケインズへ回帰する動きが生じた。しかし、大規模な財政赤字（オバマ政権の赤字は一兆ドルに達し、その多くは不況の深刻さから税収が減少したためであったが、赤字の増加の一部は減税と同時に裁量的な支出を行ったことによって引き起こされたものであった）は、政府による支払不能の懸念を生んだ。その結果、政策立案者の決心が揺らぎ、景気刺激策を縮小した。一部には正反対の方向に向かった国さえあり、緊縮が赤字を減らすことを期待して緊縮財政を課した。

二〇一五年初頭の時点では、力強い回復の兆しはほとんどなく、実際、米国の家計の多くは、二〇〇七年と同じくらい高額な負債を抱え、失業か賃金が低迷したままの状態で苦しんでいるのである！ユーロ圏全体ではかろうじて経済が成長しているが、一部の国は依然として深刻な危機に陥っている。中国やその他の発展途上国さえも、経済成長が減速しているように見える。次の景気後退の可能性があるように見え、おそらくその可能性は高い。

今こそミンスキーの景気循環へのアプローチを見直すときである。ミンスキーは、ケインズの「景気循環の投資理論」を受け入れ、それに「投資の金融理論」を付け加えた。彼の初期の研究では、不安定性の原因となったのは、まさに投資の意思決定の金融的側面であった。このあと見るように、この説明は主流派の見解の何が間違っているのか、また、われわれの経済の何が間違っているのかを理解する手段の一端を与えてくれる。

その上で、ミンスキーの金融機関に対するアプローチと政策改革のための提案について検討する。ミンスキーが、過去三十年間に金融機関と金融慣行の進化が歩んできた道筋の問題点について、長い間、警告していたことが分かるだろう。その進化は、彼が「マネー・マネージャー資本主義」と呼ぶものにつながった。ミンスキーの改革提案は、われわれが数十年にわたり付き合ってきた金融的な脆弱性へと向かう力を弱め、あまりに多くの米国人がさらされてきた深刻な不確実性と不安定な状況を軽減するだろう。

第三章　ミンスキーの初期の貢献——金融不安定性仮説

金融構造は、資本主義の適応性と不安定性の双方の原因になる。

——Minsky, 1986, p.175, 邦訳二一四—二一五頁(1)

この理論的枠組みでは、金融危機は何らかの制度の特殊な性格に起因するものではない。金融危機に陥りやすい状況は、借り手と貸し手の日々の利潤追求行動から生じるのである。経済主体の金融的な立場が、ヘッジ金融から投機的金融（借り換え）、ポンツィ金融（利子の元本化）へと変化することは、倒産がほぼ特定の原因のために生じている頑健な金融構造から、金融システム全体の状態が多くの倒産の原因となる脆弱な構造へと進化することを特徴づけている。

——Campbell and Minsky, 1987, p. 25(2)

ミンスキーは世界大恐慌の時代に十代を過ごしたので、景気循環に関心を持っていたとしても不思議ではない。現代のマクロ経済学の多くが、景気循環を〔外生的な〕「ショック」や政策の失敗の結果として捉えているのに対し、ミンスキーは景気循環を経済システムの内生的なダイナミクスによって生み出されるものと考えていた。

言い換えれば、主流派経済学者は、市場の力は生来的に安定性を生み出すと考えている。市場がどの程度の速さで均衡を回復できるかについては意見の不一致があるが、十分な時間をかければ、何らかの外生的なショックにより景気後退が引き起こされたとしても、自由市場は最終的に経済を完全雇用にまで回復させると認識している。

ミンスキーの見解では、これは明らかに間違っている。市場の力は不安定性を生み出すのであり、安定性を作り出すために制限を加えなければならないのである。しかしながら、「安定性が不安定性を生み出す」ので、景気循環の問題に恒久的な解決策は存在しないのである！　市場は制限を覆して不安定性を作り出し、最終的に新たな景気後退をもたらすだろう。

ミンスキーにとって、安定性に対する最大の脅威はブームであった。なぜなら、それは最終的に崩壊につながる危険な行為を助長するからである。ミンスキーが言うように、最大の危険は停滞へ向かう流れではなく、むしろ最終的な崩壊につながる爆発的な成長へ向かう流れであった。

ミンスキーの最初期の貢献

ミンスキーは、一九五〇年代から六〇年代半ばにかけての出版物の中で、経済を常に苦しめているようにみえる景気循環についての分析を徐々に発展させていった。彼は、制度、その中でも特に金融制度が重要であると論じていた。これは、IS-LMモデル[3]に代表される、ケインズ経済学のある特定の学派が支配的になりつつあることに対する反発であった。そのモデルは、単純な数学モデルを支持するために、現実世界の制度の分析を避ける「高度な理論」であった。

ミンスキーは、ハーバード大学でアルヴィン・ハンセンの教えを受けていたが、シカゴ大学のヘンリー・サイモンズの詳細な制度への言及をより好んでいた。マクロ経済学に対するハーバードの過度に単純化されたアプローチは、金融をＬＭ曲線の後景に埋没させ、さらに、IS-LM分析は唯一の均衡点のみを考慮していたため、現実世界の経済のダイナミクスについては何も論じることができなかった。

これらの理由から、ミンスキーは、経済の爆発的な拡大の可能性を認める乗数・加速度原理モデル（ハーバード大学の同窓生であるポール・サミュエルソンが発表した）に興味を持っていた。そのモデルは少なくとも不安定性の存在を許容していたが、問題は不安定すぎるということにあった。すなわち、国内総生産（ＧＤＰ）が、前提条件によっては、無限大あるいはゼロに向かって突き進む可能性があったのである。

ミンスキーは、現実世界は不安定なものであるが、それは制度によって抑制されることを理解していた。ミンスキーは後にこれを「回路遮断器《サーキット・ブレーカー》」と呼んだ。例えば、ウォール街では、株価が一日のうちに大きく下落しすぎると株取引が停止される。また、銀行取り付けが発生した場合、中央銀行が準備預金を貸し出して取り付けを食い止めるという例もあるが、これは預金者が、銀行には政府の支援があるので安心して放っておけると了解するからである。これらのうち、第一の例は、民間によって課されたサーキット・ブレーカーであり、第二の例は、市場の「非合理性」から銀行を守るための政府介入である。

このような制度が市場の生来的なダイナミクスを抑制することを認識していたことで、ミンスキーは、一九五〇年代後半の研究で、乗数・加速度原理モデルに爆発的な成長と崩壊を抑制するための制度的な「天井《シーリング》と床《フロア》」を追加した。

ミンスキーは最終的に、一九九〇年代にレヴィ経済研究所で書いた最後期の何本かの論文の中で、これらのモデルを再び取り上げた。しかし、ニューディールと戦後の制度的な取り決めが、現代資本主義の生来的な不安定性を抑制し、見せかけの安定を生み出したというミンスキーが頻繁に行う議論に、一九五〇年代の研究成果が貢献していたことは明らかである。ミンスキーは、第二次世界大戦から一九六〇年代半ばまでの期間は、目立った金融危機のない、おそらく米国の歴史の中で最も安定していた時期であったと指摘していた。彼は、この安定は主にニューディール期から引き継がれた制度的な制約に、戦後初期に追加的な安定化のための制度が加えられた結果であると考えていた。

これらの制度の多くは、金融システムを制約していた（米国では、預金への利子支払いを制限するレギュレーションQ、預金を保護する連邦預金保険公社（ＦＤＩＣ）、そして、商業銀行業をリスクの高い投資銀行業から分離するグラス・スティーガル法などがこれに含まれる）が、ミンスキーは社会保障制度の創設や、後に導入された要扶養児童家庭扶助（Aid to Families with Dependent Children, AFDC）もまた重要な所得安定装置として挙げていた。さらに、彼は、世界大恐慌を再び引き起こしかねない景気後退期の賃金削減の下方スパイラルを防ぐための、労働組合の拮抗力（労働者の権利を守るための政府の支援も含めて）と最低賃金の立法の存在を指摘していた。

最後に、彼の見解では、「大きな銀行」（ＦＲＢ）と「大きな政府」（連邦政府）の経済安定への関与が強化されたことが、二つの最も重要な進展であった。これらの戦後の制度はともに、不安定性、とりわけ下振れ《ダウンサイド》リスクを抑制するものであった。

また、ミンスキーは初期の著作の中で金融革新についても考察しており、金融機関による日々の利潤追求が当局によるマネーサプライの成長を抑制しようとする試みを継続的に減衰させることを論じている。このことが、（中央銀行がコントロールしているとされる）マネーサプライが［任意の所与の値に］固定されるというＬＭ曲線の前提を、彼が否定した主な理由の一つであった。実際に、中央銀行による抑制は、ミルトン・フリードマンが何十年にもわたって広めてきたような成長率ルール[4]に従わないようにする金融革新を誘発する。これらの金融革新はまた、混乱に対して金融システムをより脆弱にするような形で流動性を薄く引き延ばす。* 中央銀行が最後の貸し手として介入すれば、それは金融革新を妥当なものとして追認し、その金融革新が生き残ることを保証することになる。

これらの理由から、金融政策はルールによって運営されるべきだというミルトン・フリードマンの提案、例えば中央銀行はマネーサプライを一定の割合で成長させるべきという有名な勧告を、ミンスキーは決して受け入れなかった。ミンスキーの回答は、「連邦準備制度の政策にとっての唯一の普遍的なルールは、いかなる普遍的なルールにも縛られないということである」[5] (p.152) というものであった。ルールの存在は、どうしても行動の変化を招いてしまい、それによってルールが不適切なものになってしまう。政策は常に状況の変化にあわせて順応しなければならない。

ミンスキーの最初の重要な論文は[6]、一九五七年に発表されたフェデラル・ファンド市場の創設について検討したもので、資金供給の内生化を通じて銀行システムがいかにして準備預金を節約できるようになったのかを示すものであった。このことが意味するのは、金融革新によって銀行は、中央銀行による貸出と貨幣創造を抑制するための努力を回避できるようになるということである。ミンスキーは、こうした金融革新によってシステム全体の脆弱性が徐々に高まっていくという仮説を立てたが、金融危機が発生した場合には、中央銀行が最後の貸し手としての役割を果たすことで危機を解決すると考えていた。

金融システムの頑健性に対する最初の本格的な試練は一九六六年の地方債市場で生じ、二度目は

＊ 金融革新により借入が増えてレバレッジがかかるため、負債に対する安全資産の比率が低下する。

一九七〇年のコマーシャル・ペーパーの暴落であった。その後も、さらなる試練（一九七四年のフランクリン・ナショナル銀行の破綻など）があったが、いずれも中央銀行の迅速な対応によって解決された。このように、戦後初期は、民間債務が少なく（第二次世界大戦からの）膨大な連邦債務が継承された「条件付きで統一性のある」金融システムの良い例であったが、制度的な制約は利潤追求の金融革新によって徐々に弱められて行くことになった。金融危機は、より頻繁かつより深刻になり、「それ」（新たな世界大恐慌）が再び起こるのを防ぐ当局の能力が試されることになった。見せかけの安定性が、不安定性を助長するのである。

言い換えれば、経済を安定化させることに貢献した戦後の制度はすべて、究極的にはより大きなリスクテイクを生むことになる。民間部門を支援するための「床」を設けることは、過剰な投機を制限する「天井」を課すことよりもはるかに簡単である。下振れ《ダウンサイド》リスクを減らすことで、政府は実際には、より大きな上振れ《アップサイド》の可能性を秘めたリスクテイクを促進することになる。金融機関は、あらゆる「天井」を回避するために継続的に金融革新を起こそうとする。

このような理由から、民間金融機関の金融革新に対する規制・監督上の対応を絶えず変化させていくことが極めて重要である、とミンスキーは論じている。残念なことに政策対応は、戦後を通じて一般的に反対の方向を向いていた。金融機関がルールや規制を回避する方法を見つけた場合、対応としてしばしば規制を緩和して金融革新を事実上容認したのである。

この後に見るように、それは悲惨な結果をもたらした。

初期の研究の拡張

ミンスキーは、一九七五年の著書[7]で、「投資の金融理論と景気循環の投資理論」の最も詳細な提示を含む、ケインズ理論のもう一つの解釈の可能性を提供した。その二つの重要な構成要素は、彼がケインズから借用した「二つの価格体系」と、同じくケインズから派生した「借り手のリスクと貸し手のリスク」である。これらの概念はやや複雑であるが、ミンスキーの金融不安定性の理論の根底にあるものであり、理解しておくに値するものである。

簡単に言えば、ミンスキーは今期の産出物（ＧＤＰに含まれる生産された財やサービス）の価格体系と、資産価格（株式や債券などの金融資産と工場や設備などの実物資産の両方の価格）の価格体系を区別していた。今期の産出物の価格は、利潤を生み出す水準に設定された「費用＋マークアップ」によって決定されると考えることができる。言い換えれば、企業は通常、生産費をカバーする価格を設定した上で、企業所有者の利潤を残しつつも、間接費用、税金および利子を支払うことが可能になるような「マークアップ」を価格に上乗せする。この価格体系の対象には、消費財やサービス、投資財、そして、政府によって購入される財やサービスが含まれている。

投資財の場合、今期の産出物の価格は、事実上、資本の供給価格であり、供給者が新たな資本資産（工場と設備）を供給するのを促すのに十分な価格となる。ただし、この単純な分析は、内部資金（典型的には、産出物の販売収益）から資金調達が可能な資本の購入にだけ適用することができる。企業が（銀行、その他の金融機関または金融市場から）外部資金を借りなければならないならば、資本の供給価格は明示的に資金調達費用を含むことになる。それには金利はもちろんのこと、他のすべての手数料と費用が含まれる。その場合、供給価格は、貸し手から資金を借りることに関連した追加費用としての「貸し手のリスク」のために上昇する。(8)

第二の価格体系は、時間を通じて保有することができる資産、繰り返すが、金融資産と実物資産の両方についてのものである。貨幣（最も流動性の高い資産）を除いて、これらの資産は、所得の流列と、場合によってはキャピタルゲインを生み出すことが期待されている。ここで、ミンスキーは、かなり難解な第十七章（ミンスキーによれば、『雇用・利子および貨幣の一般理論』（一九三六年）の最も重要な章）*におけるケインズの論じ方を踏襲している。重要な点は、将来の所得流列は確実に知ることができず、したがって、期待に左右されるということである。

これらの期待は、楽観主義と悲観主義の程度次第であり、不安定である。他の条件が同じならば、人は価値の損失がほとんどなく、すぐに売却することができる流動性の高い資産を好む。人は期待リターンがより高い場合だけ、流動性が低く、リスクの高い資産を保有する。特に資本資産は、リスクが高いだけでなく、比較的流動性が低い。工場は売却が難しく、機械は特定の製品を生産するために設計されているのが普通である。場合によっては、他人にとっての資本資産の価値は「スクラップ」としての価値に過ぎないのである。

この資産価格体系から資本資産の需要価格を求めることになる。それは、その資産が生み出すことのできる純利益についての期待を前提にして、ある人がその資産にいくら払うかを決定することを意味する。利益が低く、不確実性が高いほど、買い手の支払いたい価格は低下する。これを需要価格と呼ぶ。しかし、この場合もやはり、資金調達の取り決めを無視していることから、あまりにも単純化されすぎている。ミンスキーは、借入が多ければ多いほど、買い手は支払不能や倒産のリスクが高くなることから、ある人が支払ってもよいと思う金額は、必要とされる外部資金の量に依存すると論じた。これが、「借り手のリスク」もまた需要価格に織り込まなければならない理由である。他の条件が同じならば、借入資金への依存度が高ければ高いほど、ある人の資産に支払いたい価格は低下する。

「借り手のリスク」と「貸し手のリスク」を分析に加えることは、成功の見通しについての不確実性を分析に含める一手段だと考えることができる。これらの調整は、先行きが予想よりも悪いことが判明した場合の安全性のゆとり幅《マージン》を追加することになる。しかし、ミンスキーが指摘するように、成功はより大きな自信を生むため、好景気が続く中で、安全性のゆとり幅を減少させることになる。

投資は、需要価格が資本資産の供給価格を上回った場合のみ実施することができる。需要価格は資本資産の価格体系から出て、供給価格は今期の産出物の価格体系から出てくることを思い出して欲しい。そうしたわけで、需要価格と供給価格は独立して動くことができ、ある意味で個別に決定されるのである。これらの価格は、安全性のゆとり幅が含まれていることから、安全性のゆとり幅の大きさを決定する不可知の結末についての期待の影響を受ける。

楽観主義と不確実性の低下は、資本資産の需要価格を上昇させる傾向がある。同時に、楽観主義は貸し手のリスクと借り手のリスクを低下させ、需要価格をさらに高める一方で、供給価格を実際に低下させる。需要価格が高く、供給価格が低いことから、資本資産への多くの投資を促すことになる。

悲観主義と不確実性の上昇は反対方向に作用する。期待収益の低下と借り手のリスクの上昇は、低い需要価格を意味し、認識される貸し手のリスクの増大は、供給価格の上昇につながるため、新たな投資はほとんど実施されないことになる。

ミンスキーの理論では、貸し手も借り手も安全性のゆとり幅に基づいて行動している。企業が新たな機械の資金調達をするのに毎月千ドルの返済を約束しなければならない場合、機械の稼働から毎月、例えば千五百ドルの収入を生み出したいと考えるだろう。その千五百ドルのうちの五百ドルは、安全性のゆとり幅である。結果的にコストが高くなったり、収入が予想よりも低くなったりした場合に、

＊　第十七章の章題は「利子と貨幣の本質的特性」となっている。

安全性のゆとり幅が衝撃を吸収するクッションとして役立つのである。

深刻な景気後退からの回復期には、期待が弱まっていることから安全性のゆとり幅は大きく保たれているが、時間が経過する中で、景気拡大が悲観的な予想を上回った場合、これらの安全性のゆとり幅は必要以上に大きかったことが判明する。それゆえ、安全性のゆとり幅は、時間の経過とともに、プロジェクトが総じて成功する程度まで縮小される。

ミンスキーは、安全性のゆとり幅を説明するために、有名な三種類の金融形態の区別を作り出した。最も安全なものはヘッジ金融と呼ばれるもので、予想所得フロー（income flows）がすべての利子と元本の支払いをカバーすることが期待されている。よりリスクの高い金融形態は投機的金融と呼ばれるもので、近い将来の所得フローが利子の支払いだけをカバーし、元本の支払いをカバーできないが、最終的には元本を返済するのに十分な所得の増加が期待されている。

最後に、近い将来の収入では利子の支払いさえカバーできないため、利子を「資本化」して、元本に組み込むことで負債が増加するポンツィ金融がある。ポンツィ金融は、ネズミ講を行っていたカルロ・ポンツィにちなんで名づけられた（今日でいえば、悪名高いバーニー・マドフが相当するだろう）。（基本的に、ポンツィ金融のポジションにある経済主体は、利子を支払うために借金をしている。金利が下がるか、所得フローが増えない限り、これは持続不可能な状況である）[9]。

景気拡大の過程で、企業、さらには家計の金融的な立場は、大部分をヘッジ金融のポジションが占める状態から、投機的金融のポジション、さらにはポンツィ金融のポジションの比率が上昇し続ける状態へと変化する。リスクの高い金融構造ほど、金利の上昇や所得の不足に対して脆弱となる。

カレツキーの投資＝利潤関係の追加

ミンスキーは、初期の研究においても、レバレッジを上げて投機的なポジションに移行したいという欲求が阻まれる可能性があることを認識していた。期待していたよりも結果が良好であることが判明した場合、予想よりも多くの実現収益が得られることが分かるため、投機的金融に従事しようとする計画が、ヘッジ金融のポジションに留まる可能性があるからである。このように、ミンスキーは、今ではよく知られているカレツキーの関係式[10]（単純なモデルでは、資本資産への支出が増加すると、企業の所得キャッシュフローが実際に増加するように、投資が総利潤を決定するというもの）を取り入れていなかったが、彼は投資ブームが総需要と総支出を（ケインズ的な支出乗数を通じて）増加させ、その結果、予想を上回る売上を生み出す可能性を認識していた。実は、ミンスキーの見解では、このことがダイナミクスをさらに悪化させることになる。借り手企業の実際の利潤が期待以上のものだった場合、借り手企業はますます狂気じみた賭けをするようになり、手に負えない投機ブームを生むことになるからである。

後にミンスキーは、最も単純なモデルにおいては、「総利潤＝投資＋政府の赤字」であるというカレツキアンの結論を明示的に取り入れた。したがって、投資ブームの際には、利潤は投資とともに増加し、それが期待の有効化を助け、さらに多くの投資を促すことになる。この結論は、資本主義経済の根本的な不安定性は、上方すなわち投機的熱狂に向かうことにあるというミンスキーの主張に一層の説得力を与えている。さらに、景気後退時に政府の財政赤字が拡大するため、その拡大が利潤を押し上げることになり、前述のとおり下振れリスクを軽減することになる。

さらに、ミンスキーは一九六〇年代前半には、民間部門の貸借対照表への影響は、政府の貸借対照表に対する姿勢に依存すると論じていた。政府支出主導の景気拡大であれば、脆弱な貸借対照表を形成することなく民間部門の拡大が可能になる。それどころか、政府の赤字は利潤を押し上げ、安全な政府債務を民間のポートフォリオに追加することになる。

しかし、民間部門主導の力強い景気拡大は、（累進的な税制と好況時の移転支出の減少により）民間部門の所得の増加よりも税収の増加の方が早くなる傾向を生むため、政府予算が「改善」（黒字化）する一方で、民間部門の収支は悪化（赤字化）することになる。そのため、ミンスキーは、民間の赤字や負債は政府の赤字や負債よりも危険であることから、政府主導の景気拡大よりも民間主導の景気拡大の方が持続不可能な傾向にあると論じていた。

カレツキーの方程式を説明に加えたことで、ミンスキーは政府予算の反循環的な動きがいかにして自動的に利潤を安定化させるのか、すなわち好況時の上振れと不況時の下振れの両方を制限することを説明できるようになった。この変更は、ミンスキーの議論に大きな政府が安定化の原動力であるという強みを加えた。

ミンスキーは、景気循環の投資理論に組み込まれた利潤についてのカレツキーの見方をもとに、将来的に投資が期待される場合のみ、今日の投資が実行されると論じた。なぜなら、（カレツキアン・モデルの骨格では）将来時点での投資が将来の利益を決定するからである。さらに、今日の投資が「昨日」行われた決定（過去に行われた投資決定）を有効化するので、（今日の投資を決定する）「明日」に対する期待は、今日使用されている資本資産の資金を調達する際に負った返済義務を履行する能力に影響を与える。

このように、簡単に動揺する可能性がある投資についてのミンスキーのアプローチには、複雑かつ動態的な時間的関係が含まれている。ミンスキーが述べたように、

資本主義経済がもつ独特の循環性、すなわち、経済の良好な運行を保証するには十分な投資が将

来において出現すると確信されたときにはじめて、現在での経済の良好な運行があらわれることには、銀行および金融システムについての必然的な帰結が存在する。銀行および金融システムは、現在において資産価格と投資の資金調達の条件を良好な状態に維持しなければならないだけでなく、さらに銀行および金融システムは将来においても、資産価格と投資の資金調達の条件を良好な状態に維持し続けるであろうことが期待されなければならない。銀行や金融システムがこのように正常に機能することが、資本主義経済が満足に運行するための必要条件であるから、このシステムの崩壊は経済を機能不全に陥らせるだろう。

——Minsky, 1986, p.227, 邦訳二八二頁[11]〔訳を一部変更した〕

この循環性を「二つの価格」アプローチに結びつけると、将来の期待利潤を低下させるいかなる要因も、今日における資本の需要価格を供給価格以下に押し下げ、投資や今日の利潤を以前の資本プロジェクトが開始されたときの需要価格の根拠となった過去の期待を有効化するのに必要な水準以下にまで低下させることが明らかになる。

投資が削減されると、過去の貸し手のリスクと借り手のリスクに含まれていた安全性のゆとり幅が不十分であったことが明らかになり、今後の望ましい安全性のゆとり幅の修正を招くことになる。このような投資の減少と安全性のゆとり幅の上方修正は、投資を妨げ、それゆえ総需要が減少して景気の悪化を刺激することになる。

ミンスキーは、一九六〇年代から一九八〇年代にわたって、自らの投資理論の拡張を取り入れながら金融不安定性仮説を継続的に発展させた。カレツキー方程式が追加されたほか、二つの価格体系が導入され、さらにより複雑な部門間《セクトラル》バランスの取り扱いが加えられた。

ミンスキーの金融政策論への初期の拡張

ミンスキーは、銀行に対するアプローチについても継続的に進歩させており、ＦＲＢがマネーサプライをコントロールしようとすることの無益さを認識していた。ミンスキーは、ＦＲＢが最後の貸し手としての役割を果たし、企業の負債をより流動的にするために創設されたにもかかわらず、ＦＲＢがもはや割引窓口《ディスカウント・ウィンドウ》に依拠していないことを問題にした。実際、ＦＲＢによって供給される準備預金の大部分は公開市場操作（国債の購入）を通じて提供されており、そのことが、どの担保を受け入れるか決定することにより金融システムの安全性と健全性を確保するＦＲＢの能力を大幅に制限している。

ＦＲＢには、もはや借入を行う銀行の貸借対照表を精査したり、経費を賄うための流入キャッシュフローを生み出す能力を評価したりする機会が存在しなくなった。その代わりに、ＦＲＢの主な役割は、公開市場での買入れにより生み出される準備預金の供給を制限することでマネーサプライを「コントロール」することだ、というフリードマンの過度に単純化したマネタリスト的見解に、ＦＲＢは依拠するようになってしまったのである。フリードマンによれば、この見解では、ＦＲＢが銀行による貨幣創造をコントロールするだけで、経済全体をコントロールすることが可能になる。

ミンスキーの見解では、中央銀行は実際にはマネーサプライをコントロールできない。問題は、準備預金を抑制しようとする試みは、銀行の金融革新を誘発するだけで、その金融革新が究極的には最後の貸し手としての介入を必要とし、さらにはリスクの高い慣行を有効なものとする救済措置《ベイルアウト》を必要とすることである。需要を維持するための反循環的な赤字と相まって、このアプローチは深刻な不況を防ぐだけでなく、慢性的なインフレーション・バイアスを生み出してしまう。インフレに対抗するためには、財政政策は緊縮に傾き、金融政策は高金利を維持することになる。

このような状況は、経済が、高失業率と高インフレが並存するスタグフレーションに悩まされていた一九七〇年代の終わりに頂点に達した。ポール・ボルカーFRB議長は、マネタリズムの厳格版を実施する計画を発表した。これは、誰も驚かないようにマネーサプライの成長ルールを発表した後に、超高金利によってインフレに対抗するという実験であった。これは、失業を引き起こすことなく、物価への圧力を解消することを目的としていた（前述の「錯覚」の概念、すなわち政策が広く知られていれば、誰も錯覚しないという考え方を通じて）。

しかし、それはうまくいかなかった。米国は、（当時としては）世界大恐慌以来最も深刻な不況に陥った。この政策はまた、米国の「貯蓄金融機関」部門（貯蓄貸付組合（S＆L）制度）全体に壊滅的な打撃を与えた。なぜなら、貯蓄金融機関は比較的低金利の固定金利型住宅ローンを抱え込んでいたが、自身のより短期の債務に対し高い金利を支払わなければならなくなったからである。深刻な金融危機は、国民の苦境をさらに悪化させた。ミンスキーの見解では、この危機は不必要な苦しみを生み出すとともに、マネタリストの理論と政策に欠陥があることを明らかにした。このことから学ぶべき教訓は、中央銀行はマネーサプライをコントロールすることができないということであり、マネーサプライの成長はそれ自体が所得の成長やインフレの予測の優れた判断材料ではないということであった。

ミンスキー理論を用いた、一九七〇年代以降の金融システムの変容の解明

より良いアプローチは、金融システムの進化と、しばらくの間経済を安定させる制度的な「天井と床」が最終的には崩壊することを考慮に入れて、ミンスキーの意見に従うことであろう。ミンスキーによれば、第二次世界大戦後に出現した経済は、民間債務が少なく（その一部は世界大恐慌で帳消しにさ

れた）、安全で流動性の高い連邦政府債務が多い（第二次世界大戦の赤字支出のため）、頑健な金融システムを有していた。このような状況は、家計や企業が借金をすることなしに、比較的急速な経済成長を可能にした。

また、ニューディールや戦後の種々の改革が経済を安定させた。その中には、消費を安定させるセーフティネット（社会保障、失業補償、公的扶助およびフードスタンプ）、厳格な金融規制、最低賃金法や労働組合への支援、そして、低コストの住宅ローンや学生ローンなどが含まれていた。さらに、世界大恐慌の記憶がリスクの高い行動を取ることを思い留まらせていた。

徐々にすべてが変わっていった。世界大恐慌の記憶は薄れ、金融機関は規制を回避し、政府を縮小する動きは規制を規制緩和に置き換え、労働組合は交渉力と政府の支援を失い、グローバル化は低賃金競争を持ち込み、不安定性を高め、そして、セーフティネットは慢性的な資金不足に陥った。[12]

確かに、ミンスキーは、利潤追求型の企業や金融機関はより危険な資金調達スキームでより大きなリスクを取ることになるため、こうした変化がなくても変容は起こっていたかもしれないと考えていた。金融危機と景気後退は、より頻繁かつ深刻になったが、ニューディールの改革や制度の残滓は、それぞれの危機から比較的早く経済が回復するのを手助けしていた。このように、戦後の全期間にわたり、負債が積み上がり、脆弱性が増大する傾向にあった。これが、「それ」（一九二九年に起きたような大暴落）が再び起こり得るようにしたのである。

ミンスキーは、一九九六年に亡くなったが、世界金融危機は彼の予測に合致する形で展開した。実際、多くの人が危機を「ミンスキー・クライシス」と呼び、少なくとも二〇〇七年に始まった危機の研究者で、彼の名前を知らない者はほとんどいない。[13]言い換えれば、ミンスキーは主流派の経済学者とは異なり、その理論に経済が不安定な状態に向かって進化する可能性を含んでいたため、「それが起こるのを予見」できたのである。

さらに、ミンスキーの理論では金融と貨幣が重要であり、ケインズと同様、貨幣は決して中立的ではない。彼は、ケインズに金融のオペレーションについての詳細な分析を加えることで、ケインズの理論をさらに発展させている。ケインズは、賃金が柔軟な場合、失業から引き起こされた市場の力は、賃金を低下させると同時に、総需要、利潤および期待へ影響を与えることで、経済を完全雇用からさらに遠ざけると論じて安定性の問題について言及していた。この一連の過程が、ケインズが安定性の条件の一つは貨幣タームでの賃金の粘着性の程度であると論じていた理由である（信じられないことだが、この議論は、賃金の粘着性が失業の原因になるという意味だと誤解されており、ケインズの結論とはほぼ正反対の意味にされてしまっている[14]）。

ミンスキーは、経済が完全雇用を達成するようなことがあっても、失業を復活させる不安定化の力が生じるだろうと論じることで、ケインズの議論を拡張した。前述のように、ミンスキーは現代資本主義経済が経験する主な不安定性は、爆発的な陶酔的熱狂へと向かう傾向にあると考えていた。完全雇用に伴う高水準の総需要と高利潤は、期待を高め、楽観的すぎる将来収益の確信に基づいた一層リスクの高い投機を助長する。期待された収益が実現されない場合、大きな政府と大きな銀行による最も重要な介入を含む市場の力を止めるための「サーキット・ブレーカー」が介入しない限り、債務不履行の増加が負債デフレ（債務者は自らの負債について債務不履行に陥るが、その負債は債権者にとって資産である）と高失業を引き起こす[15]。

次の章では、ミンスキーの金融システム分析をより詳細に検討する。

第四章　貨幣と銀行業務に対するミンスキーの考え方

銀行は、まず貨幣を手に入れてそれを財源にする貸し手ではない……銀行は、まず貸出あるいは投資を実行し、その後現金の流出分を賄うために現金を「手に入れる」のである。

——Minsky, 1975, p.154[1]

準備貨幣の量や変動率が外生的に決定される、あるいは政策決定の結果であると想定することはできない。

——Minsky, 1967, p.266[2]

貨幣はたいてい重要であり、まれではあるが貨幣だけが重要な重大時もあり、そして、貨幣がほとんど重要でないときもある。

——Minsky, 1969, p.228[3]

投資の決定に対するミンスキーのアプローチにおいて、貸し手が投資資金の供給に果たす役割については、先にごく簡単に触れた。さらに、最も安全な（ヘッジ）金融のポジションから投機的金融のポジション、そして最後にポンツィ金融のポジションにいたるまでの金融ポジションの進化について論じた。それでも、貨幣と銀行業務に対するミンスキーの考え方を、さらに深く掘り下げることには価値がある。それらが、経済に対する彼の全般的なアプローチの根底にあるからである。

ミンスキーが常に論じていたように、すべての経済主体（企業、家計、あるいは政府）は、あたかもそれが負債を発行し、資産ポジションを得る銀行であるかのごとく分析することが可能である。彼のアプローチ、とりわけ専門用語は、（ウォール街の外で活動している経済学者を含む）ほとんどの人たちにとってなじみがないため、分かりやすく明確に説明することは有益である。

ミンスキーの下で学んでいたとき、彼はいつも「貸借対照表で分析する習慣を身につけなさい」と私に注意した。彼は、あらゆる経済主体（企業、家計、政府）には貸借対照表が存在し、各々の資産、負債、純資産から始めれば、正確な分析を行える可能性が高まると強調していた。残念ながら、経済学者を含むほとんどの人々は、貸借対照表の観点から考えることをしない。経済学者は、しばしばこんな前提から始める。つまり、「貨幣はヘリコプターからばらまかれる」、そして、それが資産としてあなたの手に降ってくるという前提である。

しかし、現実世界でそのようなことは起こらない。現実世界では、あなたが持っているすべての「お金」は誰かの債務である。米国では、硬貨は財務省の負債であり、紙幣はFRBの債務であり、要求払預金は銀行の債務である。通常は、その「お金」を手に入れるには、「お金」を稼ぐか、「お金」を手に入れるための債務を自身で発行するかのどちらかとなる。今日の世界では、このほとんどすべてが、電子的な貸借対照表への記帳として、電子的に処理されている。

銀行業務に関する異端派であるミンスキーの考え方は、主流派経済学者の考え方とは全く異なっている。序論で述べたとおり、主流派「ケインジアン」であるポール・クルーグマンは、世界金融危機の余波の中でミンスキーを再読しようと試みた。クルーグマンは、ミンスキーの異端的なアプローチを批判し、次いで異端派は銀行業務を根本的に誤解していると主張した。

銀行業務に関する様々なものを読んでいると……銀行は無から信用を創造できるという考え方をよく見かける。銀行の貸出はその預金量によって制約される、あるいはマネタリーベースは重要な役割を果たしている、という主張を真っ向から否定するものである。銀行は、ほとんど準備預金を保有しておらず（これは事実だ）、したがってFRBによる準備預金の創造と破壊には何の効果もないというのだ。これは完全に間違っている。抽象的な代数の問題にのめり込んでしまうのではなく、人々がどのように振る舞うだろうかと考えれば、それが完全に間違っていることは、すぐに分かるだろう。

第一に、実際には、すべての個々の銀行は、預金として受け取った貨幣を貸し出さなければならない。銀行の融資担当者は、すべての金融仲介機関の従業員と同じく、無から小切手を発行することなどできず、手元にある資金で資産を購入しなければならない。銀行について議論するとたいていそうなるのだが、こんなことが論争の的になどなって欲しくない。この主張は激しい憤りをかきたてるとさえ私は思う。[4]

少し経済学を学んだことがある人なら、ここでクルーグマンが述べている見解は、教科書での貨幣と銀行業務の典型的な説明だと気づいているかもしれない。つまり、個々の銀行は貨幣を創造することができないというのだ。銀行は、まず預金を受け入れなければならないが、その後、部分準備制度（銀行が預金のごく一部を準備預金として維持しなければならない）を採用しているので、その預金の一部を貸し出すことができる。教科書では、次に、銀行システム全体では、預金が行われたときに形成される超過準備の積み重ねで決定される「預金乗数」を通じて、マネーサプライを拡大することができると説明している。

本章では、ミンスキーが説く別の考え方を確認する。その考え方には、正しさという強みがある。

まずは、銀行は何をしているのかという、銀行業務の本質に対するミンスキーのアプローチから始めよう。

銀行は何をしているのか？

ミンスキーは、「誰でも貨幣を創造することができる。問題は、それを受け入れさせることである」と常に論じていた。彼は、銀行業は「貸金業」ではない、貸金業者ならば融資を実行する前にまず貨幣を手に入れなければならないと強調していた（クルーグマンは、銀行もそうだと考えている）。ほとんどの人は、銀行は融資が実行できるように預金が入ってくるのをのんびり座って待っていると考えている。しかしミンスキーは、それは「貸金業者」のビジネスであり、銀行のビジネスではないと論じた。それどころか、銀行は融資を実行する際に貨幣〔預金〕を創造する。この違いは大きい。それがどのように働くのか見てみよう。

だがその前に、こう考えてみよう。銀行預金は、銀行の貸借対照表の負債サイドに表示されている銀行の負債（ＩＯＵ）である。銀行は自身の貸借対照表に、これらの負債（ＩＯＵ）を何兆ドルも計上している（米国には、二兆ドルの負債（ＩＯＵ（預金））を発行している銀行が一行あり、二兆ドルよりやや少ない銀行が何行かある）。その負債（ＩＯＵ）は、銀行の債権者が要求次第（「要求払預金」）もしくは一定の待機期間経過後（「定期性預金」）に、「支払い」すなわち「現金との交換」を要求できるという意味で「偶発債務（contingent liabilities）」である。

ミンスキーは、ほとんどの人が間違えているのは、銀行がシカゴの街角にある「貸金業者」のように業務を行っている、つまり、現金を集めてそれからそれをより高い（不当な）金利で貸し出している、と考えていることだと言っていた。[5]

銀行は、その後、預金の引き出しに応じるための準備として、預け入れられた現金の一部を保有すると思われている。ＦＲＢ（または、連邦準備銀行）が現金の量を制限しているから、銀行貸出の量も制限されることになる。

しかし、どうしてそうなるのだろうか。そもそも計算がうまく合わない。現存する現金の総額は一兆ドルに満たない。しかも、その半分をはるかに上回る現金が、米国外にあると推定されており、その上、その多くが脱税や、銃の密輸入や麻薬の密輸のような闇市場での非合法活動の資金調達に使われている。したがって、銀行が融資を行うために預金として受け取ることができる現金は、総額のごく一部だけである。それにもかかわらず、銀行は貸借対照表に何兆ドルもの融資を計上しており、それと同額の預金を含む負債（ＩＯＵ）を発行している。

あなたが前回銀行に行ったときのことを考えてみよう。親切な銀行員が住宅ローンを実行できるように、あなたは預金する現金を手押し車で押して行っただろうか。

実のところを見てみると、人々が銀行に行くのは現金を引き出すためである。[6] 銀行は、ほとんどの場合、現金を供給しているのであって、融資を実行するための現金が入ってくるのをぼんやり待っているわけではない。では、実際にはどうなっているのだろうか。

引き出しに応じるための現金が必要な場合、銀行は預金者には頼らず、ＦＲＢに電話する。ＦＲＢは、ＡＴＭに詰めるための現金を輸送車で銀行に運ぶ。その代わりに、ＦＲＢは、銀行がＦＲＢに保有している準備預金からその現金分を引き落とす（準備預金は、民間銀行システムがＦＲＢに保有している「当座預金」のようなものである）。時間の経過とともに、（米国外で保有されるものを含む）現金の残高は増加する傾向にあるが、これは銀行が受け取る以上の現金を払い出すからである（すべての現存する米ドル現金は銀行の窓口やATMで払い出されたものである）。

銀行の準備預金が不足したらどうなるだろうか。FRBは、現金を送ることを拒むだろうか。答えはノーだ。FRBは、必要な現金を賄うために準備預金を貸し出す。さもなければ、その銀行は、現金に対する要求を拒んでシャッターを下ろさなければならないだろう。そうなれば、他の預金者に不安を与え、銀行取り付けを引き起こすだろう。時折発生する不調を除けば、現金不足のためにATMが停止したり、銀行のシャッターが下ろされたりすることはない。実際に、貨幣と銀行業務の教科書はすべて、銀行以外の経済活動に関わるすべての主体が現金の供給量を決定づけていると強調している。なぜなら、銀行は要求があり次第現金を供給することを約束し、FRBは、銀行が引き出しに応じるために必要とする現金の全量を銀行に供給するからである。

手押し車で銀行に現金を運んでいくのはFRBであって、預金者ではない。さらに、FRBが現金を供給するのは、銀行が融資を実行できるようにするためではない。というよりも、現金は預金の引き出しを賄うためのものである。

FRBは、銀行に現金を送ると、FRBにあるその銀行の準備預金口座（これは基本的にその銀行の要求払預金口座である）から、送った現金と同額を引き落とす。銀行は準備預金をどこで手に入れたのだろうか。それは、FRBによる準備預金口座へのキーストローク［キーボードを叩いてコンピューターに入力すること］からである。

FRBは、FRBにある銀行の「当座預金」に振り込む準備預金をどこで手に入れるのか。FRBは、紙幣の印刷、あるいは大部分を準備預金口座にキーストロークすることによって、銀行準備を「無」から創造しているのである。(7) 実際、銀行準備の大部分は電子的な記帳でしかない。準備預金は常に二つの貸借対照表に記帳される。一つ目は中央銀行の負債として、二つ目は入金を受ける銀行の資産として記帳される。

ＦＲＢは、ＡＴＭまで輸送車で運ぶ紙幣をどこで手に入れているのだろうか。またもや、「無」からである。キーストロークが、（米国財務省の）印刷機にもっと印刷するように指示するのである。ＦＲＢが紙幣を送る際に、銀行が引き落とされるべき準備預金を保有していない場合、ＦＲＢは準備預金を貸し出し、銀行はＦＲＢの資産かつ銀行の負債として、「借入準備」を記帳する。これもまた、「キーストローク」によるものである。

「銀行は、顧客の口座に与信する預金をどこで手に入れるのか」と尋ねてもいい。またしても答えは「無」からの創造である。預金は、銀行の貸借対照表に負債として、顧客の貸借対照表に資産として記帳されるのである。

一つの様式があるのだろうか。貨幣は、常に「無」から創造されるということである。現金を除けば、貨幣は貸借対照表への記帳としてのみ存在する。実際には、発行者の負債（ＩＯＵ）と債権者の資産への二つの記帳である。現金の場合、（銀行であれ個人であれ）保有者の資産であり、（財務省発行の硬貨であれ銀行券（Federal Reserve notes）であれ）発行者の負債である。実は、現金は、電子的な記録であるキーストロークによる記帳ではなく、たまたま金属や紙に印字された負債の記録に過ぎないのである。

したがって、クルーグマンや多くの経済学者を含むほとんどの人々は、銀行のビジネスを完全に誤解している。あなたが銀行に預金するとき、それはたいてい銀行の借用書（ＩＯＵ）の預け入れになる。つまり、他の銀行の預金をもとに振り出された小切手、あるいは電子的に記録された預金（いずれも他の銀行に対する債権である）を、自身の口座に預け入れることになる。結局、これは（ほとんど）銀行貨幣の問題なのである。それはどこから来たのか。銀行からである。銀行はそれをどこで手に入れたのか。銀行が創造したのである。どうやって？　大部分は、口座へ与信するキーストロークによって預金を創造したのである。

これは最初聞いたときに感じるほど不思議なことではない。例えば、あなたが隣人に「私はあなたに五ドル借りています」という借用書を書くとしよう。それはあなたの金融債務であり、隣人の金融資産である。それはどこから来たのか。「無」からである。あなたはそれを紙切れ、木片、黒板、あるいはコンピューターファイルに記録するかもしれない。記憶だけでは不完全で、万一裁判になったら証拠として採用されないかもしれない。あなたは法律、慣習、あるいはテクノロジーにしたがって、その負債（ＩＯＵ）を記録する方法を考え出すことができる。しかし、そのことが金融負債（monetary IOU）の本質を変えるわけではない。

あなたは、その借用書を書くために、まず現金を手に入れなければならなかったか。ノー。その借用書を書くためにポケットに五ドルの現金を持っていなければならないか。ノー。手元に現金を持っている、あるいは簡単に現金が手に入るならば、それはあなたの借用書の受容性を高めるかもしれないが、それがなくてもあなたは借用書を書くことができる。

あなたは、いずれ自らの負債を「清算（redeem）」しなければならない。隣人は清算のために、あなたの借用書を提示する。そうしたら、あなたは現金を用意するか、あなたの銀行預金をもとに小切手を切るか、あるいは互いに合意できる価値のある他のものを提供するかしなければならない。あなたがきっちり清算したら、隣人は借用書を返却してくれ、あなたはそれを破り捨てる。

この過程において、あなたは「無」から「貨幣を創造した」のである。その「貨幣」は、ドル建てのあなたの借用書であった（あなたが創造した貨幣は、あなたが自分の負債を返済したときに破壊される）。これこそが、「誰でも貨幣を創造できる」というミンスキーの言葉の意味である。(8)　こう異議を唱える人もいるかもしれない。「しかし、どうしてそれが貨幣だと言えるのか。それは、隣人が保有する私の負債に過ぎなかった。流通もしなかった。隣人はそれで何も買うことができなかった」。確かに、そのとおりかもしれない。

一方、あなたが街中《まちじゅう》で有名で、信用があることも考えられる。その場合、あなたの借用書を保有している隣人は、別の隣人（「第三者」）に対する自身の負債（IOU）の清算として、それを手渡すことができるかもしれない。その場合、この別の隣人は、清算を受けるために、あなたの借用書をあなたに提示することができる。または、あなたの隣人は、芝刈りをするために地元の子供を雇うかもしれない。そのあと、その子供が清算を受けるためにあなたの借用書をあなたに提示するかもしれない。したがって、少なくとも理論上は、それが「受け入れられる」と隣人たちが判断するならば、あなたの借用書は負債を返済するために、あるいはサービスを購入するために流通する可能性がある。

ミンスキーがいつも言っていたとおり、「誰でも貨幣を創造することができる。問題は、それを受け入れさせることである」。銀行も短期証券投資信託（MMMF）も、それらが貨幣単位で表示される負債を発行するという意味では「貨幣を創造する」ことになる。どちらも「貨幣を受け入れさせ」なければならない。銀行が他の金融機関よりも特別なのは、政府が銀行に特別な保護を与えているからである。物事がうまくいっているときには、これでさほど問題ないかもしれない。銀行以外の金融機関によって創造された「貨幣」は、銀行によって創造された預金と「同等」である。物事がうまくいっていないときにはそれが覆り、シャドーバンクによって創造された負債は、目に突き刺さったフォークと同じくらいの厄介者になってしまう。パシフィック・インベストメント・マネジメント（PIMCO）のポール・マカリーは、二〇〇八年にシャドーバンクが崩壊した直後、以下のように述べた。

最近三十年ほどの間に、政府の規制を受けた銀行業以外の非正規の「銀行業」が爆発的に成長した。一般の人々が、このような資金調達手段が銀行預金と「同等」だと考えている間は、それは素晴らしいビジネスだった。ケインズは、シャドーバンキング・システムがなぜこれほどまでに巨大化し、その崩壊が現在の世界的な金融システム危機の根底に存在するのかについて、本質的かつ実体論的な回答を与えてくれる。それは、信じられていた時間の長さによって強められた慣習に対する確信であった。シャドーバンクの負債は、従来型の銀行預金と「同等」と見なされていたが、それは、そうだからではなく、これまでそうであったからである……たぶん、もしかしたら、シャドーバンクとは対照的に、本物の銀行には何か特別なものがあっただろうし、今もあるかもしれない。そして、確かに、シャドーバンキング・システムを国家の支援がある従来型の銀行システムに回帰させる再仲介《リインターミディエーション》が部分的に進行していることや、残っているシャドーバンクがあか抜けない昔の仲間たちと同じように、国家が助成する資本と流動性の食堂で空腹を満たすために、従来型の銀行へ我先にと転換していることからも分かるように、銀行が特別なのは明らかである。[9]

しかしそのことが、「シャドーバンク」や商業銀行を、預金を受け入れそれからそれを貸し出す、単なる金融仲介機関にするわけではない。両者とも債務の発行によって、資産ポジションを「調達している」。それらの債務は、預金、「NOW」勘定、あるいはMMMF持分[10]など様々な呼び方をされる。しかし、究極的には、預金保険の保証がある預金だけが「元本割れ[11]」しないことを保証されている。それゆえ、銀行は特別である。これは、それらが「貨幣創造機関」なのか、それとも「金融仲介機関」なのかとは関係がない。主権を有する政府が、背後にいるか否かが関係している。ある銀行が、銀行間決済に伴う他行への準備預金流出に直面していれば、その銀行はフェデラル・ファンド市場、あるいはＦＲＢの割引窓口《ディスカウント・ウィンドウ》へ準備預金を借りに行く。ＡＴＭでの引き出しに伴う現金流出に直面していれば、ＦＲＢは現金を補充するための現金輸送車を送る（そして、その銀行の準備預金を引き落とす）。

　ここで分かることは、「貨幣性（moneyness）」の程度である。ミンスキーは、あなたの借用書は銀行の借用書〔預金〕と同等だとは言っていない。それは明らかに事実とは異なる。銀行は特別である。政府自身の通貨を除けば、銀行預金という借用書（bank deposit IOU）と同程度に貨幣の機能を果たすものはない。とはいえ、その境界線は常にあいまいだったし、今日では銀行とシャドーバンクによる革新によって一層流動的になっている。例えば、危機の際を除けば、シャドーバンクによって発行されるＭＭＭＦは、銀行預金とほぼ同等である。ＭＭＭＦの保有者はそれをもとに小切手を切ることができ、二〇〇七年の危機まではどのＭＭＭＦも元本割れを起こすことはなかった（ＭＭＭＦの残高価値は、それまで基準価額一ドルよりも下がったことはなかった）。

　しかし危機においては、連邦預金保険公社（ＦＤＩＣ）の保険という形で銀行に提供される政府の安全装置《バックストップ》とＦＲＢの最後の貸し手の約束が、銀行の借用書をシャドーバンクの借用書よりずっと安全なものにする（危機が発生した際、ＭＭＭＦの発行会社は、「元本割れ」を懸念した債権者による取り付けに直面した。その取り付けは、米国政府の保証にこれらのシャドーバンクを含める一時的な拡大措置によってしか食い止められなかった）。したがって、米国政府の後ろ盾がなければ、あなたの借用書は「流動性に欠ける」ため、銀行預金と比較して劣った貨幣となるだろう（確かに、他にも銀行が特別な理由がある。それには顧客の信用力を決定する与信審査の専門化が含まれるが、二〇〇〇年代半ばの投機ブームの際は与信基準がかなり緩められた。これは後の章のトピックである）。

　例によって、ミンスキーは時代の先を行っていた。彼が一九五〇年代の後半に提示していたのは、貨幣は銀行によって「内生的」に創造されるという考え方であった。これは、中央銀行が、銀行準備の量の制御を通じて「外生的」に貨幣創造を制御するという、単純なマネタリストの考え方の否定であった。これはまた、ミンスキーが、今でも教科書に載っている（前述のとおり、今でもポール・クルーグマンによって受け入れられている）単純化された「預金乗数」の考え方を、否定していたことをも意味していた。その代わりに、ミンスキーは、優良な顧客から申し込みがあれば、銀行は要求払預金を創造することによって融資を実行すると論じていた。銀行は、後に準備預金が必要になれば、フェデラル・ファンド市場か割引窓口で借り入れるだろう。

過去二十～三十年の間に、これらの考え方が推し進められて、全面化した著作が生まれ、今日では、経済学者や政策立案者の間で「内生的貨幣」の考え方が支配的になっている。これを支持する、FRB、BIS（国際決済銀行）、そして貨幣・銀行業務関連の国際機関のエコノミストたちによる引用を見つけるのは簡単なことである。内生的貨幣アプローチは、銀行が自らの借用書を発行することによって「貨幣を創造する」というミンスキーの考え方と一致している。意欲のある銀行と意欲のある借り手がいれば、借り手の預金口座への「キーストローク」による記帳で預金が創造される。それに対応する記帳が、融資が記録される際、銀行の貸借対照表の資産サイドに書き込まれる。

これが意味しているのは、今日、銀行融資は「無」から創造され、二つの貸借対照表に同時に四つの記帳をもたらすということである。つまり、借り手の貸借対照表には、預金の増加が資産として、借り手の負債（IOU）（融資）が負債として記録される。そして銀行の貸借対照表では、預金が負債、貸出金が資産となる。

借り手は支出をするために前貸し（advance）[12]を受けるので、借り手の要求払預金が引き落とされ、売り手の要求払預金に振り込まれる。売り手が、たまたま同じ銀行を利用していない限り、借り手の小切手は売り手によって他の銀行に預け入れられる。二つの銀行は勘定を「決済」しなければならない。決済は、たいていの場合、借り手の銀行の中央銀行準備預金の引き落としと、売り手の銀行の中央銀行準備預金への入金の形をとる。

過去には、銀行は最終決済のために準備預金を必要とするのだから、銀行は融資を実行する前に超過準備を必要とすると信じている人たちもいたが、われわれは今や、銀行がそのように業務を行っていないことを知っている。そうではなく、銀行は必要になったときに準備預金を手に入れるのであり、銀行は前貸しを行うことによってまず預金を創造し、あとで準備預金を探し求めるのである。ミンスキーは、「フェデラル・ファンド」市場の発展に関する一九五七年の著作で、既にこれを論じていた。つまり、決済のために準備預金を必要とする銀行は、それをフェデラル・ファンド市場から翌日物金利で、短期間借り入れることができるのである。

FRBは、その主要な政策変数であるフェデラル・ファンド金利を政策目標としている。金利への圧力（決済のための準備預金に対する超過需要は金利を押し上げ、準備預金の超過供給はそれを目標よりも引き下げる）が存在する場合、FRBは介入する。その介入は、（金利上昇圧力を抑えるために）国債を購入し、あるいは（公開市場操作での売却は準備預金を減らすので、金利下落圧力を抑えるために）国債を売却することによって実施する。[13] バジル・ムーアが論じているように、[14] FRBはフェデラル・ファンド金利を誘導目標の水準に維持するために、準備預金に対する需要に応じてそれを供給する。そのため、これらの公開市場操作は受動的なものである。

これらの詳細は今やよく理解されており、貨幣と銀行業務に関するミンスキーの初期の考えが正しかったことを証明している。次に、現代の制度に対する彼の分析に目を向けよう。

今日の金融機関に対するミンスキーの考え方

今日の金融機関と金融システムがどのように機能しているかについての、ミンスキーの考え方をもう少し詳しく説明しよう。多くの著作の中で、彼は六つの主要な論点を強調していた。

1 資本主義経済は、金融的なシステムである。
2 新古典派（主流派）経済学は、金融システムの重要性を否定しているため、役に立たない。
3 金融構造は、より一層脆弱になっている。
4 この脆弱性が、景気の停滞、あるいは深刻な不況すら発生させる可能性を高めている。
5 停滞した資本主義経済は、資本発展を促進しない。
6 しかし、このような脆弱性は、金融構造の適切な改革と政府の財政権限の適切な運用によって、回避することが可能である。

ここでは、金融機関と金融政策に対するミンスキーの全般的なアプローチに焦点を当て、それを主流派〔新古典派〕のアプローチと簡潔に対比する。つまり、上記の最初の二つの論点に焦点を当てる。第六章では、ミンスキーがマネー・マネージャー資本主義と呼んだ段階への金融システムの長期的な変容について詳しく検討し、最終章では政策改革の具体的な提案を確認する。

ミンスキーによれば、「資本主義経済は、一連の相互に関連する貸借対照表と損益計算書によって説明され得る」という。(15) 貸借対照表上の資産は、金融資産もしくは実物資産である。それらは、所得のフローを得るために、売却するために、あるいは融資の担保として提供するために保有されている。負債は、要求があり次第、〔契約等で予め〕決められた日に、あるいは〔契約等で予め決められた〕一定の事象が発生したときに、支払うという事前の約束を表している。資産と負債は計算貨幣（米国ではドル）で表示され、負債の価値を超える資産の価値が名目純資産と見なされる。

さらに言えば、前述のとおり、すべての経済主体（例えば、家計、企業、金融機関、政府）は、貸借対照表を有していることから、また、安全を確保するために「安全性のゆとり幅《マージン》」を保持しつつ、負債を発行することで資産ポジションを取得することができることから「銀行」として分析することができる。

安全性のゆとり幅の一つは、資産の所有から期待される所得が、負債の約束した支払義務を上回る部分である。これは「キャッシュフロー〔現金の流出入〕」のクッション、つまり所得のキャッシュフローと支出のキャッシュフローの差額である。銀行であれば、所得のフローは、主に融資と有価証券からの利子および手数料であり、一方支出のフローは、負債に支払われる利子および銀行を経営する上でのコスト（賃金、家賃、コンピューター、ATMなど）である。銀行は安全性のゆとり幅をもって経営することを望んでおり、そのことが貸倒引当金と純資産（資本金）を積み増すことにつながっている。

もう一つの安全性のゆとり幅は純資産である。期待される所得の流列が一定だとすれば、負債と比べて資産の価値が大きければ大きいほど、安全性のゆとり幅は大きくなる。この安全性のゆとり幅は、「ストック」（資本）のクッションである。所得が不足した場合には、その経済主体は、支払義務を果たすために資産を売却することができる。

さらにもう一つの安全性のゆとり幅は、ポジションの流動性、つまり流動性のクッションである。資産を迅速に売却すること、あるいは融資の担保に供することができれば、安全性のゆとり幅は大きくなる。これら三つのタイプのクッションすべてが、経済主体（金融機関、非金融機関、企業、家計のいずれであれ）の安全の確保において重要となり得る。

どのような経済主体であれ、資産の持続期間（満期）が、負債のそれを超えていれば、資産が満期になる前に負債の支払期日が到来するから、ポジションは継続的に借り換えされなければならない。期間三十年の住宅ローンを資産として取得するが、最長でも三十日で解約できる貯蓄預金を創造する貯蓄金融機関がその好例である。[16] この組み合わせは、ミンスキーが言うように、「通常の借り換え手段が機能しなくなった場合や『あまりに』割高になった場合に、頼りにできる最後の手段としての市場を含む、様々な市場が正常に機能すること」[17]を必要とする。

金融的な混乱が発生すると、借り換えへの継続的なアクセスが必要な経済主体は、「ポジションの売却」によって「ポジションを作る」ことを試みる。つまり、現金支払約束を履行するために、資産を売却するのである。金融資産と金融負債は、経済全体としては相殺してゼロになるので、[18] 売却が全面化することのダイナミクスは、アーヴィング・フィッシャーが負債デフレのプロセスと呼んだように、資産価格を押し下げ、極端な場合には、ゼロに向かって低下させることになる。売却圧力が強まれば強まるほど、資産価格への下落圧力が強まる。だからこそ、キャッシュフローのクッションが失われたときに、（損失を吸収できる）純資産・ストックのクッションと（「投げ売り」を先延ばしする）流動性のクッションが重要になるのである。

専門金融機関は、資産の購入やそれを担保とした貸出の準備を整えておくことによって、価格の下落を防ぎ、市場を保護しようと試みることができる。しかしそれらは、多くの金融機関が同種の資産を売ろうとすると、伝染に圧倒される可能性があり、それゆえ危機の際には店じまいして資金の提供を拒むだろう。

証券ディーラーはこのような金融機関の一例であり、資産を購入する用意ができている。しかし、売却の量が多すぎると電話に出なくなってしまう。したがって、中央銀行による介入が必要であり、最後の貸し手機能を通じて一時的に資金を供給することにより、少なくとも一部の金融機関を保護する。中央銀行と財務省を合わせた政府だけが、ハイパワードマネー[*]の創造者として、無限にハイパワードマネーを弾力的に供給するので、無制限に資産を購入したり資産を担保に貸し出したりすることができる。

以上のことは、あらゆる種類の経済主体に当てはまる一般的な説明である。これが、いかなる経済主体も負債の発行によってポジションを取得することができるので、あたかも「銀行」であるかのように分析できると、ミンスキーが言った意味である。

とはいえ、金融機関は、非常に高いレバレッジ比率で事業を運営するという点で「特別」である。百ドルの資産に対して、金融機関は九十五ドルの負債を発行し、五ドルの資本しか持たないかもしれない。非常に単純化された銀行の貸借対照表を見てみると、資産として、約九十九ドルの融資と債券があり、そして一ドルの準備預金とATMの中の現金がある。負債は、九十五ドルまでもが預金（要求払預金と貯蓄預金）で構成されており、資本または純資産は五ドルしか残されていないだろう。

銀行の資産ポジションは、実は「借入による」ポジションである。銀行は資産を購入する際に負債を発行する。銀行が発行する負債は「他人資本」になる。銀行自身の純資産は、ほとんどリスクにさらされない。この状況が意味するのは、資本のクッションが小さいことから、損失が発生するのはまれでなければならないということである。

さらに、ある種の金融機関は、短期の負債を発行する一方で、より長期の金融資産でポジションを

＊　中央銀行が発行する通貨、すなわち現金通貨と準備預金の合計。近年の日本では「マネタリーベース」と呼ぶのが一般的になっている。

得ることに特化している。つまりそれらの金融機関は、あえて自らを借り換えが継続的に必要なポジションにさらしている。これを、非流動的ポジションと呼ぶことができる。

極端な例は、要求払預金を創造する一方で、三十年固定金利の住宅ローンを保有していた、八〇年代初期の銀行や貯蓄金融機関だろう。[19] このような金融機関は、得られる金利が固定されており、資産を簡単に売却できないため、有利な条件での借り換えを継続的に利用できる必要がある。この状況は、非流動的ポジションとして説明することができ、流動性の供給源の利用を必要とする。貯蓄金融機関の場合、その供給源は連邦住宅金融公庫（Federal Home Loan Banks, FHLB）であり、銀行の場合はＦＲＢである。

また、その他の種類の金融機関である投資銀行は、証券市場を利用する〔投資家の〕ポートフォリオに株式や負債を組み入れることによって、〔顧客の〕資金調達をアレンジすることに特化している。投資銀行は、典型的には、収益を利子ではなく手数料収入に頼っている。投資銀行はこれらの資産を通常は直接保有しようとしないが、市場が混乱すると、（約束した価格で）売却できない資産で身動きが取れなくなり、それゆえ自ら抱えることになってしまった株式や債券の在庫の資金調達手段の利用が必要となる。[20] 投資銀行によっては、自己勘定で資産を保有して取引し、配当やキャピタルゲインを得る、あるいは顧客のためにそれを行うところもあるかもしれない。

銀行業の種類

金融機関には多くの種類がある。ミンスキーは、金融機関を伝統的な商業銀行、投資銀行、ユニバーサルバンク、公開持株会社（public holding company）の各モデルに分類した。

伝統的な商業銀行業では、生産または流通過程にある商品を担保とした短期の融資のみを行う。[21] 融資は、その商品が売れたらすぐに回収できる。これは昔の真正手形原理が想定していたモデルである。その考え方は、銀行が既に生産された商品を担保にとって貸し出すだけだとすれば、その貸出は、安全でインフレ促進的ではないだろうというものである（商品が既に存在していれば、「過剰な貨幣が、過少な商品を追い求める」ということはあり得ない）。銀行融資のポートフォリオは、要求払預金や貯蓄預金（あるいは十九世紀なら、銀行券）のような、短期の負債の発行によって資金調達されている。

伝統的な銀行モデルでは、銀行と「貨幣供給」および実物生産の関係は密接であり、それはミルトン・フリードマンの貨幣数量説が想定していたような関係にある。実のところ、銀行貸出は決してこのように厳しく制限されてはいなかった。したがって、「真正手形原理」に沿った「伝統的な」銀行は、現実のことというよりも、むしろ十九世紀および二十世紀初頭の理念型というべきものであった。

商業銀行は、実際には生産工程の資金調達のために短期融資を行っていた。基本的には、企業は賃金や原材料費を支払うために借入を行い、銀行は、企業が労働者や仕入先への支払いに利用するための要求払預金を前貸しする。完成した商品が売れたら、企業は融資を返済することができる。銀行は預金金利よりも高い金利を融資に課すが、その利ざやが銀行に利益をもたらす。

既に指摘したとおり、これらの商業銀行は、貸出を行うために預金が入ってくるのを座って待っているわけではない。プロセスは全く逆である。銀行は、賃金や原材料費を支払わなければならない企業の借用書を受け取り、それから企業が購入に利用する預金（昔なら、銀行券）を創造する。内生的貨幣供給論の支持者は、これを「貸出が預金を創造する」と言う。これは、何らかの抽象的な意味で言っているのではない。銀行が、自らの預金という借用書（deposit IOU）を発行することによって、企業の借用書（融資を返済する約束を示す「手形」）を「購入する」という意味で言っているのだ。銀行は、自らの預金という借用書（deposit IOU）の発行によって企業の負債（ＩＯＵ）〔という資産〕のポジションを「調達」しているのである。

企業は、生産を終えて生産物を売却すると、預金口座への振込を受け取り、これを短期融資の返済のために使用する。先の議論にしたがえば、企業は銀行自身の借用書を、銀行に返却することによって借入を「清算」する。同時に、融資の返済が銀行預金を「清算」または償還する（銀行の貸借対照表上の貸出金と預金は、企業がその融資残高を返済するためにその銀行口座の小切手を切ると、同時に引き落とされる）。

しかし、企業の販売先の多くは、その企業の取引銀行とは別の銀行と取引している購買者である可能性が高く、それゆえ企業はその別の銀行の小切手（昔なら、銀行券）を受け取り、それを自分の取引銀行に預け入れる。現代の金融システムでは、小切手は（中央銀行を介して、あるいは民間の銀行間決済システムによって）額面どおりに決済される。したがって、企業は取引銀行にその銀行自身の借用書（預金）を返却する必要がなく、どの銀行の借用書でも事が足りる。

預金が（互いに、そして現金との）等価を維持することになっているならば、商業銀行の資本が資産の損失をすべて吸収するはずだから、資産の損失は小さいはずである。疑い深いことは、商業銀行家の義務である。ミンスキーが好んで言ったように、銀行家の陳腐な決まり文句は「私は、良くない事業予測を見たことがない」である。つまり、事業予測で借り手は常に自分に都合の良い見通しを提示する。これこそが、慎重な与信審査が不可欠な理由であり、銀行は借り手の計画に対して疑い深くなければならない理由である。商業銀行家は常に、「どのように返済されるのだろうか」と考えていなければならない。

担保（例えば、生産や流通の過程にある商品）をとって融資を実行することもできるのは事実だが、順調な経営の銀行であれば、その担保物を取り上げざるを得なくなることはほとんどないだろう。銀行は質屋のように事業を行うべきではない。ミンスキーの親友マーチン・メイヤーが書いているように、銀行業は常に、時間の経過とともに借り手が元利金を返済することで、利益を得るビジネスである。[22] メイヤーは、自身の成功が借り手の成功次第となる融資担当者の倫理観について言及しているのである。

ミンスキーのもともとの博士論文指導者であるヨゼフ・シュンペーターが述べていたように、銀行家は「資本主義の行政官（ephor）」[23]である。[24] つまり、銀行家が鍵を握っている。なぜならば、企業家《アントレプレナー》は、投資に対して十分に楽観的でなければならないだけでなく、投資の成果を生み出すための賃金を前貸しする意欲のある銀行家を見つけなければならないからである。シュンペーターと同様に、ミンスキーも、革新的なプロセスへの投資が、彼がその国の「資本発展」と呼んだものにとって重要であると考えていた。

伝統的な商業銀行が投資財の購入を融資しないとしても、投資財は売却される前に生産されなければならないことから、商業銀行はやはり投資プロセスにおいて役割を果たしている。商業銀行は、投資財のポジションを取得するための資金を実際に提供しないとしても、投資財部門の労働者の賃金を融資することによって、経済の資本発展を促進しているのである。したがって、（商業銀行によって融資され得る）資本財の生産の問題と、（商業銀行ではなく、投資銀行の領域である）資本財の所有に対する資金調達を切り離して考えることができる。[25]

ミンスキーは、十九世紀の最後の四半世紀までに、商業銀行だけではその国の「資本発展」に資金を供給するのに十分ではなくなったと論じていた。投資財は、鉄道や近代的工場の出現により、あまりに高額になり、金持ちの「悪徳資本家（robber barons）」でさえ一族の蓄財で購入できないものになっていた。外部資金を供給するために、専門の投資銀行が必要とされるようになった（これが、前述したミンスキーの「投資の金融理論」とどのようにつながっているか注目して欲しい）。

投資財を生産するための資金は商業銀行が賄うことができたが、完成した投資財を購入するための資金調達には、投資銀行が不可欠であった。十九世紀の後半には、ゴールドマン・サックスやJ・P・モルガンといった投資銀行が支配力を強め、ルドルフ・ヒルファディングが「金融資本主義」と呼んだもの[26]（第六章で触れるトピックである）が台頭した。投資銀行が重要になったのは、高額な資本資産が長期の資金調達を必要とするようになったからである。

投資銀行には二つの基本的なモデルがある。一つ目は仲介者の役割を果たし、企業の負債（債券）や株式を投資家が購入できる市場に投入する。二つ目は実際に債券や株式を保有し、その購入資金を調達するために自らの負債を発行する。一つ目の場合、投資銀行はそのサービスに対する手数料を徴収する。二つ目の場合、その収益は投資財を購入した企業の業績次第である。実際には、投資銀行は一般的にこの二つのモデルを組み合わせている。

重要なポイントは、投資銀行家は、直接または間接的に長期の資本資産ポジションに資金を供給するということである。これは商業銀行業とは全く異なる活動である。投資銀行は貯蓄者に、流動的な（金融）資産（銀行の負債）を保有するか、（企業を所有することによる直接的な、あるいは株式所有による間接的な）実物資産ポジションを保有するかを選択できるようにしている。

投資銀行業はよりリスクが高いと常に認識されていたし、一九二〇年代に露見したように、投資銀行はより簡単に顧客をだますことができる。商業銀行は、要求があれば現金と交換することを約束している預金（十九世紀なら、銀行券）を提供する。他方、投資銀行は、見通しが不確かな株式と債券（および、より複雑で不透明な商品）を販売する。さらに投資銀行は、資金調達を必要としている企業と緊密に連携しているので、株式や債券を購入する一般大衆には隠しておくと都合が良い、企業との長期的な関係や内部情報を有しているかもしれない。

端的に言えば、投資銀行は一九二〇年代に、不正な策略に関わっており、それが一九二九年の「世界大恐慌」の一因となったのである。[27] ミンスキーが後に論じたように、一九二九年は、株式と債券の価格が暴落し全銀行の半分が倒産した「金融資本主義」の終焉を告げる年であった。ニューディール改革では、数多くの禁止規定と制限規定が設けられ（制度的な「天井《シーリング》と床《フロア》」に関する先の議論を想起して欲しい）、投資銀行業務が厳しく制限された。

さらに、米国ではグラス・スティーガル法として知られる新しい法律が制定され、投資銀行業と商業銀行業の機能を明確に分離することになった。その考え方は、商業銀行は顧客を保護するために厳格に規制される一方、投資銀行はより大きな自由が与えられるが、一般大衆に貸出や預金創造のサービスを提供できないというものだった。単刀直入に言えば、投資銀行は怒涛の一九二〇年代に行ったような方法で顧客をだますことは許されないということである。

この分離は、その後の六十年間にわたって有効な法律だった。しかし、時間の経過とともに、現実世界でのその分離は、法律の意図を打ち砕くための銀行による革新と、規制緩和、監督の撤廃、そして最終的には法律の廃止との組み合わせによって、徐々に浸食されていった。

ミンスキーは、銀行持株会社が商業銀行と投資銀行の両方を所有することを認められた（それどころか、最終的にはあらゆる種類の金融サービス会社を保有することになった）際に、境界線があいまいになったと指摘していた。その後、グラス・スティーガル法は骨抜きにされ、ついに一九九九年に廃止された。* その分離が次々と取り除かれるにつれて、一九二〇年代に目にしたのと同じような悪弊が戻ってきた。

* これは、一九九九年金融サービス近代化法（グラム・リーチ・ブライリー法）の制定を指している。

そして、第六章で確認するとおり、二〇〇七年の金融崩壊という同じ結末になったのである。(28)

結論

危機へとつながった金融システムの変容については、後ほど検討することにする。ここでは、銀行業務に対するミンスキーの、主流派〔新古典派〕とは異なる考え方の論点を整理しておこう。

1　銀行業務は、融資を実行するために預金を受け入れるプロセスとして説明されるべきではない。

2　それどころか、銀行は借り手の借用書を受け取り、そして借り手が支出可能な銀行預金という借用書（bank deposit IOU）を創造する。

3　実際、銀行は、単に借り手の借用書を受け取って、それからその借り手のために（例えば、自動車ディーラー宛に小切手を切って）支払いを行うことがよくある。銀行業は貸金業ではない。むしろ銀行のビジネスとは借用書の「受け入れ」と、銀行がその借り手のために支払いを行うことである、とミンスキーが論じたのは、このようなシステムが存在するからである。

4　銀行は、すべての経済主体と同様に、（借り手の負債（ＩＯＵ）を含む）自らの資産ポジションを、（要求払預金を含む）自らの負債（ＩＯＵ）を発行することによって資金調達する。しかし、銀行などの金融機関が特異なのは、自らのポートフォリオの規模と比較して、わずかな自己資本しかリスクにさらさないことである。例えば、銀行は、百ドルの資産を購入するために、「自己資金」（資本）五〜十ドルに対して「他人資本」である負債を九十〜九十五ドル発行しているのである。

5　銀行は、他の銀行との資金決済のために中央銀行準備預金を利用する（政府との決済にも利用するが、この点は本章では触れていない）。また、銀行は顧客の現金引き出しに応じるためにも中央銀行準備預金を利用する。中央銀行の準備預金は、銀行が現金引き出しに備えて現金を必要とするときや、他行との決済が必要なときに引き落とされる。

6　米国を含む一部の金融システムでは、中央銀行が必要準備率を定めている。しかし、必要準備率は、中央銀行に銀行融資や預金に対する量的なコントロール能力を与えるものではない。むしろ、中央銀行は要求に応じて準備預金を供給する。中央銀行は、翌日物金利を目標とする際には、準備預金を供給する「価格」（課される金利）を設定する。米国では、主たる目標はフェデラル・ファンド金利である。ＦＲＢが銀行に対してコントロールするのは、準備預金の「価格」（フェデラル・ファンドのコスト〔金利〕）がすべてで、その量ではない。

以上の論点によって、われわれは二十世紀の銀行業務の理解に到達することができた。次章では、ミンスキーの全く異なる分野の研究テーマである失業と貧困の問題に話を移す。そのあと、経済における金融機関の役割に話を戻そう。

第五章　貧困と失業に対するミンスキーのアプローチ

リベラル派の「貧困との戦い」は、貧困の責任は経済ではなく、貧困層にあるという新古典派経済学の理論から生まれた。その「貧困との戦い」は貧困層を変えようとしたものであって、経済を変えようとしたものではなかった。

――Minsky, 1971, p.20 (1)

あらゆる貧困対策において必要とされる要素は、雇用創出プログラムである。人々をあるがままに受け入れる、徹底的な雇用創出プログラムが、それ単独では目の前の貧困の大部分を取り除けないと示されたことはない。

――Minsky, 1975, p.20 (2)

老若を問わない政府の雇用プログラムによって完全雇用が保証されている完全雇用経済は、競争的な市場と安定的な貨幣賃金の下において、深刻な不況の脅威を相殺する手段から生じるインフレ圧力を相殺するものとなり得る。

――Minsky, 1983, p.276 (3)

私は、学生時代にミンスキー教授の福祉に対する姿勢には戸惑いを覚えた。ほとんどの革新的な経済学者とは異なり、彼は「要扶養児童家庭扶助」（ＡＦＤＣ。これは「公的扶助」として知られる）やフードスタンプ・プログラムに反対していた。その代わりに、ミンスキーは、年金受給者が職を求めることを妨げる社会保障の規定（例えば、年金給付金への課税）を含む労働に対する障壁を取り除くことを提唱していた。私にはミンスキーが、施《ほどこ》しではなく労働をと訴えていた当時の大統領レーガンに、少しばかり似ているように感じられた。

しかし、私は徐々に分かってきた。ミンスキーは、働く意欲がある人なら誰でも福祉ではなく有給の雇用を見つけられるように、ニューディール型の雇用プログラムを創設すべきだと主張していたのだ。ミンスキーは、自らが推奨する政策を「最後の雇い手（Employer of Last Resort, ELR）」と名づけた。これは、FRBが金融システムにとっての「最後の貸し手（Lender of Last Resort, LLR）」になるべきなのと同様に、財務省が民間部門で仕事を見つけられなかった人たちに公共部門の仕事を提供すべきだ、というものである。

とはいえ、ミンスキーが一九六〇年代、貧困の主な原因である失業と戦うために、福祉に代わるものとして雇用創出を推進する積極的な役目を担っていたのを私が発見したのはごく最近で、彼の論文(4)をくまなく調べたときのことであった。そのときまでに、彼はカリフォルニア大学バークレー校の教授になっていて、そこで貧困や失業と戦うためのプランを策定すべく、著名な労働経済学者のチームと研究を行っていた。

ジョン・F・ケネディの大統領選で、貧困が米国の喫緊の政治課題となっていたことを認識することが重要であり、同様に、戦後米国の豊かさの中で貧困と飢餓が蔓延していることを暴露したマイケル・ハリントンの著書『もう一つのアメリカ——合衆国の貧困』(5)が重要である。事実、ケネディ＝ジョンソンの両政権は「貧困との戦い」を宣言し、一九六三年のケネディ暗殺の後、ジョンソン大統領がその戦いを開始した。

当時、ミンスキーは、「貧困との戦い」には大規模な雇用創出プログラムが含まれていないので、その目的は達成できないだろうと論じていた。彼は、政策が非自発的失業の撲滅に向けられない限り、貧困問題は解決されないだろうと主張していた。その後十年にわたって、ミンスキーは貧困と失業の問題に関する数多くの論文、手紙、未発表原稿を書いたが、それらの多くが雇用創出の「最後の雇い手」（ＥＬＲ）アプローチを提言していた。

実は、ミンスキーはこの期間に、金融システムに関する著作と同じくらい多くのこのテーマに関する著作を残している。この分野における彼の研究がほとんど知られていないのは驚くべきことである。ミンスキーにとって、貧困と失業の撲滅は、「不安定な経済を安定化する」（一九八六年の著書『金融不安定性の経済学』の原著題）ために、不可欠なものである。貧困と失業に関連する不安定性と不確実性をすべて無視して、金融システムにのみ焦点を当てることは誤りになるだろう。実際に、ミンスキーは、「貧困との戦い」と需要刺激策に頼った一九六〇年代の米国の「ケインジアン」政策は、実は金融不安定性に拍車をかけていると主張していた。対照的に、雇用創出プログラムは安定性を高めるだろう。

本章では、まず「貧困との戦い」に対するミンスキーの考え方とそれに代わる彼の「最後の雇い手」（ＥＬＲ）を確認する。そのあと、いわゆるフィリップス曲線の雇用とインフレのトレードオフに反映されている、失業に対する「ケインジアン」のアプローチと、失業に対処するための「ケインジアン」政策についてのミンスキーの全般的な考え方に目を向ける。最後に、ミンスキーが、なぜＥＬＲアプローチが安定性を改善しつつも完全雇用を達成すると考えていたのかを考察する。

「貧困との戦い」(6)

ミンスキーは、もともとの「貧困との戦い」を「労働者の能力向上」のための試みだと見なしていた。民間部門の雇用主にとって非就業者がより魅力的になるように、一九六四年まで、失業者の教育、技能、やる気を改善するためのプログラムが数多く生み出されていた。ミンスキーが、その戦いが始まってわずか一年で述べたように、「貧困との戦い」は「貧困をより公平に分配するかもしれない……しかし、このアプローチは、それだけでは貧困を終わらせることができない」(7)。

ミンスキーの主張は、雇用の供給を増やさずに、訓練の提供によって貧困者の「雇用可能性」を高めるだけでは、失業と貧困を再分配するだけになるというものであった。つまり、よく訓練された一人の労働者が職を得るたびに、あまり訓練を受けていない労働者が一人失業することになる。ミンスキーは、より良い教育や訓練に異を唱えていたわけではない。彼は、失業と貧困を減らすためには、雇用も増やす必要があると主張していたのである。

現在の米国には、「貧困との戦い」が始まる前よりも貧困に暮らす人が多い。その貧困は、子供がいる家庭にとくに集中している。実のところ、「貧困との戦い」ではなく社会保障のおかげで下がっている高齢者の貧困率を除けば、米国の貧困率は一九六〇年代前半以来ほとんど変わっていない。それを基準に「貧困との戦い」の成功度合いを評価しようとすれば、ミンスキーが正しかったと言わざるを得ない。つまり、「貧困との戦い」は貧困層を貧困から救い出せなかったのである。

さらに、貧困層をキャデラックに乗った「福祉の女王」(8)と不当にも形容していたレーガン大統領だけが、貧困層に対する「施《ほどこ》し」を終わらせようとしていたのではなかったことを覚えておかなければならない。というのも、「要扶養児童家庭扶助」(AFDC)プログラムを終わらせるように議会に働きかけることによって、「われわれが知っているような福祉」を終わらせたのは、クリントン大統領だったからである。彼の言い分は、政府の寛大さに頼る依存者から支援を受けるに値する労働者に、貧困層に対する考え方を変えなければならないというものであった。

したがって、クリントンの福祉改革には、生涯での受給期間の制限と労働に対する強力な誘因が含まれていた。いくつかの点で、福祉依存の撲滅に関するクリントンの主張はミンスキーの主張と似ていた。しかし、ミンスキーの「最後の雇い手」（ＥＬＲ）の提案とは異なり、クリントンの提案は雇用を提供するものではなかった。その考え方は、経済が順調に成長すれば、雇用は魔法のように現れるだろうというものであった。

実のところ、これは、一九四六年雇用法によって創設され、当時大統領に助言をしていた大統領経済諮問委員会（ＣＥＡ）の正統派「ケインズ経済学者」[9]によって展開された、ケネディ＝ジョンソンのアプローチでもあった。需要を増やすための「呼び水」に基づくＣＥＡ版の「ケインズ主義」は、「貧困との戦い」の具体化に大きな役割を果たした。

一般的には、民間部門の雇用を刺激するために総需要を増やす「ケインジアン」政策は、経済成長が労働力需要を増やし、それゆえ貧困層の乗った「船を持ち上げる」[10]という考え方に基づいて採用されてきた。「貧困との戦い」は、働ける人たちに準備をさせ、彼らの技能を向上させ、さらには、働けない、働こうとしない、あるいは働くべきでない人たちに公的扶助やフードスタンプを提供するという考え方であった。要するに、「貧困との戦い」は、求職中の新規労働者のための雇用創出を民間部門に頼るものである。

それでも、失業率（と特に非就業率）は、一九六〇年代から上昇傾向にあり、長期にわたる非就業はますます労働力人口のうちの不利な条件に置かれた人々に集中するようになり、貧困率が硬直したままで、ほとんどの労働者の実質賃金が一九七〇年代前半以降低下していった。「持てる者」はゲートとフェンスで囲った住宅地（gated communities）を建設し、「持たざる者」は荒廃した都市中心部に取り残されたことで、労働市場と居住エリアはますます分離した。

言い換えると、「貧困との戦い」は、貧困を減らすのに失敗しただけでなく、仕事を望む人たちに持続的にそれを提供することにも失敗したのである。

ミンスキーはこれらの結果を予言していた。彼の主張は、「貧困との戦い」が依拠している経済理論は、貧困の本質を見誤っているというものであった。経済成長と、労働者の能力を向上させ適切な労働意欲を提供する供給重視《サプライサイド》の政策を組み合わせれば、貧困を撲滅するのに十分だという考え方は、当時の段階でミンスキーによって間違いであると認識されていた。

実際のところ、経済成長が「持たざる者」より「持てる者」にやや有利に働いて不平等を拡大し、戦後経験したほとんどの成長の水準で簡単には雇用が徐々に拡大《トリクル・ダウン》しないことを経済の足跡が少なくとも示している。[11] さらに、貧困撲滅における初期の成功の大部分は、高齢者や障害者のための社会保障の拡大と関係があり、より急速な経済成長とも「貧困との戦い」プログラムともほとんど関係がなかった。これが、六十五歳未満の人たちの貧困率が改善しなかった理由である。[12]

「貧困との戦い」の背後にある理論

ジョンソン大統領は一九六四年一月八日の最初の一般教書演説で、「貧困との無制限の戦い」を宣言し、その中核となる経済機会法（the Economic Opportunity Act）がその年の後半に議会に提出された。ジョンソンによれば、その計画は、貧困の原因に対処するように設計されたもので、単に貧困の結果を改善しようとするものではなかった。ジョンソンは、貧困層に対する教育と訓練の機会を拡大することによって、貧困を永久になくすことができると信じていた。

ジョンソンは、「最も古い人類の敵に対する勝利を達成するために……全力で取り組むこと」を宣言した。[13] ミンスキーの評価によれば、その法律は、あるかどうかも分からない仕事に就けるように労働者に準備させることに重点を置いていたため、その目的を達成できないと目されていた。適正な賃金を支払う、目標を定めた雇用プログラムだけが、政治的に許容される形で、高齢者以外の貧困を撲滅することができるだろう。

「貧困との戦い」は、なぜ雇用創出を軽視していたのだろうか。それは、ケネディもジョンソンも、大統領経済諮問委員会（ＣＥＡ）の経済学者を頼っていたからである。ジュディス・ラッセル[14]が明らかにしているように、ＣＥＡの信念は、（ａ）貧困と失業の間に密接なつながりはない、（ｂ）失業は、いかなる場合でも（一九六三年のケネディの減税のような）マクロ財政政策によって十分に減らすことができる、（ｃ）インフレ抑制のためには、何百万人ものアメリカ人が失業者の緩衝在庫として維持されていなければならない、というものであった。これらの考え方は、今日の経済学者の間でも支配的なものである。

失業に関して、多くの経済学者、ほとんどの政策立案者、そして議会の大部分、さらにはケネディの側近のジョン・ケネス・ガルブレイスさえも、当時支配的だった「構造主義」的な考え方を有しており、彼らはみな二パーセントを超える失業は受け入れがたいと考えていた。しかし、ＣＥＡは、大統領やその政策がこれに逆らうようにさせることができた。

構造主義的な考え方の牙城の一つがバークレーだった。そのため、需要刺激だけでは低技能労働者やアフリカ系アメリカ人などの最も必要とされるところに、雇用を生み出すことができないという構造主義的な主張を、ミンスキーがしていたことは驚くに値しない。さらに、ＣＥＡが「完全雇用」として四パーセント（あるいは、それ以上）の失業率を受け入れる覚悟があったこと、そして黒人の失業率は全体の失業率よりも二倍から三倍高かったことを考えれば、ＣＥＡによって策定された「貧困との戦い」はアフリカ系アメリカ人の貧困問題を大きく前進させることはできなかったであろう。

雇用プログラムは、貧困と戦う上で不可欠な要素ではないと大統領を説得する上で大きな役割を果たしたのは、需要を増やすための「呼び水」に基づくCEA版の「ケインズ主義」であった。もう一つの原因は、貧困が撲滅される前に貧困層が変わらなければならないという、広く受け入れられている信念であった。ミンスキーは、これらの考え方を否定し、貧困層をあるがままに受け入れる雇用プログラムがなければ、「貧困との戦い」は成功しないだろうと主張していた。彼の主張は、まず雇用を提供し、それから職場内訓練（ＯＪＴ）を通じて技能を高めるというものである。さらに彼は、「ケインジアン」のアプローチは不安定性を高めるから、持続不可能であるとも警告していた。

「貧困との戦い」に対するミンスキーの当時の評価

ミンスキーは「貧困との戦い」を、「資本主義は必然的に『豊かさの中の貧困』を生み出すという急進論者の古くからの異議申し立てに対する、保守派の反論[15]」（p. 175）だと考えていた。彼が理解していたとおり、このジョンソン版「保守派の反論」は根本的に間違っていた。それは、貧困生活者に働く機会を提供する代わりに、働き方を学ぶ機会を提供するものだった。

ミンスキーは、米国の貧困の大部分は失業のせいだと考えていた。また、彼は失業を、労働者の欠点のせいではなく、経済システムのせいだと考えていたので、勤労福祉制度《ワークフェア》、訓練、教育、そしていわゆる「労働インセンティブ」のような供給重視《サプライサイド》の「解決策」を否定していた。

また、ミンスキーは、雇用を刺激するために第二次世界大戦以来求められてきたような需要刺激策を否定していた。「貧困との戦い」が始まって十年経った一九七五年、ミンスキーは、「われわれは過去四十年の政策の推進を反転させ、労働力参加が促進されるシステムに向かって進まなければならない。しかし、そのためには、仕事を得られるようにしなければならず、雇用創出を第一の目的としない政策戦略はすべて、過去十年の貧困化戦略の延長に過ぎない」[16]（p. 20）と論じた。ミンスキーは、戦後の貧困撲滅戦略は効果がないと分かっていたので、政策立案者は第二次世界大戦以前の政策立案を特徴づけていたような戦略、すなわち公的雇用を提供するプログラムに立ち返るべきだと考えていた。「貧困との戦い」は、「ケインズの時代」にとっては勝利だが、真の貧困撲滅戦略にとっては敗北と見なすことができる。なぜなら、「貧困との戦い」は、経済成長を促進するために総需要の維持が重要だという考え方をもたらしたが、貧困を減らすための雇用の重要性を軽視したからである。

ミンスキーは、失業、不十分な就労時間、低賃金が組み合わさって健常者に貧困を生み出すと強調していた。彼は続けて、「高齢者、病弱な人、障害者、貧困児童のための、拡大され、改善され、そして現代化された、所得移転支出と現物所得のプログラムが必要である」ことは明らかであり、「私が理解する限り、これはＷＯＰ〔「貧困との戦い」〕とはほとんど関係がなく、主に国民の良心と人間愛に関係するものである」（Minsky, 1965, pp. 176-77）と主張した。つまり、ミンスキーは、働くことができない、あるいは働くべきでない人たちに対応するために、福祉制度が必要だと認めることに異論はなかったのである。しかしながら彼は、実効性のある、適切な最低賃金を伴った包括的な雇用プログラムがあれば、働く意欲と能力がある人たちの貧困撲滅に大きな役割を果たすと主張していたのである。

重要なことに、ミンスキーは統計値で二・五パーセントの失業率という「厳密な完全雇用（tight full employment）」の目標を訴えていた。彼は、一九六五年の予想失業率五・二パーセントの場合と比較して、これはＧＮＰを三百四十億から五百三十億ドル増加させると算出した。[17]ミンスキーは、この計算結果は、その年の貧困生活者全員の所得を貧困ラインを超えるところまで引き上げるのにかかると見積もられていた百十億から百二十億ドルの費用を、大きく上回ると指摘した。つまり、人々を仕事に就かせれば、すべてのアメリカ人を貧困ラインより上に引き上げるのに必要とされる三倍から五倍近い生産を生み出すことになるのである。

したがって、包括的な雇用戦略は、すべての貧困問題を解決するわけではないかもしれないが、貧困撲滅のために再分配可能なGNPを十二分に生み出すのは間違いないだろう。

その当時、構造主義者は雇用のミスマッチを強調しがちであった。つまり、総数としては職が十分あるかもしれない景気循環のピークにおいてさえ、技能や教育、その他の特徴のせいで、かなりの数の失業者は職を得られないままであるというのである。このような考え方が政策立案者の間では支配的であり、「ニューエコノミー」ブームが低技能労働者を置き去りにしていた一九九〇年代の終わりにも同じような考え方が支持されていた（Pigeon and Wray, 2000を参照のこと）。

しかし、ミンスキーのような構造主義者は一歩先を進んでいた。というのも、労働市場の技術的な変化や他の構造的な変化が、失業者を現存の職種に合わせて教育したり再訓練したりするいかなる手腕をも追い越してしまうと主張していたからである。つまり、彼らは、拡大する失業問題の解決には「供給重視《サプライサイド》」政策だけで十分だという意見に非常に懐疑的であった。必要とされていたのは、「ニューディール期のような」「積極的労働市場」政策と構造的な失業者のための直接雇用創出プログラムの組み合わせであった。

ミンスキーは、たとえ経済が構造的な失業者を積極的に生み出していないとしても、労働市場の供給重視《サプライサイド》プログラムは、最長二十年の期間について、ほとんど効果がないと指摘していた。この二十年間を、ミンスキーは、労働者を生み出すのに必要な「懐妊」期間と呼んでいた。

われわれは、三歳から五歳の間に経験したことが、大人になったときの能力を決定する上で極めて重要であることを学んでいる。したがって、貧困の悪循環を断ち切るには就学前の訓練が不

郵便はがき

おそれいりますが切手をおはりください。

101-0052

東京都千代田区神田小川町3-24

白水社 行

購読申込書

■ご注文の書籍はご指定の書店にお届けします。なお，直送をご希望の場合は冊数に関係なく送料300円をご負担願います。

書名	本体価格	部数

★価格は税抜きです

(ふりがな)

お名前 (Tel.)

ご住所 (〒)

ご指定書店名（必ずご記入ください）	取次	（この欄は小社で記入いたします）
Tel.		

『ミンスキーと〈不安定性〉の経済学』について　(9831)

■その他小社出版物についてのご意見・ご感想もお書きください。

■あなたのコメントを広告やホームページ等で紹介してもよろしいですか？
1. はい（お名前は掲載しません。紹介させていただいた方には粗品を進呈します）　2. いいえ

ご住所	〒　電話（　）		
（ふりがな） お名前	（　歳） 1. 男　2. 女		
ご職業または 学校名		お求めの 書店名	

■この本を何でお知りになりましたか？
1. 新聞広告（朝日・毎日・読売・日経・他〈　〉）
2. 雑誌広告（雑誌名　）
3. 書評（新聞または雑誌名　）　4.《白水社の本棚》を見て
5. 店頭で見て　6. 白水社のホームページを見て　7. その他（　）

■お買い求めの動機は？
1. 著者・翻訳者に関心があるので　2. タイトルに引かれて　3. 帯の文章を読んで
4. 広告を見て　5. 装丁が良かったので　6. その他（　）

■出版案内ご入用の方はご希望のものに印をおつけください。
1. 白水社ブックカタログ　2. 新書カタログ　3. 辞典・語学書カタログ
4. パブリッシャーズ・レビュー《白水社の本棚》（新刊案内／1・4・7・10 月刊）

※ご記入いただいた個人情報は、ご希望のあった目録などの送付、また今後の本作りの参考にさせていただく以外の目的で使用することはありません。なお書店を指定して書籍を注文された場合は、お名前・ご住所・お電話番号をご指定書店に連絡させていただきます。

可欠である。しかし、この考え方が本当だとすれば、そのようなプログラムから得られる恩恵を認識するには十八年から二十年を要することになる。

——Minsky, 1965, p. 195

技能の目標が常に高くなる活発な社会では、そのように懐妊期間が長いと、労働力参入年齢に達する個人の多くが、そのとき存在する仕事に対して準備ができていないことになるのはほぼ間違いない。したがって、労働の「供給」と「需要」の間には常にミスマッチが存在することになる。そのため、ミスマッチ解消のための雇用が創出されなければならないことになる。

「貧困との戦い」に関して、ミンスキーは正しかったのか?

ミンスキーが正しかったのかどうか、データを確認してみよう。戦後の米国の「公式」の貧困率は、「貧困との戦い」の前に既に急激に低下しており、「貧困との戦い」が始まった一九六五年には十五パーセントにまで下がっていた。白人も黒人も、一九六〇年代半ばには貧困率が低下した。しかしそれ以降は、少なくとも、アフリカ系アメリカ人の貧困率が改善した一九九〇年代半ばのクリントン政権期の景気拡大までは、改善は見られなかった。全体として、貧困率は一九六八年に到達していた水準である十二パーセントまで戻って二〇〇〇年を迎えた。これらのデータから、「貧困との戦い」にプラスの効果があったと判断することは困難である。

貧困問題のうち、どのくらいが職がないせいなのか。私がステファニー・ベル(現姓ケルトン)とともに二〇〇四年に「貧困との戦い」の開始四十周年で行った調査によれば、すべての家庭のうち貧困ラインを下回っていたのは約十パーセントだけであることが分かった。(18) 誰も働いていない家庭はおよそ四分の一が貧困ライン以下の生活をしており、少なくとも一人がパートタイムもしくは一年のうち一定期間のみ働いている家庭も、四分の一が貧困ライン以下の生活をしていた。他方、少なくとも一人が、年間を通してフルタイムで働いている家庭の貧困率は三・五パーセントに過ぎなかった。

貧困を減らすのに雇用が非常に重要であるならば、「貧困との戦い」と「ケインジアン」政策の実施以来の、最も不利な条件の人たちの雇用動向を確認することは有益である。一九六五年の二十五歳から六十四歳の高校中退者の雇用率は、六十二パーセントだったが、一九九四年までに五十一パーセントに下がった。この状況は、「貧困との戦い」を成功させるには「あるがままの労働者」、とりわけ高校中退者を対象とした雇用が必要であるという、ミンスキーの構造主義的な考え方と一致している。

高校中退で職に就ける確率はかなり低くなっており、中退者のかろうじて半分が働いているに過ぎない。なお、これらは収監されていない人口を対象としたデータであり、収監されている「働き盛り」（十八歳から四十四歳まで）の高校中退男性を含めれば、状況はさらに悪くなることに留意しなければならない。われわれの先行研究（Pigeon and Wray, 2000）が示しているとおり、働き盛りの高校中退男性における一九九九年の雇用率は、受刑者を含めた場合、六十八パーセントから六十二パーセントまで下がる。似たような状況に置かれているアフリカ系アメリカ人男性の場合、非就業人口の一部に受刑者を含めると、雇用率は四十六パーセントから三十三パーセントまで下がる。クリントン政権期の好景気のピークであった一九九九年に、働き盛りのアフリカ系アメリカ人高校中退者は、その三分の一しか職に就いていなかったことは、間違いなく衝撃的である。

要するに、「貧困との戦い」は、長期的に雇用を大幅に増やすことも貧困率を下げることも、ほとんどできなかった。少なくとも六十五歳未満の人たちにとってはそうであり、特に高校を卒業していない最も不利な条件の男性にとってはそうだった。「貧困との戦い」は直接的な雇用創出とほとんど関係がなく、ミンスキーが警告したとおり、雇用を創出しないのであれば、「貧困との戦い」は貧困を不幸な人たちの間で再分配するだけだった。

ケネディ＝ジョンソンの戦略を策定した「ケインジアン」は、貧困率を下げる雇用の創出を経済成長に頼っていた。次節では、経済成長が貧困を減らす能力に対するミンスキーの疑念を検討する。

民間投資戦略による経済成長に対するミンスキーの考え方

先に述べたとおり、大統領経済諮問委員会（ＣＥＡ）は経済成長を生み出す呼び水の考え方を推し進めた。戦後期においては、防衛費を除いて、「財政拡大を生み出すのに望ましい方法は、民間消費と民間投資へ資源を移すある種の減税もしくは抜け穴であった」（Minsky, 1971, p. 15）。これらの完全雇用を促進するための「ケインジアン」政策は、投資支出を刺激する良好なビジネス環境に依存していた（投資支出は、支出乗数を通じて消費を誘発すると仮定されていた）。加速償却や投資税額控除を含む様々な優遇税制は、戦後の投資戦略に共通する特徴であった。また、政策立案者は、国防、輸送、住宅の各産業に認められたような、利潤保証のある政府契約を利用することで、資本所得の確実性を高めようとした。

しかしミンスキーは、高投資戦略には四つの問題があると論じていた[19]（Minsky, 1973）。第一に、所得を資本にシフトさせるための優遇税制は、一般労働者と、投資をすることができる所得がある人たちとの間の不平等を広げる。これは、政策で投資を促進すれば、投資をした人はその報酬を得ることができるからである。第二に、高い資本所得は、金持ちによる贅沢な消費と、それほど裕福でない人たちによるその模倣をもたらし、需要牽引《デマンドプル》型インフレの可能性を生み出す（「隣人との見栄の張り合い」をし、あるいはテレビ番組にもなったカーダシアン家のようなセレブ生活を送ろうとする低所得者の借金頼みの消費については言うまでもない）。

第三に、高度なハイテク産業に与えられた政府契約は、特殊技能を持つ高賃金の労働者に対する需要を生み出し、それゆえ労働者間の所得格差を拡大させる。最後に、〔投資の〕規模と資本所得の確実性を目標とする減税プログラムが事業の確信を高め、負債による資金調達を増やし、借り手の「安全性のゆとり幅《マージン》」を低下させる。したがって、民間投資戦略は負債によって資金調達された投資ブームを引き起こし、それゆえ金融システムの安定性を損なう可能性がある。

前述のとおり、ミンスキーは早くから、民間部門主導の景気拡大は、予想営業収入に比べて債務返済を増加させるので、民間債務を増加させ、金融の脆弱性を強める傾向があると主張していた。それにひきかえ、政府部門の支出に主導された景気拡大は、安全資産（財政赤字になった際に発行される国債）を供給することで安定性を実際に高めることができる。

この分析は、一九九〇年代のクリントン政権期の好景気の中で生じた問題、つまり、連邦予算の大幅な黒字化を伴いつつ民間部門の借入主導の景気拡大が生じたことに照らし合わせると興味深い。今になって考えれば分かるとおり、一九九六年から二〇〇六年までの十年間にわたる、負債を原動力とした消費の増加が結局二〇〇七年の崩壊につながったのである。実際、住宅購入と消費を勢いづけた家計の借入の重要性を認識せずして、世界金融危機を理解することはできない。

要するに、戦後期は、民間支出と経済成長を促進するための民間投資戦略の選好によって特徴づけられていたのである。「貧困との戦い」中であるにもかかわらず、ジョンソン政権は、一九六四年に続き一九六五年と一九六六年にも減税を決定し、民間部門支出戦略を選好する姿勢を示した。民間部門支出（とりわけ、投資）を奨励することによって、政策立案者は総所得の成長を促進することを目指したのである。

しかし、これらの戦略は、中低所得の労働者（例えば、工場労働者）の状況改善にはほとんど効果がなく、彼らの実質所得は一九六五年から一九七〇年の間に二・五パーセント減少した（Minsky, 2013, p. 114）。その後、ブルーカラーの賃金は一九七〇年以降の数十年間にわたって停滞し、状況はさらに悪化した。さらに、民間投資戦略は、所得格差を悪化させ、インフレを引き起こし、金融的な安定性を弱める傾向があった。

ケネディおよびジョンソン政権は、戦後の成長を生み出すのに成功し、（米国経済の「黄金時代」としばしば呼ばれる）一九六〇年代半ばには一時的に失業率が下がった。しかし、政策立案者は「経済を停滞から持続的な完全雇用にまでもっていくのに十分な政策手段が、完全雇用を持続させるのに十分ではない」（Minsky, 2013, p. 122）ことを理解していなかった。需要刺激策は、経済を完全雇用に近づけるかもしれないが、同時に金融の脆弱性とインフレをもたらすリスクの高い行動を助長するので、その状態を維持することはできない。

政策立案者が民間投資戦略を選好し続けている限り、景気が循環する中で貧困対策が持続的に前進することはないだろう。それどころか、ミンスキーによれば、この「ケインジアン」のアプローチは、「ストップ・ゴー」政策を採用せざるを得なくなる。インフレが頭をもたげるまでは投資ひいては経済成長を刺激し、その後はインフレと戦うために成長を鈍化させることになる。したがって、失業は好況時に減るが、不況時には逆戻りしてしまうことになる。

一方、金融の脆弱性は趨勢的に高まり、繰り返される金融危機がシステムを圧迫することになる。政府が危機と戦うために介入すれば、それは単にさらなるリスクをとることを助長することになる。つまり、このような政策戦略は、インフレと金融不安定性を促進するバイアスがかかっているのである。

公的雇用戦略――ELR（最後の雇い手）の提案

ミンスキーは、消費は総需要の中で最も安定的な構成要素であると主張していた。というのも、家計は所得のうちのかなり大きな割合を安定的に消費に回すからである。消費が、負債ではなく所得で賄われている限り、高消費経済はより安定的である。そのため、ミンスキーの代替案は、分配の最下層で賃金と所得を増やす政策を原動力とした（高投資ではなく）高消費を促進する政策を重視する。[20]

さらに、政府支出、とりわけ賃金に対する支出が、成長を生み出す上で大きな役割を果たすべきである。これは、主権を有する政府は、たとえそれが財政赤字につながるとしても、支払不能や債務不履行のリスクを増大させることなく自身の支出を増やすことができるからである。対照的に、民間支出が成長を主導した場合、民間支出は家計や企業の所得を上回りがちであり、それは民間債務の増加を意味する。それはリスクが大きく、最終的には持続不可能である。

したがって、ミンスキーの政策は、一層の平等と安定性の向上を選好するものになる。ミンスキーは、貧困層の置かれた状況を恒久的に改善するために、政策立案者は所得分配の問題に取り組む必要があると考えていた。「いつの日か、本気で**貧困との戦い**が開始されるならば、対処しなければならない問題は、所得分配であり、比較的短期間で所得分配に影響を与えられる政策手段に関するものとなる」（Minsky, 1968, p. 328）。

ミンスキーは、「どうすれば所得分配を改善できるか」（Minsky, 1972, p. 5）と問い、「まずは完全雇用によってである」と答えた。これは、「厳密な完全雇用」を達成し、持続する必要があることを意味するが、彼はそれを「様々な職業、産業、地域にわたる雇用主が、現行の賃金・給与水準で、現状よりも労働者の雇用を増やすことを選好する［状況］」と定義していた（Minsky, 1965, p. 177）。それは、普段から求人が求職者数を上回っていれば、当てはまることだろう。

それには、「雇用創出のために、これまでわれわれが経験してきた以上に大胆で、独創的で、一貫した拡張的金融・財政政策の利用」（Minsky, 1965, p. 175）を必要とするだろう。「厳密な完全雇用の達成と持続によって、貧困を撲滅するという任務はほぼ全うできる」（Minsky, 1968, p. 329）。ここでのミンスキーの立場は、彼の「貧困生活者の大部分と、貧困すれすれの人たちのさらに多くの部分は、労働から得る所得がわずかしかないために、そのような生活状態に陥ってしまう」（Minsky, 1968, p. 328）という、既に強調してきた考え方と整合している。

ミンスキーは、「真に価値ある提案は、政府が最後の雇い手となることだ」[21]（p. 338）と信じていた。近年多くの専門家によって受け入れられている、最後の雇い手（ELR）の提案は[22]、ニューディールの雇用促進局（WPA）、資源保存市民部隊（CCC）、国民青年局（NYA）といったプログラム[23]のような雇用保証プログラムを導入することを連邦政府に求めるものである。連邦政府は、雇用保証プログラムに資金を拠出し、（非熟練）労働者の賃金を設定し、仕事を必要としている人の数に合わせて雇用を調整する。

ミンスキーは、連邦政府だけが、適正な賃金で働く用意と意欲がある者を雇用し、労働者に対する需要を無限に弾力的に提供できると論じていた。これは、政府の雇用が利潤目的で行われるわけではないからである。すべての民間企業は、生き残るために利潤を上げなければならないから、販売利益を確保できるものを生産するのに必要な人数の労働者しか雇わない。

ミンスキーは、この提案に明確な利点を見出していた。第一に、彼は、それが職に就いていないことに起因するような貧困を撲滅すると期待していた。投資戦略が専門職に対する需要の増加から始まり、教育や訓練を十分に受けていない人たちの雇用が徐々に拡大《トリクル・ダウン》してくることを期待するのに対して、雇用戦略は「失業者をあるがままに受け入れ、彼らの技能に合わせて仕事を作り出す」（Minsky, 1972,

p. 6)。ＥＬＲプログラムは、雇用の後に職場内訓練（ＯＪＴ）によって彼らの技能を向上させる。第二に、逼迫した労働市場からの追加的な労働雇用は、一家族当たりの労働者数を増加させ、貧困あるいはそれに近い状態の家庭の一部をその状態から抜け出させる。第三に、逼迫した労働市場戦略は、プログラムの賃金を適切な水準に設定し、その上で低所得労働者の賃金を高所得労働者の賃金よりも速く引き上げることで、労働者間の所得の分配を改善するはずである。

第四に、ミンスキーは、（投資主導戦略をとって投資家を利することになる）資本所得の優遇措置をやめることによって、「利潤に占める資本の取り分を減らすことで、［労働分配の］不平等を減らす」（Minsky, 1973, p. 94）ことが可能だと考えていた。つまり、最下層の人たちのための雇用創出によって、賃金が利潤との比較で増えることになる。第五に、ミンスキーは、投資主導の成長に重きを置かなくなることによって、金融が脆弱化する可能性が低下すると考えていた。

最後に、公的雇用戦略は、優遇税制によって投資を誘発するという最優先の責務から政策立案者を解放する。その戦略は、投資主導の成長から雇用が滴り落ちる《トリクル・ダウン》ことを期待するのではなく、雇用を直接創出するからである。

最後の雇い手プログラムは、働く用意と意欲がある者全員に雇用を提供することから、需要刺激プログラムよりもずっと野心的である。このプログラムの雇用を受け入れる人たちの多くは、積極的に仕事を探していないために、現在は労働力の対象外だと見なされている。したがって、実際の雇用の増加は、失業者数の減少によって示されるものよりも数パーセントポイント大きくなるだろう。

さらに、失業率の統計値は、ミンスキーが計算に使った二・五パーセントをおそらく下回り、ことによると、摩擦的・構造的失業の推定値として通常使われる二パーセントを下回るかもしれない。

私はマーク・アンドレ・ピジョンと実施した調査[24]の中で、どのくらいの「潜在的に雇用可能な」個人がクリントン政権期の上げ潮によって取り残されていたのか計算を行った。その結果、一九九九年の時点で、二十五歳から六十四歳の雇用可能な労働者は千四百万人を超えていたことが分かった。その当時、この年齢層の公式の失業者数は四百万人未満で、つまり潜在的に雇用可能な人数の三分の一未満であった。公式の失業者数は、職に就けるなら雇用を受け入れようとする人の数を常に大幅に過小評価している。ミンスキーのＥＬＲの提案は、希望する者全員に対して、そのプログラムの賃金で有給の雇用を提供する。

厳密な完全雇用の達成と持続を妨げる障壁

ミンスキーは、「絵に描いた餅」だという反論が出るかもしれないことを予期しており、「政府支出、政府赤字、そして金融緩和に対する……不合理な偏見」(Minsky, 1965, p. 176) は、無視しなければならないと警告していた。しかし、彼は、正当な障壁は考慮されなければならないと認識していた。「経済的要因が、プログラムを妨げる可能性がある。それは、その政策目標がそれらの要因と矛盾している場合、あるいは、たとえその目標が原理的には達成可能だとしても、そのプログラムの完成度があまりに低いために、全く無用な衝突を引き起こす場合である」(Minsky, 2013, p. 45)。

このような邪魔をする要因の一つがインフレである。ミンスキーが論じていた「政策課題」は、「インフレを誘発する物価と賃金の上昇を招くことなく」(Minsky, 1972, p. 5)、厳密な完全雇用を達成し持続することであった。その一方で、ミンスキーの反貧困キャンペーンは、「貧困ラインすれすれ、あるいは貧困ラインを下回る人たちの賃金の速やかな上昇」(Minsky, 1965, p. 183) を求めた。ミンスキーは、この種の政策にはインフレ促進的なバイアスがあり、特に、低賃金労働者の生産性（時間当たりの生産量）向上がその賃金上昇ペースについていけない場合にはそれが顕著であるかもしれないと認識していた。

全体の物価水準をかなり安定的に保つためには、低賃金産業以外の財・サービスの価格は抑制しなければならない。ミンスキーは、高賃金の産業では、賃金は「労働者の生産性の向上よりもゆっくりと上昇しなければならないだろう」（Minsky, 1965, p. 183）と示唆していた。企業が単に利益を増やすのを防ぐためには、「寡占であることが多いこれらの産業の経営者が、単位費用の低下を〔価格に反映して〕顧客に引き渡す」（Minsky, 1965, p. 183）ようにする必要があった。それゆえ、ミンスキーは「厳密な完全雇用には、利益と価格の効果的な抑制が伴っていなければならない」（Minsky, 1972, p. 6）と主張していた。ミンスキーは、インフレ圧力が抑えられなければ、「完全雇用の政治的人気」が脅かされると懸念していたのである（Minsky, 2013, p. 69）。

しかし、今日のグローバル経済においては、インフレ制約はあまり大きな懸念ではない。

第一に、多くの国々が貿易収支を黒字化するために、国内需要を抑制し世界の「過剰」生産物に対する需要を米国に頼っているので、世界中でデフレ圧力が大きくなっている。最も重要なのは、世界の輸出国の多くが非常に低賃金で、それが世界中の物価を低く抑えていることである。これは、米国企業が厳しい価格競争にさらされており、クリントン政権期の景気拡大や世界金融危機の前の数年間に再び経験したような比較的急速な経済成長であっても、大きなインフレ圧力を生み出さなくなっていることを意味する。

第二に、技術進歩と貿易制限の撤廃は、海外からの賃金競争を激化させ、低失業が賃金・物価スパイラルを生む可能性が低くなった。

最後に、一九七〇年代と一九八〇年代の生産性の伸び悩みに対する懸念の多くは、生産性成長がより正常な長期的平均に戻ったクリントン政権期の好景気の間に消滅した。[25] それどころか、生産のグローバル化のせいもあって、一九七〇年代半ば以降は平均賃金の伸びが労働生産性の伸びをはるかに下回っていることが問題となっている。このような競争圧力が賃金の伸びを生産性の伸びに一致させている限り、価格上昇圧力はおだやかなままであろう。

ミンスキーが論じていた最後の制度的障壁は、為替相場制度に関するものである。反貧困政策に関するミンスキーの論文のほとんどは、米国の政策が固定為替相場の国際通貨システムによって制約を受けていた一九六〇年代から一九七〇年代前半に書かれたものである。ブレトン・ウッズ体制の整合性はドルの金兌換性に依存していたため、政策立案者は財政・金融政策の運営を国際収支に悪影響を与えないようなものに限定しなければならなかった。これについて、ミンスキーの言葉を借りると、次のようになる。

> 一九五八年以来、ドル本位制の義務が国内所得に対する制約として、かなりの程度作用してきた。ドルが国際的なものであるという特異な拘束のせいで、われわれは逼迫した労働市場を有していないのである。一部分において、米国の貧困層が背負う十字架は金《きん》でできていると、ウィリアム・ジェニングス・ブライアンに言及するのが適当なようだ。……金本位制の障壁に対する解決策は単純で、金本位制を廃止することである。
>
> ——Minsky, 1965, pp. 192-93

今日では、ドルは変動為替通貨であり、したがって外国通貨や金《きん》の準備を保護する必要によって政策が制約されることはない。ゆえに、厳密な完全雇用を達成し、持続することに対する主な障壁は、政治的な意思であって、為替相場制度ではないのである。

「貧困との戦い」に代わるミンスキーの政策の結論

民間投資戦略と貧困な人々の特性を「改善」する政策が、戦後の貧困に対するアプローチでは支配的であった。そして、一九五〇年代と一九六〇年代は、よくアメリカ資本主義の「黄金時代」と言われるが、重要な障壁のせいで米国経済は、ミンスキーが考えていた厳密な完全雇用を持続できなかった。

ミンスキーの基本的な主張は単純なものである。すなわち、（1）貧困は主に雇用の問題である、（2）厳密な完全雇用は、賃金分布の最下層における所得を向上させる、（3）雇用を直接創出するプログラムは、厳密な完全雇用を持続するために不可欠である。

したがって、ミンスキーは、直接雇用創出プログラムは「あらゆる貧困対策に不可欠な要素」(Minsky, 1965, p.175) であると主張していた。ミンスキーが述べたように、「雇用促進局（ＷＰＡ）、国民青年局（ＮＹＡ）、資源保存市民部隊（ＣＣＣ）を擁するニューディールは、労働者をあるがままに受け入れ、彼らのために雇用を創出した……雇用促進局とその関連プロジェクトの復活がＷＯＰ［「貧困との戦い」］の主要な武器となるべきである」(Minsky, 1965, p. 195)。

残念ながら、ジョンソン大統領の経済機会法は、大規模な雇用を創出しなかった。その代わりに、「貧困との戦い」は、貧困層の技能と知識を改善することを狙っていた。それは、貧困状態またはそれに近い人たちに教育と訓練を提供することにより「貧困を永久に終わらせる」ことを期待していた。

しかし、ミンスキーが論じていたように、「教育と訓練はほとんど、ゆりかごの中から始めなければならない……幼稚園に入る前の訓練、あるいは他の特別な訓練を受けられなかったすべての貧困層は、幸運や天賦の才能に恵まれない限り、貧困生活、すなわち未来のない生活を送る運命にあった」(Minsky, 2013, pp. 115-16)。労働者の教育や技能を改善することは確かに望ましいが、ミンスキーは政策目標を整理し直すことが必要だと考えていた。「厳密な完全雇用が達成されたら、第二段階は労働者の能力を向上させるためのプログラムを作り出すことである。残念ながら、反貧困キャンペーンは、第一段階を飛ばして第二段階を進めているようだ。ひょっとすると、これは、ボールを捕る前に投げようとする内野手のエラーの大罪に似ているかもしれない」(Minsky, 1965, p. 200)。

少し言い方を変えれば、ミンスキーは完全雇用を「馬」、技能と教育の強化プログラムを馬車だと考えていた。彼は、反貧困キャンペーンを成功させるには、馬の後に続くものとしての「馬車」が必要だと強く信じていたのである。

ミンスキーの最後の雇い手の提案を改定する

この最終節では、ミンスキーの考え方に基づく具体的な提案を説明する。まずは、関連するケインズの引用から始めよう。

> 労働者の雇用を妨げている何らかの自然法則が存在しており、〔それに抗して〕労働者を雇用することは「無分別」であり、したがって無期限にわたって人口の十分の一を失業させておくことは財政上「健全」であると信じて疑わない保守党の信条は、正気の沙汰とも思えぬとんでもない考えである――それは何年もの間、愚にもつかぬ考えに頭が酔い痴《し》れていた人でもなければ、とても考え及ばないといった類いの考えなのである。……新たな形態の雇用〔機会〕が提供されれば、もっと多くの労働者が雇用されるようになる……失業者を有益な仕事のために就業させれば、当然それが果たすと期待される通りのことをなしとげ、国富を増加させる……またわれわれの福祉を増やすためにこの手段を使うならば、入り組んだ理由からわれわれは財政的に自滅することになるという見解はその見掛け通り妖怪にすぎない……。

――ジョン・メイナード・ケインズ著、宮崎義一訳『説得論集〔ケインズ全集、第九巻〕』東洋経済新報社、一九八一年、一〇七―一〇九頁〔訳を一部変更した〕(*Essays in Persuasion*, The Collected Writings of John Maynard Keynes, vol. 9, Donald Moggridge, ed., (London and Basingstoke:Macmillan/St. Martin's Press, 1972), pp.90-92)

一九四六年雇用法は米国政府が高水準の雇用を達成することを約束し、ハンフリー・ホーキンス法による修正では、統計上の失業率三パーセントという目標を設定した。それに対しわれわれは、完全雇用に近いものを達成すると「財政的に破滅する」かのごとく、インフレや通貨安によって通貨の価値が破壊されるかのごとく、さらに、窮乏を強制する高失業のおかげで維持されている労働規律が破壊されてしまうかのごとく、振る舞い続けてきた。景気循環の中で終始一貫して、われわれは何千万人もの男女を、政治的、経済的、社会的に見て理にかなっているという「全くもって信じがたい」信念によって、遊休させているのである。しかし、その信念は誤りである。完全雇用の利点としては、以下のものが認識されている。

- 財・サービスおよび所得の生産
- 研修(OJT)と技能開発
- 貧困の緩和
- コミュニティ形成およびソーシャル・ネットワークの形成
- 世代間の安定性
- 社会的、政治的、経済的な安定性

・社会的乗数（正のフィードバックと強化のダイナミクスが、社会経済的利益の好循環を生み出す。全体としての効果が個々の便益の合計を上回る）

働きたい人が確実に職に就けるようにすることよりも重要な経済政策はほとんどない。しかし、数十年の経験から、民間部門は雇用の供給において非常に貴重で大きな力を発揮するものの、それだけでは完全雇用を確保できないことについては十分に証明されている。

代替案としては、働く用意と意欲のある人に、連邦最低賃金[26]と法定の福利厚生で雇用を提供する、政府の最後の雇い手プログラムによる雇用保証が挙げられる。そのプログラムは、期限の制限や所得、性別、教育、経験の条件がない普遍的なものである。

このプログラムは、雇用の緩衝在庫のように機能する。つまり、好況時には、雇用主はプログラムから労働者を引き抜いて雇用する。不況時には、このセーフティネットにより、職を失った人たちがこのプログラムで働き続け、良い生活習慣を維持できるようにし、いつでもプログラム以外の仕事に就く用意ができた状態に保てるようにする。

またこのプログラムは、教育、訓練、あるいは仕事の経験が、当初はそのプログラム以外の職を得るには不十分な人たちを受け入れ、研修（ＯＪＴ）を通じてその人たちの雇用可能性を高める。業務記録はすべてのプログラム参加者について保存され、潜在的な雇用主が利用できるようになる。このプログラムは、失業者や、仕事を見つけることへの希望を捨てて労働力から外れてしまった人たちと比べて、より良い潜在的な従業員の供給源となる。失業事務所*（unemployment office）は就職事務所

＊unemployment office は、一般的には（公共）職業安定所や職業あっせん所を指す。

(employment office) に転換され、労働者とプログラムの雇用をマッチングし、民間や公的部門の雇用主がそのプログラムから労働者を採用するのを支援する。

プログラムの賃金と福利厚生は、連邦政府によって資金が拠出される。その賃金は、インフレ率と平均的な労働生産性の向上を反映し、購買力の減少を防ぎ、実質的な生活水準が向上して労働者が国全体の生産性向上を共有できるように、定期的に調整される。われわれは、働くすべての人のための「生活賃金」*の実現を目指して努力すべきである。

プログラムの管理と運営は分権化される。すべての州・地方政府および登録された非営利団体が、各州、米国領土およびコロンビア特別区内で指定された担当機関による承認を得るためにプロジェクトを提案することができる。そこで承認されれば、その提案は最終承認と資金拠出のために、プログラムの連邦政府機関に提出される。米国労働省は、提出されたすべてのプロジェクト、承認されたすべてのプロジェクト、開始されたすべてのプロジェクトについて、詳細情報を提供するウェブサイトを維持運営する。プロジェクトが完了すると、最終報告書が作成されウェブサイト上に保存される。

プロジェクトの提案は、次のような基準に基づいて評価される。すなわち、コミュニティにとっての有用性、参加者にとっての有用性、プロジェクトが成功裏に実行される可能性、プログラム外の雇用のために労働者を準備することへの貢献である。

すべてのプログラム参加者は社会保障番号 (Social Security number) を取得し、連邦預金保険公社（FDIC）の保険が適用される銀行に預金口座を保持することになる。賃金は毎週参加者の口座へ直接支払われる。[27] 連邦政府はまた、各プロジェクトの承認された経費に対しても、プロジェクトに支払われる賃金の二十五パーセントを上限に資金を提供する。[28] 認められる資金使途には、一般管理費、材料費、プロジェクトで使用される工具、機械、設備の費用が含まれる。

プログラムの労働者には、労働者の安全、服務規律、苦情処理手続きに関するものを含むすべての通常の就業規則が適用される。労働者は正当な理由があれば解雇される。十二カ月間で三回解雇された者は、三回目の解雇から十二カ月間はプログラムに参加する資格を失う。労働者は労働組合を通じた組織化を認められる。

そのプログラムは、「労働者をあるがままに受け入れ」、「労働者が居住する場所で受け入れ」るだろう。業務は、労働者が既に受けた教育と訓練の水準でこなせるように立案されるが、立案者は、プログラムに参加するすべての労働者の教育と技能の向上に努める。プロジェクトの提案は、すべてのコミュニティの労働者を雇うために、米国内のあらゆるコミュニティから募集される。その提案は、パートタイム労働や、それを必要とする労働者のための種々の柔軟な取り決めを含むべきである。その取り決めには、小さな子供がいる親のためのものが含まれるが、それに限定されるものではない。

ほとんどの場合、プロジェクトの生産物はコミュニティに無償で提供される。しかし、そのプログラムは、販売用の生産を含む、限定的かつ試験的な、代替案の実験を奨励すべきである。例えば、労働者は次のような労働者協同組合を組織するかもしれない。すなわち、賃金と福利厚生に加え、間接経費と原材料費の十パーセントを連邦政府が一定期間負担し、労働者が生産物を販売することでコストを回収して、純利益を分配するというものである。協同組合がうまくいくことが分かれば、政府による支援は段階的に廃止される。そうでなければ、協同組合は解散し、労働者は通常のＥＬＲプログラムに戻ることになる。

プログラムに対する政府支出は、財政均衡法の要件の適用除外となる。プログラムに資金拠出する

＊人がある生活水準を維持するのに必要な賃金のこと。

ために、新しい税は課されない。支出は一般歳入から得られるように扱われる。支出額はGDPの一から三パーセントと見積もられるが、それによる経済的、社会的、政治的な利益はその何倍にもなる。

これが、いわば一九六〇年代のミンスキーの提案に代わるものである。それから半世紀が経つが、失業と貧困は、彼が論じていたとおりなくなっていない。われわれが雇用に真剣に取り組むまでは、失業と貧困を大幅に減らすことはできないだろう。クリントン大統領の有名なフレーズ（「経済こそが重要なのだ、愚か者」）をもじって言えば、「雇用こそが重要なのだ、愚か者」ということになる。

第六章　ミンスキーと世界金融危機

一九八七年五月にシカゴ連銀で開催された、銀行の構造・競争に関する年次会合において、廊下で耳にし、多くの講演者が口にした流行語は、「証券化が可能なものは、何でも証券化されるだろう」であった。

――Minsky, 1987 (1)

世界の金融構造のグローバル化と金融商品の証券化の間には共生関係がある。グローバル化は、国境を越えた制度の調和と、とりわけ証券化商品の裏付けとなる資産を獲得する債権者の能力を必要とする。

――Minsky, 1987 (2)

証券化は、市場と銀行の資金供給能力の比重の変化を反映している。市場の資金供給能力は、銀行や預金取扱金融仲介機関の資金供給能力と比べて増大した。それは、マネタリズムへの遅れて現れた反応でもある。貨幣供給の成長抑制によるインフレとの戦いが、非銀行型の金融技術にチャンスをもたらしたのである。

――Minsky, 1987 (3)

マネー・マネージャー資本主義の出現は、経済の資本発展への資金供給が、短期の総利回り追求に取って代わられてしまったことを意味する。

――Minsky, 1992, p. 32 (4)

世界金融危機が発生した際、多くの評論家がそれを「ミンスキー・モーメント」あるいは「ミンスキー・クライシス」と呼んだ。これは、先にも述べたように、経済が「頑健な」金融構造から「脆弱な」金融構造へと移行する「金融不安定性仮説」を展開したミンスキーの研究を認識していたからである。「好況の継続」は一層大きなリスクをとることを促し、金融危機が政府の迅速な介入によって解決されれば、不安定性の増大が助長されることになる。

ミンスキーが「安定性が不安定性を生み出す」[5]と主張したとおり、このことは、金融危機がより頻繁に発生しますます深刻なものになった、米国のここ二十から三十年間の経験を完璧に言い表しているように思われた。危機の例として、例えば以下のものを挙げることができる。一九八〇年代の貯蓄貸付組合（S&L）危機、一九八七年の株価大暴落、途上国債務危機（一九八〇年代から一九九〇年代前半）、LTCM（ロングターム・キャピタル・マネジメント、一九九八年）とエンロン（二〇〇一年）の大失態、ドットコム・バブル*の崩壊（二〇〇〇年から二〇〇一年）と、それに続く最終的な二〇〇七年の「大崩壊」である。[6]

これらの危機はいずれも米国政府による介入をもたらし、それが金融市場や経済の下方スパイラルを阻止した（危機のあと不況になったケースもあったが）。実のところ、ドットコム危機のあと、新たな「大いなる安定（Great Moderation）」[7]が米国で定着し、深刻な景気後退は起こり得ないと信じられていた。この考えが、さらなるリスク、さらなる金融の重層化、さらなる高レバレッジ（裏付けとなる純資産がほとんどない、負債を担保にした負債の発行）を促進した。この危険な金融構造のすべてが、金融不安定性の増大についてのミンスキーの主張に合致する。

したがって、ミンスキーの慧眼を称賛することは全くもって適切であるが、同時に、より長期的な金融システムの変容に対する「段階論」アプローチを展開したミンスキーの後の著作にも注目する必要がある。このアプローチは、ミンスキーが一九五〇年代に展開し始めた「投資の金融理論と景気循環の投資理論」をはるかに超えるものであった。

ミンスキーの段階論アプローチ——金融資本主義と経営者・福祉国家資本主義

一九八〇年代後半から一九九〇年代にかけてのミンスキーの著作は、十九世紀後半以降の金融システムの長期的な変容に焦点を当てたものだった。ある意味で、彼は自分の論文指導者であったヨゼフ・シュンペーターの進化論的アプローチに回帰していたのである。主要な段階を簡単に説明しよう。

商業資本主義　第四章で説明した「商業銀行」の優位と重なる「商業資本主義」段階から始めよう。この段階では、銀行は、生産過程自体への資金供給にとって重要であった。銀行は、企業が労働者を雇用したり、生産に必要な材料を購入したりできるように〔流動資本に対する〕貸出を行う。

資本財〔固定資本〕は、大部分が企業の所有者によって提供される内部資金で購入されていた。その後、資本財が高額になるにつれて、企業の所有者は外部資金を探し求めなければならなくなった。この問題が、異なるタイプの金融機関、つまり投資銀行の業務に対する需要をもたらした。前述のとおり、投資銀行は長期資金を直接供給するか、投資を行う会社の負債や株式を市場に売り出すかのいずれかを行う。

＊　日本では「ＩＴバブル」と呼称するのが一般的である。

金融資本主義(8)　二十世紀の初頭に、ルドルフ・ヒルファディングによって「金融資本主義」と名づけられ、企業に資金を供給する投資銀行が支配的な地位を占める新たな形態の資本主義が形成された。投資銀行の発達は、「悪徳資本家（robber barons）」によって所有される製鉄会社、エネルギー会社、そして鉄道が手がける高額なプロジェクトのための、外部からの資金調達を可能にした。

株式や債券が国際市場で販売されるようになり、金融はかなりの程度まで「グローバル化」した。投資銀行は、「トラスト（企業合同）」が支配権を強め市場の寡占化を促進する上で、重要な役割を果たした。実際のところ借り手は、投資銀行を通じて長期の外部資金を調達するために、本当に市場支配力を必要としていた。さもなければ貸出のリスクが高すぎたからである。借り手企業は、複雑かつ耐用年数の長い工場や設備への投資を資金調達するために発行した長期の負債を確実に返済できるよう、十分な価格設定力を自らが有することを証明する必要があったのである。鉄道はその好例で、非常に高額で耐用年数の長いインフラを、グローバル市場での債券発行によって資金調達していた。

投資銀行は、一九二〇年代後半には、金融資産への投機、とりわけ投資銀行自身の投資子会社が発行する株式への投機に対する資金供給に著しくのめり込んでいた。実のところ、これらはネズミ講とさしたる違いはなかった。つまりは、カルロ・ポンツィや最近のバーニー・マドフの悪名高いスキームによく似た、本質的に無価値の株式への投機であった。(9)

経営者・福祉国家資本主義(10)　いずれにしても、ミンスキーの見解では、世界大恐慌が金融資本主義段階を終わらせ、金融部門のニューディール改革と経済運営に関する連邦政府のより大きな役割を伴う、はるかに安定した段階が始まった。ミンスキーはこれを「経営者・福祉国家」資本主義と呼んだが、そこでは「大きな銀行」（FRB）と「大きな政府」（財務省）が、安定的な経済成長、高雇用、不平等の減少を伴う賃金上昇を促進した。米国は、第二次世界大戦の終結から一九七〇年代前半まで続く、経済の「黄金時代」に入った。
　問題は、「安定性が不安定性を生み出す」ことである。つまり、深刻な不況や金融危機がなかったことが、金融不安定性を増大させる革新を促進したのである。さらに、ここではその理由について検討しないが、保守派の政治家と経済学者は、社会的な保護を提供すると同時に経済成長を促進したニューディール改革を、徐々に骨抜きにしていくことができた。男性の賃金の中央値は一九七四年をピークに低下し始めた。これは、労働者が労働組合を通じた実効的な代表権を失い、社会的セーフティネットが骨抜きにされ、政策立案者が失業をインフレ抑制のための手段として利用したことで失業が望ましい結果と見なされるようになったためだった。金融機関に対する規制や監督が緩和され、金融機関の力は自己増強的に拡大した。金融機関は、より大きな利潤シェアを得ることができると、その政治的な影響力が強まり、それがさらなる規制の破壊あるいは廃止を可能にすることで、さらに大きな利潤シェアを得ることができたのである。

不安定性へと向かう長期的な変容　この変容には多くの側面があるため、それに気づいていたのはもちろんミンスキーだけではなかった。これを、「カジノ資本主義」の台頭と呼ぶ者もいたし、多くの論者は「金融化《ファイナンシャライゼーション》」と見なしていた。[11] 重要な点において、それはヒルファディングの「金融資本主義」と似ており、「非銀行金融機関（nonbank banks）」すなわち後に「シャドーバンク」と呼ばれるものが、投資銀行や商業銀行に挑むべく台頭してきたのである。また、このような発達は、銀行が自らのビジネス領域に侵入してくる新たな侵略者と競争できるよう、ニューディール改革を撤回することを正当化する理由をも与えた。これは非常に大きな問題であるが、重要なポイントは、シャドーバンクが金融慣行を新たな未知の領域にまで広げたにもかかわらず、商業銀行（と規制のゆるい投資銀行）が自分たちもそれに追従しなければならないと主張したことである。

同時に、意欲と報酬の体系が変化した。長期的な会社の存続と投資家の利益よりも、リスクの高い賭け、高レバレッジ比率、および短期的利益が促進されるような形に変えられた。新しい金融慣行の（ほとんどではないにしても）多くは、金融機関の経営トップを信じられないほど金持ちにするだけで、社会的な目的には全く貢献しなかった。そのような変容の好例として、ゴールドマン・サックスのような由緒ある投資銀行が、合名会社（partnership）から高額な報酬で経営者を雇用する公開会社へ転換したことが挙げられる。

その結果は、構造や慣行は若干異なるものの、一九二九年の「大暴落」につながったものと似ていた。つまり、「株価操作（pump and dump）」の動機が生み出され、経営幹部はそれに従ってストックオプションを行使し、資産や株式の価格を「上げて」おいて、そのあと投機ブームが崩壊する前に自分の株式を売り抜け（「下げ」）たのである。

二〇〇〇年代の前半までにわれわれが目にしたものは、巨大金融機関を極めて危険なものにした三つの現象の癒着である。第一に、顧客や株主からだまし取る「株価操作」戦略の復活である。第二に、プリンシパル・エージェント問題（金融機関が、その所有者ではなく経営陣の利益のために経営されること）を増大させる、パートナーシップ制から株式会社形態への移行である。第三に、短期的な業績と直結した（すなわち、ストックオプションによって与えられる）法外な役員報酬が、巨額のボーナスを正当化するために「不正行為」やその他の行動をとらせる圧力を強めたことである。

マネー・マネージャー資本主義

ミンスキーは、この新しい段階を「マネー・マネージャー資本主義」と呼んだ。この名前は、その特徴である専門家によって運用される巨大資金プールに注目してつけられた。[12] それには年金基金、政府系ファンド、ヘッジファンド、大学基金、企業の財務部門などが含まれる。
すべての資金運用者《マネー・マネージャー》は、顧客をつなぎとめておくために平均的な収益を上回る運用成績を上げなければならないが、これはもちろん統計学的には不可能なことである。しかし、このような動機づけ《インセンティブ》と、シャドーバンクに対する政府の規制や監督が事実上ないことによって、リスクの高い行動だけでなく、倫理的にも問題がある行動が助長されたのである。

ミンスキーの考え方によれば、これらのマネー・マネージャーの運用する基金の台頭は、それ以前の経営者・福祉国家資本主義の成功によってもたらされた。不況がなかったことと、比較的順調な経済成長、および私的年金を優遇する（課税免除のような）政策が、戦後期全般にわたって金融資産の増加を可能にした。何度か金融危機が訪れて一部の資産を消滅させたが、その都度危機は封じ込められたため、大部分の資産が生き残り、回復期にはすぐに成長を再開した。

本当に重要だったのは、銀行から非常に規制のゆるい「シャドーバンク」の「マネー・マネージャー」に勢力が移ることによって生み出されたダイナミクスであった。これに対抗するために、銀行は金融革新によって規制を回避し、さらには法律上でも規制を撤廃させる必要があった。このダイナミクスによって銀行は、レバレッジ比率を高め、リスクを増大させて、シャドーバンクの業務に遅れをとらないようにすることができた。

そこには、「グレシャムの法則[13]」が作用していた。つまり、最も素早く自己資本比率を引き下げ、貸倒引当金を削減できた金融機関[14]が、純利益ひいては経営陣や投資家の報酬を増やすことができたのである。

さらに、経営の主要な目標の一つとして、株価最大化へのシフトがあった。これは、株主の利益と報酬としてストックオプションを受け取る経営幹部の利益が一致すると考えられたからである。次に、それが株式市場での短期的な運用成績への注目を助長した。それは、一九二九年の段階で既に発見されていたように（合法・非合法を問わず）相場操縦によって達成されていた。ここでも、経営トップには、ひとたびストックオプションを行使すると「株価操作」にのめり込む動機づけが与えられた。彼らは、このようにして何千万ドル、あるいはそれよりはるかに多くを稼ぐことができた。

問題は、運用されるとてつもない量の富が、社会的に有益な投資の量を上回っていたことであった。高収益を維持するために、マネー・マネージャーや銀行は、公共の目的に貢献しないのみならず、積極的にそれを破壊するような、ますます複雑怪奇な金融投機に手を染めなければならなかった。

その一つの例が、エネルギーや食料の価格を世界的につり上げ、世界中に空腹や飢餓さえもたらす、一次産品《コモディティ》市場でのインデックス投機の台頭である。[15] ドットコム・バブルはもう一つの例である。投機家たちは、ビジネスモデルもなければ収益見通しも立たないインターネット関連会社の株価をつり上げた。そして、起こるべくして起こった暴落が、何千億ドルもの富を吹き飛ばした。

公益に反する投機のもう一つの例が、二〇〇〇年以前に始まり最終的に二〇〇七年に崩壊して世界金融危機の引き金となった米国の不動産ブームである。これは米国史上最大の投機ブームであり、投機的な賭けのための複雑な証券化商品や金融派生商品《デリバティブ》を生み出したマネー・マネージャーにより推進されていた。それらの賭けの多くは、住宅の所有者が債務不履行に陥り家を失うと、本当に利益が出るようなものだった。

切り刻まれるニューディール改革と不安定性の高まり

ミンスキーは、経済的な不安定性の高まりをマネー・マネージャー段階と結びつけていた。[16] 先に述べたとおり、彼は、一九六〇年代、ケネディ＝ジョンソン政権の「貧困との戦い」に異議を唱えていたが、それは雇用創出よりも福祉や訓練を強調していたからである。さらに、大部分のケインズ派経済学者とは異なり、ミンスキーは総需要を「呼び水」により刺激することで完全雇用を達成しようとする投資促進政策や、他の企業寄りの政策、例えば、国防部門の労働者による支出が他の部門の雇用を生み出すことを期待して国防部門の支出を刺激する「軍事ケインズ主義」のようなものに反対していた。

ミンスキーは、「上げ潮がすべての船を持ち上げる」という話を決して信じなかった。その代わりに、彼は目標を定めた支出、(一九三〇年代に八百万人の雇用を生み出した雇用促進局を手本にした)ニューディール型の政府雇用創出、および労働者による消費の下支えを求めていた。彼の提案は彼の次のような理論的アプローチに基づいていた。

第一に、ミンスキーは、典型的な「ケインジアン」政策が完全雇用を達成するずっと前にインフレを引き起こすことを懸念していた。なぜなら、これらの政策は、最も先進的な部門(すなわち、労働組合の組織化と寡占化の進んだ国防産業)で、雇用と生産のボトルネックを生み出すからである。すると、そのインフレが「ストップ・ゴー」政策を誘発し、政府はインフレ率が上昇するたびに成長を意図的に鈍化させ、失業率を上昇させることになる。

第二に、これに関連して、ケインジアン型の呼び水政策に刺激されて既に裕福な労働者の所得が増え、労働者間の不平等が広がる。全般的な需要刺激は、経済力のある部門や労働者に偏って利益をもたらす可能性が高い。低技能労働者は取り残されることになるだろう。

最後に、ミンスキーは、失業者に対して福祉や訓練ばかりを提供し雇用を提供しないのは不必要に敗北主義的であり、「本末転倒だ」と主張していた。これは本質的に、職を得るには、その前に技能、教育、訓練、そして性格さえ改善しなければならないと、貧困層と失業者に言っているに等しい。(17) さらにそれは、ありもしない仕事のために人々を訓練することになる。

　歴史が彼の正しさを証明するだろう。一九七〇年以降、失業率の上昇傾向とともに不平等が広がり始め、少なくともクリントン政権期に好況と不況の循環が始まったところまでは、そうだった。また、ある程度の社会的施策の改善がなされた十年間（一九九六年から二〇〇六年の間、失業率は若干の低下傾向にあり、経済成長はわずかに上向き、貧困の増加も止まっていた）の後、世界金融危機が大量失業を引き起こし、貧困を増大させ、記録的な水準にまで不平等を拡大させた。

　ミンスキーは、マネー・マネージャー資本主義のダイナミクスが、不安定性の高まりを加速させたと考えていた。レバレッジド・バイアウト（LBO）はその好例である。なぜなら、マネー・マネージャーの運用する基金は負債の発行によって「金《かね》のなる木」（ほとんど負債のない企業）を買収し、その後に売却のために最も良い資産をはぎ取った上で、賃金や福利厚生を削り、労働者を解雇することで残りの部分をダウンサイジングするからである。その結果、ミンスキーは、「ほぼすべての部門が売り買いされ、さらに取締役会が、間接経費を削り最も安価な可変投入物を探し出すことを常に求めるために、ほぼすべての階層の労働者が不安定になること」を懸念していた（Minsky and Whalen, 1996, p. 6）。

　父権的資本主義段階（あるいは、経営者・福祉国家資本主義段階）の終焉により、「多くの世帯が、不況と景気回復を区別できなくなる」（Minsky and Whalen, 1996, p. 7）。「好況時」でさえ、賃金はほとんど上がらず、各世帯は自分たちの仕事のことを心配する。より多くの労働者が、生計を立てるためにいくつかの仕事を掛け持ちしなければならず、大部分の世帯は生計維持のために複数の稼ぎ手が必要となる。「質問を受けた人の五十七パーセントが、アメリカン・ドリームはほとんどの世帯にとって手の届かないものであると答える一方、三分の二以上の人が、自分の子供たちは自分たちと同じような暮らしはできないのではないかと心配している」と報じた一九九四年のUSニューズ&ワールド・レポート誌を、ミンスキー自身が引用していた（Minsky and Whalen, 1996, p. 8）。

ミンスキーは、これらの言葉を書き残すとまもなくこの世を去った。一九九二年に、クリントンが大統領に就任したときにはミンスキーは希望を抱いていたが、（彼が亡くなった）一九九六年までに、マネー・マネージャー資本主義が雇用と賃金の削減による「底辺への競争」を余儀なくさせていることを懸念するようになっていた。皮肉なことに、いわゆるゴルディロックス経済*の好況がちょうど始まっていた（雇用を生み出すには十分な速さだが、インフレを生むほど急速な成長ではなかったので、ゴルディロックス経済と呼ばれた）。ゴルディロックス経済は、米国が一九六〇年代に最後に経験したような成長を取り戻したかのように見えた。

しかし、見かけにはだまされることがある。今やご承知のとおり、ゴルディロックス経済はウォール街の行き過ぎに煽られてバブルを膨らませた。経済は二〇〇〇年に減速したが、二〇〇〇年代半ばに、不動産市場と一次産品《コモディティ》市場のバブルにあおられて再び成長し始め、ついに世界金融危機に陥った。いったい何を間違ったのか、見てみよう。

金融バブル、ゴルディロックスの経済成長、政府財政

一九八〇年代以降、金融部門は非金融部門（製造業、農業、非金融サービス業、政府を含む）に比べ相対的に成長した。世界金融危機の時点で、金融部門は米国の付加価値総額の二十パーセント、企業収益の四十パーセントを占めていた。金融部門は、それ自体が成長とその高報酬のために格差拡大の独立

＊　熱すぎず冷たすぎず、ちょうどいい状態の経済を指す。英国の童話「三匹のくま」で、「熱くもなく冷たくもない適温のスープ」を飲んだ主人公の少女ゴルディロックスの名前に由来している。

的な源泉であった。エリート大学の卒業生の半分近くが金融部門に就職したが、それは他の部門よりもはるかに高い報酬を得られる可能性があったからである。[18] 最上位層における報酬はいとも簡単に急増した。

このことは、クリントン政権のころにはかなり明白になっていた。労働者の所得が伸びず、米国製造業の雇用が失われる一方で、金融部門が一九九〇年代のクリントン政権期の景気回復において大きな役割を果たしたのである。実際、経済成長は十分に堅調であり、最上位層の所得の押し上げによって連邦政府の税収は急速に増加した。

クリントン政権の二期目に、連邦政府の財政は一九二〇年代後半以来の大幅な黒字になった。大部分の経済学者はそれを良いことだと考え、黒字は少なくとも十五年間続き、連邦債務はすべて清算できるだろうというクリントン大統領の予測を称賛した。しかしながら、（一九九六年に亡くなるまでミンスキーが勤めていた）レヴィ経済研究所に所属するわれわれの多くは、黒字は短命に終わり、さらに好況を終わらせて深刻な不況を引き起こすだろうと論じていた。[19]

その理由はこうだ。レヴィ経済研究所のワイン・ゴッドリーは、国内民間部門、政府部門、海外部門の収支の合計はゼロにならなければならないという部門会計の恒等式に基づいて、マクロ経済分析の「三部門間バランス」アプローチを開発していた。これらの部門のうち一つが黒字になれば、他の部門のうち少なくとも一つは赤字にならなければならない。

米国の場合、一九九〇年代後半までに、政府部門はＧＤＰの約二・五パーセントの黒字、海外部門はＧＤＰの四パーセントの黒字（これは米国が貿易赤字であり、したがって海外が黒字であることを意味する）であり、恒等式によって、米国の民間部門（企業と家計）は六・五パーセント（他の二部門の黒字の合計）の赤字になっていた。言い換えれば、民間部門は百ドルの所得につき百六・五〇ドルの支出を行っていたのである。民間部門は毎年所得を上回る支出を行っていたので、負債が大きく膨らんでいった。

　これがマネー・マネージャー資本主義の醜悪な側面であった。つまり、運用下にある金融資産の増加は、他の誰かの金融負債の増加に等しいのである（すべての金融資産に対して、それと等しい金融負債がある）。レヴィ経済研究所では、民間部門の負債が過剰に積み上がり、それが借入と支出を落ち込ませるだろうと考えていた。そうなれば、経済は不況に陥る。すると、雇用が失われ、負債の一部が債務不履行に陥ることになる。そうなれば、深刻な金融危機が発生すると、われわれは考えていた。

　二〇〇〇年の初め、危機が起きているように見えたが、それは予期していたほど深刻なものではないことが分かった。ドットコム・バブルが破裂し、株式市場は暴落した。民間部門は収縮して、支出が所得より少なくなり、クリントン政権の財政黒字は赤字に変わった。財政赤字が拡大すると、予期していたとおり、ＦＲＢは利下げによってそれに対応した。

　そのあと、驚くべきことが起こった。米国の消費者は、クリントン政権期の好景気の時期をはるかに上回る勢いで、再び借入を始めたのだ。その多くは、住宅の購入資金や、自宅に第二順位の抵当権を設定する「キャッシュアウト・エクイティファイナンス」*によって、高額商品を買うためのものであった。

　つまりは、米国で不動産ブームが始まっていたのである。二〇〇〇年の不況時に小休止しただけで、一九九六年から二〇〇六年まで、米国の家計は所得を上回る支出を行っていた。このようなことは、

＊　ここでは、住宅の含み資産（担保余力）を利用して、住宅ローンの抵当権（通常は第一順位）の後順位に抵当権を設定する、基本的に資金使途自由のローンのことを指しており、ホームエクイティローンがその典型である。

過去に例がなかった。[20] そして、それはマネー・マネージャーの日常業務に助長され唆《そそのか》されたものであり、住宅所有者はリスクの高い住宅ローン負債に深くはまり込むよう誘導された。住宅ローンは、後に証券化され、マネー・マネージャーによって運用されるポートフォリオに売却され組み入れられた。

二〇〇七年までに、米国の負債全体の対ＧＤＰ比は過去最高の五百パーセントに、つまり所得一ドルに対して返済すべき負債が五ドルにまで達していた。[21] 二〇〇〇年代の初めには、多くの議論が政府債務比率に焦点を当てていたが、家計部門、非金融企業、金融業の負債の対ＧＤＰ比率は、いずれもそれよりはるかに大きかった。

非金融企業の負債は、その規模にもかかわらず、実はさほど大きな問題ではなかった。というのも、この負債の多くは資本設備のための長期借入によるものだったからである。二〇〇〇年以降、米国の非金融企業は、実はさほど多くの借入を行っていなかった。もちろん、家計の負債は非常に大きな問題であったし、世界金融危機から五年間経った今も依然として消費者の大きな重荷となっており、回復を遅らせる要因になっている。

しかし、とりわけ異常で、長い間無視されてきたのは、ＧＤＰの百二十五パーセントに達した金融部門のかつてない負債の膨張であった。次節で論じるとおり、これは経済の「金融化《ファイナンシャライゼーション》」の一側面であった。金融機関は、様々な種類の複雑怪奇かつ極めてリスクの高い資産の購入資金を調達するため、互いに負債を発行し合う際に、負債の上に負債を重ねる重層化を行っていた。その資産には、粗悪な証券化商品のみならず、ほとんどギャンブルと変わらない様々な金融派生商品《デリバティブ》が含まれていた。

クリントン政権期の経験から生み出された最大の政治的問題は、間違った教訓を学んでしまったことであった。クリントン政権と多くの民主党員は、財政黒字は経済にとって良いことだったと信じ続けており、それどころかゴルディロックスの経済成長は政府の財政黒字によってもたらされたと主張している。彼らは、二〇〇〇年の景気後退後のブッシュ政権の赤字は、財政運営の失敗例だと指摘している。それゆえ、世界金融危機がついに経済を襲ったとき、彼らは共和党に同調して、財政赤字は大きすぎると危険だと主張し、財政的な対応を過小な規模に維持しようとした。

二〇〇八年以降、景気の減速により税収が減り始めると、オバマ新政権は、財政赤字が第二次世界大戦以来最も高いGDPの十パーセントにまで跳ね上がるのを目の当たりにした。この爆発的な財政赤字の拡大は、適正規模の景気刺激策への支持を得ることを難しくする、財政赤字に対する懸念を生み出した。[22] その結果、景気の回復は力強いものにならなかった。

正しい教訓は、ミンスキーとゴッドリーの研究を受け継いだ、レヴィ経済研究所で広められた見解であるべきだった。つまり、クリントン政権の財政黒字は、持続不可能な民間部門の赤字を含意していたので、危険なものだったのである。経済成長は、バブル、特に不動産のバブルによって拍車がかかっており、このバブルは民間部門全体の負債の膨張を必要としていた。民間の負債が大きくなりすぎると、消費者は借入をやめ、バブルは崩壊した。

「大きな政府」による財政赤字の拡大は、危険であるどころか、世界金融危機がもう一つの世界大恐慌へと悪化するのを防ぐのに必要不可欠であった。さらに、景気の回復を積極的に後押しするためには、より一層の財政刺激が必要とされていた。しかし、経済学者と政策立案者は、クリントン政権時代から間違った教訓を学んでいたため、それを実現できなかった。力強い経済成長が税収を押し上げ、持続不可能な財政黒字を実はもたらしたのであった。財政黒字は、民間部門の赤字を必要とし、それがあまりに大きな民間債務を生み出すことを必要としたため、持続不可能だったのである。

金融化、重層化、流動性

われわれは、マネー・マネージャー資本主義の隆盛の最終的な様相を理解しなければならない。先に、金融部門の負債がGDPの百二十五パーセントにまで達していたことは述べた。これは、ある金融機関から別の金融機関への負債である。その大部分は、非常に短期のものであり、翌日物すらあった。これが、今や多くの経済学者が認識している「金融化」と「重層化」、つまり「負債の上に負債を幾重にも重ねる」ということである。これが何を意味するのか確認しよう。

金融機関が行ったことは、資金の源泉を預金（家計が保有する当座預金や貯蓄預金）から、他の金融機関（ほとんどが「シャドーバンク」）によって保有される、大部分が短期の非預金債務の発行を通じた資産ポジションの調達に変えたことであった。言い換えれば、銀行は、家計に対する負債（要求払預金や定期性預金）ではなく、他の金融機関（多くはシャドーバンク）に対する負債を負っていたのである。次に、そのシャドーバンクも別の金融機関に負債を負っている可能性があり、最終的に家計に対して「預金類似」の負債を提供しているかもしれなかった。その場合、その銀行と家計の間には、二層の金融機関の負債が存在することになる。

かつての銀行は（企業に対する商業貸付や住宅購入者に対する住宅ローンのような）貸出を実行し、（企業や家計に対する）預金を創造していた。この場合、銀行は家計や企業に預金を創造することで自らの貸出ポジションを直接調達することになる。よって、負債の層がない、つまり貸出（資産）ポジションの調達のために、他の金融機関に負債を発行していない。貸出はリスクがあるかもしれないが、預金はそうではない。家計の銀行預金は、政府（連邦預金保険公社（FDIC）の保険）によって保証されており、銀行は、現金引き出しに対応する必要がある場合、基本的にFRBに無制限にアクセスできる。そのため、銀行預金の取り付けは事実上過去のものであり、米国ではもうほとんど起こらない。したがって、銀行預金は、貸出を行ったり、あるいは不動産担保証券（mortgage-backed securities, MBS）や他の資産を購入したりする銀行にとって、安定した資金源なのである。

重層化の例を挙げると、今日の銀行は、コマーシャル・ペーパー（ＣＰ）のような短期の非預金負債を発行することによって、ＭＢＳや他の資産を購入しているが、銀行の短期負債は、企業や家計に預金類似の負債を発行している短期証券投資信託（money market mutual fund, MMMF）によって購入されている可能性がある。銀行の資金調達は、短期（多くは翌日物）なので、銀行は満期が到来すると（つまり、翌朝になると）その負債を「借り換え《ロールオーバー》」しなければならない。ＭＭＭＦが、負債の借り換えを拒み、「現金」を要求する可能性がある。これは、現代の「取り付け」に相当するもので、それはもはや預金ではなく、短期の非預金債務に対して生じるのである（実際はこれよりもずっと複雑である。というのは、いくつもの負債の層が存在し、金融派生商品の「保険」による賭けを含む、より複雑な資金調達方法が存在し得るためである）。

ここに問題がある。米国の住宅ローン市場が暴落し、ＭＢＳの市場価格急落に関する悪い報道が出ても、家計はＦＤＩＣの預金保険の保証がある預金〔以降、付保預金〕について心配する必要がなかった。しかし、ＭＭＭＦは、銀行が発行した預金保険の保証がないコマーシャル・ペーパーに懸念を抱いた。というのも、ＭＢＳ資産が不良化すれば、銀行は苦境に陥るので、銀行が発行したコマーシャル・ペーパーもリスクが高くなるからであった。それは、コマーシャル・ペーパーや他のあらゆる種類の非預金債務からの逃避を引き起こし、銀行が自らの（ＭＢＳやその他の資産）ポジションの借り換えに窮することを意味していた。ＭＢＳの市場はもはや存在しなかったため（誰もそれを購入するための短期資金が得られなかったからである）、銀行はＭＢＳを簡単には売却できなかった。

今度は、ＭＭＭＦが、投げ売りによる金融資産価格の下落のため、保有資産の損失を被った。それが、ＭＭＭＦの債務が現金との等価を下回り「元本割れ」を起こすのではないかという懸念を生み出した。その結果、ＭＭＭＦの「預金」の保有者は、それが預金保険の保証がないがゆえに、最終的にその「預金」から逃避した。危機の中では、ＭＭＭＦはもはや伝統的な銀行預金のようには見なされなくなったのである。

突如として、「流動性危機」が発生した。最も流動性が高く安全な資産（付保預金と連邦政府の負債）へ、それ以外のほとんどすべての資産からの逃避が生じたのである。

金融機関は、相互の借入に依存しすぎていた上に、お互いが信用できなくなったため、世界全体の金融システムが機能停止に陥った。政府の介入がなければ、すべての金融機関は、ミンスキーが言ったように、「ポジションを売ることでポジションを作る」、つまり、資金調達ができなくなったために資産を売却しなければならなくなるであろう。

そうなると、買い手がいなくなって金融資産の価格が暴落するため、フィッシャー＝ミンスキー型の負債デフレのダイナミクスが作用し始める。それはまさしく一九三〇年代に起こったことである。負債デフレが、二〇〇七年から二〇〇八年にかけて、再び起こり始めた。

世界金融危機に対する政策対応

ミンスキーは、大きな銀行と大きな政府は、世界大恐慌以来機能し続けている遺産であり、市場経済の生来の不安定性を抑制するのに有益なものであると考えていた。景気後退期には、政府財政が赤字に向かい、中央銀行が最後の貸し手としての役割を果たす。

ある種の支出（例えば、失業給付）は、失業の増加に反応して増え、所得が減少すれば税収も減るので、政府の財政赤字は多かれ少なかれ自動的に反応する。大きな政府の影響力は、財政刺激策と呼ばれる裁量的な支出の増加あるいは減税によっても強化され得る。世界金融危機が発生した際、オバマ大統領の新政権は二年間で約八千億ドルに上るこのような財政刺激策を急遽実施した。

さらに、自動安定装置が財政赤字を大幅に増やし、その赤字は最終的にピーク時には年間およそ一兆ドルに達していた。多くの論者が財政刺激策の規模が小さすぎると主張していたが、反景気循環的な政府財政の動きがなければ、景気がさらに悪化していたのはほぼ間違いない。

危機に対するFRBの対応はそれほど自動的なものではないが、最後の貸し手としての活動は比較的習慣化している。危機の際に中央銀行が「最後の貸し手」[23]として介入しなければならないことは、一世紀以上前から認識されてきた。ウォルター・バジョットは、これを、優良な担保に対し、罰則的な金利で、無制限に貸出を行うことによって銀行取り付けを食い止める政策だと説明していた[24]。このプロセスによって、銀行は現金の引き出しへの対応が可能となり、その結果取り付けは収まることになる。緊急融資の確約に加えて、預金保険制度が創設されると、要求払預金に対する取り付けは事実上消滅した[25]。

しかし、これまで述べてきたとおり、銀行は自らの資産ポジションを、ますます預金保険の保証がない預金や預金ではない短期の負債の発行を組み合わせることによって調達するようになってきている。したがって、世界金融危機は、主に他の金融機関によって保有されていたこれらの預金ではない負債に対する取り付けとして実は始まった。支払不能に関する懸念が、短期負債の借り換えの拒絶をもたらし、それが金融機関に資産の売却を余儀なくさせたのである。実のところ、世界金融危機は単なる流動性危機ではなく、リスクの高い、多くの場合詐欺的な慣行によってもたらされた支払能力危機でもあったのである[26]。

破綻して支払不能に陥った銀行に対する政府の対応は、流動性危機に対する対応とは大きく異なるはずである。つまり、政府が介入し、支払不能の銀行を管理下に置き、経営陣を入れ替え、整理を開始することになっている。実際、米国の場合、財務省の負担を最小化することが義務づけられている（FDICは、付保預金の預金者に払い戻しできるように、損失の一部をカバーするための基金を維持している）。通常、株主は、保険が適用されない債権者（世界金融危機の際には、他の金融機関が含まれていた）と同様に損失を被る。[27]

しかし、FRBは、どちらかといえば、おそらく支払不能に陥っていたであろう金融機関を整理するのではなく、財務省と協力して、不良資産を購入し、資本を注入し、長期にわたり融資を提供することで救おうとした。ところが、危機は拡大し続けた。問題は、「モノライン」（民間の住宅ローン保険を提供することを専門としていた）を含む証券化商品の保険会社、次にAIG（「クレジット・デフォルト・スワップ（CDS）」を供給していた）、すべての投資銀行に、そしてついには巨大商業銀行にまで飛び火していった。[28]

議会は多額の資金拠出に消極的だったので、[29] FRBと財務省は漸次代替案を考え出した。「救済措置《ベイルアウト》」は、財務省とFRBが水面下での現実的な交渉によって法律の境界を広げたため、「契約に基づく取引」だと特徴づけることができる。市場によって支払不能の金融機関が閉鎖に追い込まれる場合には、政府が代わりにその金融機関が営業を継続する方法を見つけることになる。[30]

このときに採用されたアプローチのもう一つの異例な特徴は、FRBが融資を提供し不良資産を買い取るための（さらには、不良資産を購入する金融機関や個人にまで貸出を行うための）特別ファシリティを創設し、それを通じて支援が提供されたことであった。FRBの活動は、「通常の」最後の貸し手業務をはるかに超えるものであった。

第一に、資金の最大の受け取り手が支払不能だった可能性が高い。第二に、FRBは、本来支援すべきではない、連邦準備制度に非加盟の金融機関（および、特定の金融商品を支える試みとして金融市場）に対して、資金を提供していた。ＦＲＢはそれを実行するために連邦準備法の特別な条項を利用しなければならなかったが、その一部は世界大恐慌以来使われたことがないものだった。

この介入の規模は、ＦＲＢの対応の累積的な規模を確認するために、危機対応のために創設された各種の特別ファシリティの存続期間中に新たに実行されたすべての融資額を計算して特別ファシリティを通じたＦＲＢの融資額を集計した場合、前例のないものであった。二〇一一年十一月までに二十九兆ドル以上の融資が新規実行されたが、この規模こそが、ＦＲＢの介入が量と期間の両面で、いかに異例のものであったかを示している。[31] 借り手は、主に巨大金融機関（外国銀行を含む）と外国の中央銀行であった。

これらの大銀行のほとんどが、最大二年間あるいはそれ以上の期間にわたって、繰り返し借入を行った。これらの銀行が再三にわたってＦＲＢから借入を行った理由は、二つある。第一に、それらの銀行は、健全性に問題があり、それゆえリスクが高すぎるのではないかと市場から疑われていたため、市場での借入に問題を抱えていた。第二に、ＦＲＢは、市場金利をはるかに下回る極めて低い金利を貸出に課していた。補助金的な意味合いが極めて強い金利での貸出は、巨大銀行に対する別種の「救済措置」であった。というのも、それらの銀行は、保有資産から得られるよりも金利の低いこれらの融資を利用して、利益を生み出し、健全性を取り戻したからである。

最後に、ＦＲＢは特別ファシリティを段階的に縮小するのに伴い、新しいプログラムである量的緩和（quantitative easing, QE）を開始した。ＦＲＢは、このプログラムを通じて、大量の資産を買い始めた。ＦＲＢの貸借対照表は、危機前の一兆ドルを大きく下回る水準から、危機が長引くにつれて四・五兆ドルにまで膨らんだ。ＦＲＢの貸借対照表が膨張するにつれて、銀行の準備預金もほぼ同額増加した。QEには、FRBによる資産購入が含まれていたが、FRBが問題を抱えたMBSを買い取ったことから、国債をはるかに上回る量の資産がFRBによって購入された。二〇〇八年初めの時点では、FRBの貸借対照表の総資産は九千二百六十億ドル、そのうち八十パーセントが米国債であったが、二〇一〇年十一月には、総資産が二・三兆ドルに達し、そのほぼ半分をMBSが占めていた。

ミンスキーだったら、世界金融危機への対応をどう考えるだろうか？

驚いたことに、FRBと財務省が経営難に陥った金融機関を救済するために大規模に介入したにもかかわらず、議会による大幅な金融機関改革は行われなかった（銀行業務を「改革する」ドッド・フランク法については詳しく触れないが、その立法措置は遅れ、あまりに貧弱で、施行段階で既に一層貧弱なものになっている）[32]。金融システムが徹底的に改革された一九三〇年代の経験とは、状況が異なっている。銀行が金融システムを破壊するようなとてつもなくリスクの高い行動にのめり込んだあとに救済された場合、銀行はそこから何を学ぶべきだろうか。おそらく銀行が学んだのは、重大な被害はないということであり、議会は銀行が同じことを再びすることを許すだろうということである。要するに、「救済措置」はモラルハザードを助長したのである。

では、一体どうするべきだったのか。通常の米国の慣行に従った場合、問題を抱えた銀行は「整理」されていただろう。（付保預金を取り扱う金融機関の場合であれば）FDICの出番となるべきだったが、いずれにしても、その金融機関は既存の法律に従って、財務省にとって最小の負担で、そして金融部門の集中度が高まることがないよう整理されるべきであった。ドッド・フランク法は、いくつかの点で（「リビング・ウィル（破綻処理計画）」などを含む）このような手続きを成文化している。しかし、今のところ、これらの措置はまず実行されそうにないし、たとえ完全に実行されたとしても、それが危機に対処する最善の方法なのかは明白でない。

金融システムの救済についてミンスキーの意見を聞くことができたら、興味深いだろう。経済が再び世界大恐慌のスパイラルに陥らないようにするために、大きな政府の赤字がとてつもなく重要な役割を果たしていたと、ミンスキーが主張することはほとんど疑いの余地がない。また、もっと積極的な財政政策を採用していれば、損害は限定され、財政赤字は小さくて済んでいたかもしれないと、主張するかもしれない。

財政赤字は「良い」方法で生まれることもあるし、「悪い」方法で生まれることもある。政府は、経済に深刻な不況が忍び寄っていると認識している場合、支出を増やして減税する裁量的な政策を利用することができる。財政刺激が十分迅速に行われれば、失業率が非常に高くなって税収が急減するのを防ぐことができる。その場合には、小さな財政赤字だけで利潤、所得、雇用を下支えし、景気を反転させるのに十分かもしれない。

逆に、景気刺激が小さすぎたり遅すぎたりすれば、失業率が二桁にまで上昇し、利潤が急減するなどして、景気後退はさらに破壊的なものになるだろう。悲観的な見方が広がれば、民間支出は減少し、（税収は減少し、社会的支出は増加することで）財政赤字が拡大する。

世界金融危機への対応の場合、財政赤字は良い理由と悪い理由の両方によって増加した。前述のとおり、議会は二年間で八千億ドルの財政刺激策を可決したが、これは「良い」赤字をもたらした。しかし、赤字の増加の大部分は「悪い」方法で発生した。つまり、なかなか改善しない高失業のせいで税収が落ち込んだにもかかわらず、失業給付とフードスタンプのための支出が増加したため、赤字が膨らんだのである。

「大きな銀行」に対しても、ミンスキーはおそらく良い評価と悪い評価の両方をつけるだろう。ミンスキーは以前から、中央銀行は危機に際して流動性を迅速かつ無制限に供給しなければならないと、主張してきた。また彼は、われわれがシャドーバンクと呼んでいる「非銀行金融機関」にまで、最後の貸し手の支援を拡大することを提唱していた。これこそが、様々な略称で呼ばれる特別ファシリティを通じて、FRBが実行したことである。ミンスキーはFRBの幅広い流動性支援をおそらく支持していただろう。

　市場が必要としている流動性をどのように供給すべきか答えを出すのに時間をかけすぎたと、ミンスキーはFRBを批判していたであろう。FRBは、ほとんどの場合、特別ファシリティを利用して融資を行った。それは、応募者を競わせて、入札で決まることになる金利で、予め決められた金額を融資するものであった。FRBはさらに別の入札を実施して追加の資金を供給したが、事実上、これは量的制約に等しかった。

　FRBが、資金の供給量を制限し借り手が支払っても良いと思う金利で入札にかけるのではなく、公表された「価格」（金利）で無制限に資金を供給すべきであることをなぜ理解していなかったのかと、ミンスキーは不思議に思うかもしれない。さらに、FRBが借り手を割引窓口《ディスカウント・ウィンドウ》に行かせずに資金を入札にかけたことについて、ミンスキーはおそらく批判するだろう。次章で見るとおりミンスキーは、FRBが資産を購入することによって準備預金を供給する公開市場操作よりも、割引窓口での貸出を支持していた。その選択は、FRBが割引窓口で借入を行う金融機関の「帳簿」（資産と負債）を確認する機会が得られるからである。

　FRBが入札手続きを考案したのは、どうやら金融機関が割引窓口で借入を行うと、市場がこれを借り手が窮地に陥っている合図だと受け取めることを懸念したからのようである。そうなれば、その金融機関の株価やおそらく信用格付に悪影響が出て、民間市場での資金調達が困難になるかもしれない。この懸念が、ある程度妥当なものであることは間違いない。

しかしながら、流動性危機においては、広範な金融システムが同時に困難に直面する。二〇〇七年までの金融システムの重層化の進展度合いを考えると、これはとりわけ当てはまることである。金融機関は互いに債務を負っていたので、一つの金融機関が資金調達できなければ、他の金融機関に対する支払いができなくなる。すると、すべての金融機関が同時に資金調達難に直面するため、それが連鎖反応あるいは二次的影響をもたらすことになる。この現象こそが、貸出は金融システム全体にわたって利用可能でなければならないと、ミンスキーが主張していた理由である。したがって、彼なら、準備預金を入札にかけるのではなく、割引窓口を幅広く開放して量的な制約を設けずにFRBの定めた金利で準備預金を供給しただろう。

ミンスキーは、「救済措置」に反対するかもしれないが、それはFRBと財務省が支払不能の金融機関を救おうとしているように見えるからである。一九八〇年代の貯蓄貸付組合（S&L）危機の時期まで遡ると、当時ミンスキーは、破綻した銀行を整理するための提案として、一九三〇年代にローズベルト大統領が採用した方法を復活させた。まず、ローズベルトはすべての銀行を一時的に閉鎖する「銀行休業」を命じた。ローズベルトは、銀行の営業再開のプロセスを監督させるべくジェシー・ジョーンズを任命し、健全な銀行はすぐに再開させ、再開の見込みが立たないと思われる銀行はそのまま永久に閉鎖させた。

回復する可能性が多少なりともある銀行は、営業再開が許可されたが、その前に必ず経営幹部が入れ替えられ、政府による資本注入が行われた。この手法は、自力で再建するにはあまりに不健全だが、おそらく救済する価値があると思われる銀行の事実上の「国有化」だった。意外にも、この解決策は極めてうまくいった。国有化された銀行の大部分が回復し、米国政府によって提供された出資金を利益まで上乗せして返済したのである。

ミンスキーは一九九六年に亡くなったため、世界金融危機の間に問題を抱えた銀行に対して同様の手続きを推奨したか否かは知る由もないが、その可能性は高いと思われる。一つ確信を持って言えることは、ミンスキーは、巨大銀行や世界金融危機をもたらした業務を救済することによって、マネー・マネージャー資本主義を「再起動」しようとは主張しないだろうということである。

ミンスキーは、深刻な金融危機を伴う恐慌の利点の一つは、それが負債とリスクの大きい業務のしくみを「一掃する」ことであると常に主張していた。過剰債務の企業や金融機関は破綻し、景気が回復したあとそれらを破滅させた業務は忌避されることになる。

そうは言っても、危機による経済的損失はあまりに大きいため、ミンスキーはこのような危機を歓迎していたわけではない。大きな銀行と大きな政府の時代に恐慌は発生しなかったし、ミンスキーはそれを良いことだと考えていた。先に強調したとおり、ミンスキーは、今回、世界大恐慌の再来を防いだことに対して、大きな銀行と大きな政府を称賛するだろう。

しかし、ミンスキーは、危機を引き起こす上で最も大きな役割を果たしたそれらの巨大金融機関を救済することによって、危機からほとんど何の教訓も学ばなかったのではないかと懸念するだろう。危機が始まって五〜六年経過したが、これらの金融機関は同じような危険な業務に手を染めていた。マネー・マネージャー資本主義は、実質的にほとんど改革されることなく、基本的に復活していた。

次章では、金融部門の改革に対するミンスキーの提言を確認する。最終章では、より良い形態の資本主義を発展させるための彼の提言を検討する。

第七章　ミンスキーと金融改革

連邦準備制度の政策にとって唯一の普遍的なルールは、いかなる普遍的なルールにも縛られないということである。

——Minsky, 1977, P. 152 (1)

米国が金融システム政策の是正という問題に取り組む際、いかなる特定の提案の提唱者も以下の三つの質問に答えなければならない。（1）問題が生じていると考えられるのはどこか？（2）その提案の基礎にあるのは、われわれの経済が機能する方法に関するどのような理論か？（3）あなたが主張している問題点を是正しない場合、どんな悲惨な結果が待っているのか、あるいはあなたが唱えている変更はどのようにして状況を改善するのか？

——Minsky, 1992, p. 3 (2)

本章では、ミンスキーの金融改革のための提案を検討する。まず、健全な銀行業務を考察するために、堅実な銀行家について確認する。そのあと、経済が正しく機能するために必要な金融サービスの検討を行う。最後に、金融的な脆弱性を助長する活動を減らすための改革提言を紹介して本章を締めくくる。

健全な銀行業務——堅実な銀行家は何をすべきか？

第四章では、銀行業務に対するミンスキーの考え方を検討した。彼が言ったとおり、銀行は借り手である顧客の借用書（ＩＯＵ）を受け入れ、自らの借用書を発行して、その顧客のための支払いをするという事業を行っている。われわれは、その第一段階を「貸出を実行する」、第二段階を「預金を創造する」と表現する。

優れた銀行家とは、優れた与信審査者であり、これは、銀行家が借り手の信用力評価に長けていることを意味する。銀行家が成功するのは、借り手が融資を返済する、つまり元利金を支払うことができた場合のみである。銀行は高レバレッジで（つまり、「自己資金」をほとんど使わずに）事業を運営しているが、それは典型的には自己資本比率が十パーセントを大きく下回ることを意味している。資本金が損失をカバーする以上、融資の債務不履行率は低くなければならない。銀行業務はギャンブルのようなものであってはならない。なぜなら、カジノは勝率が五十二パーセントあれば利益が出るが、銀行はおよそ九十八パーセント「勝つ」必要があるからである。

銀行は、いくつかの異なる方法でリスクを軽減している。第一に、銀行は与信審査の専門技術を発達させている。第二に、銀行は、いつ債務者と協調するのが理にかなうのか判断するのに役立つような、借り手との関係を構築している。ときには、これによって延滞や債務再編（返済期間の延長や金利の引き下げ）を許容することもある。第三に、銀行は、融資の一部が不良債権化した際に、自らの支払不能を回避できるように、損失を吸収するための貸倒引当金と資本金を維持している。

第四に、銀行は、預金の引き出しをカバーする必要がある場合や、他の短期負債の借り換え《ロールオーバー》が困難になった場合にそなえて、資産ポートフォリオの一部を売却可能な安全で流動性の高い資産の形で保有している。第五に、銀行は、自らの流動性クッションが不十分な場合には、最後の貸し手としての役割を果たす中央銀行に頼ることができる。第六に、政府の預金保険が、経営難の銀行であったとしても、預金者が取り付けを起こす誘因を大幅に弱めている。これらの三つの要因が相まって、銀行は、たとえその資産の質が疑わしいとしても、融資や他の資産ポジションを継続して調達し続けることができる。このことは、銀行の債務超過（その銀行が保有する資産の価格が債務の額を下回り、資本金を使い尽くすこと）の原因となる値下がりした価格での問題資産の売却の必要性を緩和することになる。

以上のことから、銀行と政府の規制当局の関係が浮かび上がってくる。預金保険と中央銀行の最後の貸し手という政府の双子の安全装置《バックストップ》の存在は、破綻した銀行が預金の発行と融資の実行を続けられることを意味している。市場原理だけによって、破綻した銀行が閉鎖されるわけではない。この点は、政府の安全装置がない民間企業の経営とは事情が全く異なるところである。銀行以外の民間企業は、支払不能になれば、その株価は下落し、自らの債権だけでも回収しようとする債権者によって攻撃されることになる。その企業は破産裁判所行きを余儀なくされるだろう。規制を受ける銀行は、実は市場原理の言いなりにはならない。規制当局次第なのである。

支払不能の銀行に営業の継続を認めることは「猶予（forbearance）」と呼ばれ、政府の規制当局の裁量に委ねられているが、政府は銀行の貸借対照表に目をつぶることによって暗黙のうちにこれを行うこともできる。先に述べたとおり、政府は資本を注入することによって銀行の「国有化」を選択する（銀行を支払能力のある状態にする）ことも可能である。あるいは、政府は、その銀行の（預金保険の保証がある預金〔以降、付保預金〕の預金者以外の）債権者にどれだけの痛みを課すかを判断しつつ、支払不能の銀行を「整理する」かもしれない。

規制当局はしばしば、黙示的あるいは明示的に「大きすぎて潰せない（too big to fail）」原則を適用しているようである。この原則は、一部の銀行が、あまりに重要で、あまりに巨大で、おそらく他の金融機関とのつながりがあまりに強いために潰すことが許されない可能性がある、という考え方に基づいている。これは究極の安全装置である。潰れることが許されない金融機関は、与信審査、貸倒引当金、レバレッジ比率、あるいは流動資産といったことについて心配する必要がない。重要なのは、規制当局の機嫌をとることだけである。

言うまでもないことであるが、「大きすぎて潰せない」銀行は、健全経営の銀行にはなりそうもない。それは、金持ちの父親が十六歳の子供に、あらゆる損害、スピード違反切符、そして裁判所への出頭命令をカバーする保険を掛けて、新車のフェラーリのキーを渡すようなものである。大きすぎて潰せない銀行の場合は救済措置《ベイルアウト》を必要とし、十六歳の子供の場合は「刑務所釈放カード」が必要だと思って差し支えない。あなたが映画『ウルフ・オブ・ウォールストリート』を見たことがあるなら、レオナルド・ディカプリオ扮する登場人物が、クスリをやりながらひどく無謀な運転をするシーンを思い出すだろう。世界金融危機にいたるまでの数年間、半ダースほどの米国の大きすぎて潰せない巨大金融機関の経営幹部たちは、まさにそんなふうに銀行を操縦していたのだ。やあサムおじさん〔米国政府のこと〕、二十九兆ドルくれないかい。(3)

大きすぎて潰せない銀行についてはこれくらいにして、次に、規制当局は銀行の健全性をどのように評価するのだろうか。ミンスキーは、一九五〇年代後半以来、銀行の評価方法を改善すべく研究を行っていた。まずは、銀行業は利潤を追求するビジネスであることを理解する必要がある。

> 商業銀行は営利企業である。その経営の目的は、他のあらゆる企業の経営の目的と同じようなもの、つまり、企業を経営する上での様々な制約に細心の注意を払いつつ、利潤を最大化することである。銀行業の場合、企業のビジネス上の制約は、流動性（期限に負債を返済する能力）と支払能

力（純資産が継続的にプラスであること）を維持することである。これらの制約に加えて、銀行は法律上の制限および管理の下にある。それゆえ銀行は、法律上の制限を所与として、流動性と支払能力の制約の下で利潤を最大化しようとする。[4]

流動性と支払能力の制約を所与とすれば、堅実な銀行家はどのように振る舞うのだろうか。ミンスキーは次のように続ける（Minsky, 1959）。このような銀行家は、

保険原理を用いて、このような債務不履行や資産価格の下落を考慮に入れる。すなわち、各々の融資が、債務不履行により発生する可能性がある損失を埋め合わせる費用を、推定になってしまうが、いくらか負担するのである。そうすることで、特定の融資や投資がうまくいかなかった場合でも、融資および投資が全体としては利益を生み出すことになる。銀行家が取得する貸付や証券の発行者にリスクプレミアムが課されることに加えて、堅実な銀行家は、自らが保有する貸付や証券が、債務不履行や価格の下落による損失の件数と総量が最小化されるよう、適切に保護していると主張するだろう。つまり、銀行家が取得する資産は、市場価格に起因する損失からある程度保護されることになる。

借り手からの返済が、銀行が受け取るキャッシュフローを生み出し、銀行は、今度はそこから（預金を含む）自らの負債の返済のための支払いを債権者に行う。堅実な銀行家は、流入キャッシュフローが、銀行資本に対する利潤を生み出すのみならず、不良貸付の予想損失をカバーする十分なマージンを有する形で、流出キャッシュフローを上回ることを欲している。

ミンスキーは、このような「正味キャッシュフロー分析」を、銀行の総資産の価値から負債の額を減じたものである「純資産」よりも強調していた。彼の考え方によれば、純資産分析は非常に誤解を招きやすい。まず、銀行の資産ポートフォリオの大部分は流動性が低く、それゆえ債務弁済のために売却することができない。これは、銀行が融資を実行する際の与信審査過程で入手した機密情報を有しているからであり、その情報を明かすことは銀行の信用を傷つけることになるからである。

このような守秘義務違反は、顧客が自らの財務状況が公表されることに異議を唱える可能性があるため、顧客を失う結果になる可能性がある。さらに、銀行家は顧客の返済能力に関して独自の判断を下している。このような顧客の融資を銀行家から取得しようとする者は誰でも、銀行家が手形に裏書する、したがって偶発債務を引き受けることによって、銀行家の判断を裏付けることを求めるだろう。銀行家が「バンカーズ・キャッシュ*」の調達に窮しているときには、裏書にさほどの価値はないかもしれない。したがって、銀行家は、異常に大きな決済上の流出を埋め合わせるために必要なキャッシュフローを賄う上で、顧客への貸付の売却に依存することはできない。そのため、銀行は市場売却しやすい資産をある程度保有することを好む。

非個別的な、それゆえ市場性のある収益資産に対する欲求は、二つの方向性を持つ。一つは有価証券の購入であり、もう一つは非個別的な融資を作り出すことである。有価証券も非個別的な融資も、堅実な銀行家の「バンカーズ・キャッシュ[5]」の預金に対する割合を、資産として個別の顧客に対する融資しか保有しない場合よりも低く抑えられるようにする。そのため、銀行家は個別の顧客に対する融資より金利が低くても、このような資産を取得することをいとわない。銀行家が、時と場所によって実際にどのような有価証券や非個別的な融資を取得するかは、慣習と制度次第である。しかし、銀行家が通常取得してきた資産は、短期の政府債務と、適当な市場が存在する場合にはコールローンの二つである。

これはまさに、一九八〇年代初頭以来、銀行が融資（とりわけ住宅ローン）を証券化し始め、市場性のあるものにするようにしてきた方向性そのものである。

堅実な銀行家の二つの主要な制約に話を戻すと、銀行は典型的な非金融企業よりもはるかに厳しい流動性と支払能力の制約に直面している。銀行が発行している預金の多くは、〔預金者による〕要求があり次第、換金が可能である一方で、銀行の資産は通常、損失を出すことなく即座に換金することができないことから、流動性の拘束は厳しいものである。

一般企業の負債は期限付き負債、すなわち決められた期日までは支払う義務がない負債である一方で、銀行の本質的な特徴は、株主資本は別として、その債務が要求払債務であることである。銀行の債務を流動化する主導権は預金者、すなわち銀行債務の所有者にある。そのため、銀行家は、預金者の行動から生じる決済上の流出に対応するのに十分な「バンカーズ・キャッシュ」を常に確保しておかなければならず、予期せぬ巨額の決済上の流出に際しては「バンカー

＊　ここでは準備預金のこと。巻末の註（5）を参照。

ズ・キャッシュ」のストックを補充できるようにしなければならない。

銀行の自己資本は資産に比して少ないため、支払能力の制約は厳しいものであり、それは、「一般の企業なら生き残れる大きさの資産価値の下落でも、銀行は生き残れないことを意味する」。銀行は担保をとって、あるいは無担保で融資を実行する。無担保融資は、「特定の資産を担保にとるのではなく、借り手の総資産が借り手の負債を、堅実な銀行家の安全を確保するのに十分なくらい上回っているという事実に基づいている」。しかし、堅実な銀行家は、借り手の資産の差し押えを好まない。差し押えはコストがかかり、リスクを伴い、時間がかかる可能性があるからである。

通常、銀行融資は借り手の期待所得（流入キャッシュフロー）を裏付けとして行われるが、借り手の安全な流動性資産のポートフォリオもまた裏付けの役割を果たしている。繰り返すが、キャッシュフロー分析こそが、銀行の貸出活動において考慮すべき最重要事項である。

堅実な銀行業務に関するミンスキーの見解については、彼の改革提言について検討する際に再び立ち返ることになるだろう。

金融システムは何をすべきか？

金融システムを改革する前に、まず金融システムが何を**すべき**なのかを理解する必要がある。本節では、「米国の金融構造を再構築する」と題するレヴィ研究所におけるハイマン・ミンスキーのプロジェクトから彼の後期の研究を考察する。このプロジェクトは、数多くの同研究所のワーキングペーパーやミンスキーによる本の草稿（その多くは、ミンスキー・アーカイブに収められている）を生み出した。

この研究の大半は、金融機関が経済の中で果たすべき役割に関する彼の考えに費やされていた。可能な限り簡単に言えば、ミンスキーは、経済の「資本発展」を促進することが金融システムの本来の役割であると常に主張していた。これによって、彼は単に、銀行は物的資本に対する投資に資金供給すべきだと言いたかったわけではない。むしろ彼は、広い意味で、生活水準を改善するための経済発展に資するような金融構造を作り出すことに関心があった。その目標に貢献する他の政策については、最終章で論じる。

まずは、ミンスキーが不可欠だと考えていた、金融機関が提供すべき機能を列挙しよう。

1　安全かつ健全な決済システム
2　家計、企業、および場合によっては州・地方政府に対する短期融資
3　安全かつ健全な住宅金融システム
4　保険業務、仲介業務、老後向けを含む様々な金融サービス
5　高額な資本資産の購入に対する長期資金の供給

▽安全かつ健全な決済システム

ほとんどの富裕国では、決済システムの大部分は、要求払預金を創造する、電子決済化しつつある銀行システムによって運営されている。要求払預金は、政府が銀行の後ろ盾となることで、要求払預金同士でも通貨との間でも額面どおりに交換される。額面どおりの決済は、これまで常に行われてきたわけではない。預金保険もＦＲＢも創設されていなかった十九世紀の米国では、銀行の債務は額面どおりに交換されていなかった。ある銀行が発行した額面五ドルの銀行券が別の銀行では三ドルとしてしか受け取られないかもしれなかったため、この状況は非効率かつ不安定なものであった。

現在のシステムはうまく機能しているが、それに代わるシステムも存在する。よく利用されている代替システムの一つは、決済システムを政府に運営させるもので、これはしばしば郵便貯金銀行を介して行われる。家計は、郵便局を通じて運営される公的な「銀行」に保有する自身の預金からの引落としを依頼することで、請求書の支払いを行うことができる。もう一つの可能性は、融資を行わない特別な「ナローバンク」に預金と決済サービスを提供させることである。ナローバンクは、融資を行わない代わりに、最も安全な資産、つまり中央銀行の準備預金、現金、国債だけを保有する。ナローバンクは、自らリスクをとらないことから、預金と通貨の等価を維持するための預金保険は、もはや必要ないという発想に基づいている。

▽**短期融資**

第四章で述べたとおり、商業銀行は伝統的に企業向けの短期融資を行ってきたが、二十世紀には消費者向け融資にも進出した。もう一つの分野として、厳密には短期融資とは言えない学生ローンも手がけていた。ただ、銀行にとって安全なものになるように、米国では学生ローンに政府保証が付与されていた（しかし、現在総額で一兆ドルの学生ローンを抱えている学生にとっては必ずしも安全なものにはなっていない）。短期の融資は、負債が短期である商業銀行には理論上適していた。また、地方の支店は、その地域の経済状況を把握しており、それは中小企業の信用力を判断する上で重要である。さらに、短期融資には金利リスクがほとんどない。(6) 銀行は地方政府に対しても短期融資を提供できるが、地方政府は（通常は投資銀行によって扱われる）債券発行によって資金を調達することも可能である。

このような融資には代わりになるものがある。一九七〇年代初頭から、企業は、コマーシャル・ペーパー市場へだんだん向かうようになった。企業自身の短期負債を金融市場で販売することで、銀行融資を不要にしてしまったのである。コマーシャル・ペーパーの信用力は、銀行保証を得ることによって強化された（銀行はこれで手数料を稼ぐ）。企業だけでなく、消費者も、売り手が買い手の負債を保有するベンダーファイナンスを利用することができた。これも、やはり銀行を迂回する可能性がある（ただし、この場合も、銀行は負債を保証したり、あるいは売り主《ベンダー》に資金を提供したりすることによって関与することが可能だった）。クレジットカードも同様の役割を果たす。最後に、政府も融資を企業（例、中小企業庁ローン）と家計（例、学生ローン）に提供することができる。

▽住宅金融

「過ぎ去った日々」の米国では、ジョージ・ベイリー型の貯蓄金融機関が三十年固定金利の住宅ローンを実行し、その住宅ローンを満期まで保有し、預金に似た相互出資持分を発行して自らの住宅ローン・ポジションを調達していた。あなたが映画『素晴らしき哉、人生！』を見たことがあるならば、（ジミー・スチュワート扮する）ジョージ・ベイリーが経営する貯蓄金融機関、ベイリー建築貸付組合の「取り付け」が始まった際、ジョージが顧客たちに、預金はその地域の住宅に「投資」されたものなので下ろさないで欲しいと懇願した場面を覚えているだろう。彼は、預金は、良き隣人たちと同様に、すべて安全であると訴えた。実際、ジョージは正しかった。一九七〇年代まで、米国の住宅所有者が住宅ローンで債務不履行に陥ることはほとんどなく、貯蓄金融機関はほとんど倒産することがなかった。これが安全かつ健全な住宅金融システムの姿だったのである。

しかし、一九七〇年代初頭以降、貯蓄金融機関によるよりリスクの高い業務への参入が徐々に「自由化」されたことで、状況が全面的に変化した。出資ルールが変更され、コミュニティの健全性あるいは貯蓄金融機関にさえ、ほとんど関心がない人たちが、貯蓄金融機関を買収できるようになったのである。驚くべきことに、有罪判決を受けた犯罪者、麻薬の密輸入業者、銃の密輸業者までもが貯蓄金融機関の買収合戦に加わり、不法な目的のためにそれらを利用した。一九八〇年代初頭までに、貯蓄金融機関は事実上、あらゆる活動を自由にできるようになっていた。最終的に、ボルカー議長の高金利政策によって、貯蓄金融機関は破綻状態に追い込まれた。その後、深刻な金融危機〔いわゆるS&L危機〕（世界金融危機までは、米国の戦後最悪の金融危機）が発生し、ジョージ・H・W・ブッシュ政権期には高額な救済措置が必要となった。

その大失敗の余波の中で、銀行や貯蓄金融機関は長期の固定金利の住宅ローンを保有することに慎重になり、証券化に基づいた金融モデルの拡大に勢いを与えた。それが、世界金融危機を生み出す上で中心的な役割を果たした。実のところ、住宅ローンの証券化は、それが適切に行われている限り、必ずしも悪いものではなかった。住宅の購入者が高い確率で返済ができるようにするためには、住宅ローンの適切な与信審査が行われる必要がある。また、証券化のプロセス自体が、十分なリスク格付や証拠書類による裏付けを含む、しっかり確立された手続きを踏む必要がある。残念ながら、米国住宅バブルの間、ローンの与信審査は存在しないに等しく、適切な手続きは踏まれず、証拠書類は偽造あるいは紛失され、格付機関はひどく楽観的な格付を与えていた。

米国では、連邦政府が、一定の要件を満たしている「コンフォーミング・ローン」*に対する保証を既に提供している。政府が既にリスクを負っていることから、銀行による融資に代わるものとしては、政府が直接住宅ローンの提供を行うことが考えられるだろう。しかし、銀行や貯蓄金融機関が政府よりも適切に与信審査を行うのであれば、政府がそれらと提携することは理にかなっている。大部分の住宅ローンが固定金利かつ元利均等返済（返済額が融資期間中固定されており、最初のうちは返済額の大部分が利息である）の融資であるため、米国の制度は独特である。このタイプの住宅ローンは、住宅所有者にとっては不確実性が小さくなるが、ここでは触れない技術的な理由によって、住宅ローンや不動産担保証券（ＭＢＳ）の評価を非常に困難なものにしている。それゆえ、別の選択肢として変動金利の住宅ローンへの移行があり、それは住宅ローンを保有している金融機関の金利リスクを軽減する。

▽様々な金融サービス

家計は、保険から老後の貯蓄にいたるまで、様々な金融サービスを必要としている。米国では伝統的に、これらのサービスは多くの専門金融機関に分離されていた。時が経つにつれて、その垣根は取り除かれ、「大規模」金融機関があらゆるサービスを提供できるようになった。多様なサービスを提供する銀行のデメリットは、顧客がおとり戦術によってだまされるかもしれないことである。例えば、高齢のおばあさんは、銀行が実際にはリスクのある株式を売りつけているにもかかわらず、政府保証付きの預金証書を買っていると思っているかもしれない。(7)

これらの金融サービスの中には、伝統的な商業銀行業務よりもリスクが高いものがあり、それこそが、ニューディール改革で金融部門をあえて分割した理由である。次章でこれに代わるミンスキーの提案を確認するが、それは小規模な地方の銀行には、あらゆる種類の金融サービスの提供を認めるが、全国展開している大規模な金融機関については分離を維持するというものである。

好ましくない金融慣行から顧客を保護するために、米国は〔二〇一一年七月に〕消費者金融保護局（ＣＦＰＢ）を創設した。同局は、消費者教育と金融業務に関する新しいルールの制定を促進している。

＊　政府支援企業の貸出基準に合致するローンのこと。

しかし、同局が不正行為を減らす上で、どの程度の力を持つか判断するにはまだ早すぎる。
世界金融危機の余波の中で、ほぼすべての巨大グローバル金融機関が違法な業務のために罰金を科せられたが、その経営幹部は誰一人として違法行為で訴追されていない。これらの金融機関は、書類の偽造から、住宅所有者に対する不適切な差し押さえ、相場操縦、麻薬王やテロリストの資金洗浄《マネー・ロンダリング》の支援、脱税幇助、パーリア国家*に対する国際的な制裁をかいくぐる企業の手助けにいたるまで、何十万件もの犯罪行為があったことを認めている。

一つの金融機関内で金融サービスを統合することは、顧客をだましやすい環境を作り出す。例えば、ある金融機関が顧客に不利な条件で融資を提供し、その顧客が債務不履行になったら利益になる商品を売る別のチームを作ることが考えられる。その金融機関には、借り手を債務不履行に追い込む動機が存在することになる。また、大規模な金融機関には、部署をまたいで内部情報が利用される可能性という潜在的な問題もある。金融サービス部門内で集中が進むことは、同じ大投資銀行が、大型合併やその他の大口取引において、双方の当事者の代理人になる可能性をますます高くするだろう。

▽投資銀行業務

投資銀行は、企業、州・地方政府に対して長期の資金を提供している。第四章で論じたとおり、投資銀行は長期負債を直接保有するか、あるいはそれを家計やマネー・マネージャーの運用資産ポートフォリオの中で保有させるべく市場に送り込む。また、投資銀行は、企業の株式や証券化した貸出債権を売り出す。証券化の対象には、住宅ローン、自動車ローンに関連する負債、学生ローン、さらには家賃などが含まれる。これは一般的に、遠い将来に対する不確実性があるため、短期の負債よりもリスクが高い。そこには、債務不履行リスク（借り手の将来の所得では負債を返済できない場合）と金利リスク（金利が上昇し、金利の低い長期負債の価値が低下する場合）の両方が存在する。米国のニューディール改革では、商業銀行がこのような業務に携わることを禁じていたが、その制限は徐々に緩和され、一九九九年には撤廃された。

投資銀行業務を行う金融機関には、次の四つの基本的なモデルがある。第一に、パートナーシップ制の独立系投資銀行モデル、第二に、公開企業の独立系投資銀行モデル、第三に、数多くのサービスの一つとして投資銀行業務を行う「大規模」金融スーパーストアモデル、第四に、独立した事業体としての投資銀行部門を傘下に持つ銀行持株会社（BHC）モデルである。ニューディール改革後の米国では、投資銀行はパートナーシップ制を採用しており、パートナーの資金でリスクをとっていたため比較的小規模で保守的であった。一九九〇年代後半までに、投資銀行は株式を公開し、株式ブームに乗じるために株式を発行した。雇われ経営陣は、ストックオプションで報酬を与えられていたため、株価を押し上げるように動機づけられていた。同じような現象は、「株価操作」スキームが激増した一九二〇年代に発生していた[8]。二〇〇〇年代は、基本的には一九二〇年代の「既視体験《デジャヴ》」の繰り返しであった。これらの機能の一部については、経済の資本発展を促進する政策について論じている最終章で、再び取り上げる。

ミンスキーによれば、一つの金融機関がこれらのサービスをすべて提供すべき理由はないが、前述のとおり、長期的な傾向は幅広いサービスを銀行持株会社の子会社という形で統合するものであった。ニューディール改革は、機能別に金融機関を分離していた（また、銀行の支店開設に関する州法が、地理

＊　政策や行動、その存在自体が受け入れられないなどの理由で、国際的に孤立または制裁を受けている国家のこと。

的な制約を課していた）。ミンスキーは、グラス・スティーガル法が一九九〇年代初頭には時代遅れになっていたことを認識していた。彼は、いかなる改革も、加速度的に進む金融仲介と決済手段の革新を考慮しなければならないと主張していた。ミンスキーは、これらの変化の大部分は市場原理に基づいており、規制緩和だけが原因ではないと考えていた。商業銀行の終焉とシャドーバンクの台頭は、その大部分がマネー・マネージャー資本主義への移行の結果であり、ミンスキーは、そのことの方がグラス・スティーガル法による機能別分離の終焉よりも重要だと考えていた。

銀行改革の方法

本章の締めくくりに、銀行改革に対するミンスキーの考え方を検討しよう。まずは、小規模な銀行の優遇と、地域密着型金融《リレーションシップ・バンキング》への回帰に関する彼の考え方から始めることにする。

▽「大きすぎて潰せない」対 地域密着型金融《リレーションシップ・バンキング》

一九八四年のコンチネンタル・イリノイ銀行の問題まで遡る「大きすぎて潰せない」という考え方は、巨大銀行に明らかな優位性を与えている。これらの巨大銀行は、背後に政府が控えているので、最も低いコストで自らのポジションを調達することができる。小規模な地方銀行は、必要以上に多くの拠点を開設して地方の預金を集めようとすること、また小規模な銀行は全国市場で「大口《ホールセール》」ブローカー預金を集めるのにより多くのコストがかかることから、高コストに直面している。（債務不履行リスクがない）連邦預金保険会社（ＦＤＩＣ）の付保預金の場合でさえ、政府は小規模銀行を十分に支援しないのでリスクが高いという市場の認識があるため、小規模銀行は高いコストを支払っている。世界金融危機以降、（ゴールドマン・サックスのような）投資銀行は、ヘッジファンド型のリスクをとることが認められる一方で、ＦＤＩＣの付保預金の取り扱いと、万一リスクの高い取引が失敗した場合にＦＲＢや財務省の保護を当てにすることができるようになった。小規模銀行がこれに対抗するのは、非常に困難である。

良い金融慣行と公共目的の促進に貢献するとミンスキーが考えていた地域密着型金融《リレーションシップ・バンキング》を促進するために、金融システムを改革するにはどうすればよいだろうか。

ミンスキーは、中小規模の銀行の方が、収益性が高く、地域密着指向であり、顧客のことをよく分かっているため、より適正な与信審査を行うことができると論じていた。言い換えれば、国際的な市場と幅広い分野で活動する覇権主義的な「大きすぎて潰せない」金融機関の台頭を許す理由もなければ、それを促進する理由もほとんどない。多くの論者が長い間論じてきたとおり、銀行業務に関する規模の経済は、比較的小規模な銀行で達成されるのである。

しかし、ミンスキーは、シャドーバンクとの競争によって、銀行はいずれにしても市場シェアを失うことになると認識していた。したがって、地域密着指向の銀行業務に関心がない低収益の銀行の大規模化を促進しても、そこに解決策を見出すことはできないだろう。むしろミンスキーなら、小規模なコミュニティ銀行に、より幅広い活動の余地を与えるだろう。これは、支店網の拡大や、様々な子会社を傘下に持つ少数の銀行持株会社への支配力集中を促進するのとは異なり、小規模金融機関に一層多様なサービスの提供を認める「強化型」銀行業務とでも呼ぶべきものである。

住宅ローンの証券化に関する先見の明のある分析の中で、ミンスキーは次のように論じていた。

住宅ローンがパッケージ化される方法のおかげで、住宅ローンのパッケージをプレミアム付きで売却することが可能なため、原債権者と投資銀行は、純利益を確保しつつも、そのパッケージの保有者に対する遡及義務を負うことなく取引から足抜けできた。証券化商品の発行者と引受業者は、その大本にあるプロジェクトの長期的な実行可能性のリスクに、自らの資産をさらしていなかった。このようなパッケージ・ファイナンスにおいては、明らかに、貸し手と引受業者の、選別と監督の機能は、原債権者の財産が長期にわたってリスクにさらされる場合と比べて、十分に果たされていない。(9)

——Minsky, 1992b, pp. 22-23

これが意味するところは、かなり明白である。すなわち、与信審査業者が長期間リスクにさらされる場合には、適正な与信審査が促進されるということである。二〇〇〇年代初頭に行われた証券化は、本質的に与信審査を排除してしまい、それが最終的に破裂したバブルをあおる上で大きな役割を果たした。

この問題は、ミンスキーの言う疑い深い銀行家の話につながる。

劇場に行けば、われわれは役者たちと申し合わせて、それが作り物であるという疑念を一時的に捨てる。一九八〇年代［と一九九〇年代、二〇〇〇年代］の金融の発展は、芝居と見なすことができる。つまり、興行主とポートフォリオ・マネージャーは、資金供給されたプロジェクトを［有効にする］キャッシュフローがどこから来るのかについて疑念を持つことを一時的にやめていた。金融構造の中で疑い深い人を任じていた銀行家たちは、自らの決定的に重要な能力を停止していたのである。結果的に、資本発展はうまくいかなかった。金融の分散化が、おそらく必要不可欠な疑い深さを再び取り戻す方法であろう。(10)

——Minsky, 1992a, p. 37

金融の分散化と小規模な金融機関の優遇、およびリスクにさらされた状態を維持することで、金融機関が地域密着型金融《リレーションシップ・バンキング》へと方向転換する可能性がある。残念ながら、近年のほとんどの傾向は、（グローバルに展開する）全国規模の「大きすぎて潰せない」金融機関への集中を支持するものであった。最終章では、分散化を支持するミンスキーの具体的な提案の一つであるコミュニティ開発銀行制度の創設について検討する。

▽銀行の流動性リスクと支払能力リスクに対する政府保護の再転換

前述のとおり、政府は規制されている銀行に対してはしっかりとした安全装置を、シャドーバンクに対してはよりゆるいセーフティネットを提供している。あまり望ましくない銀行の活動に対しては、政府の保護を減らすことは有用であろう。現在、政府は銀行に、流動性に対する保護と支払能力に対する保護という二つの重要な保護を提供している。

ミンスキーは、「流動性は資産の生来の属性ではなく、むしろ流動性は、継続的、持続的な経済組織の時間的特性である」[11]（Minsky, 1967, p. 1）と考えていた。流動性を有する経済組織は、「支払約束を果たす」ことができるが、それは「その通常の活動がどのようにして現金と支払いを生み出すか、およびその資産（「名誉（honorary）」資産としての借入能力を含む）が現金化され得る条件」（Minsky, 1967, p. 2）に依存する。最後に、「ある組織の流動性に関するいかなる報告も、経済と金融市場の動きについての前提に依存する」（Minsky, 1967, p. 2）。

銀行は、その銀行に特有の問題、または経済や金融市場の動きによって、流動性の問題に直面する可能性がある。さらに、問題に直面しているのが重要な金融機関で、他の金融機関と相互につながっている場合、その銀行特有の問題が金融市場に伝染する可能性がある。問題が広範囲に及ばない場合は、流動性は翌日物の銀行間貸出《インターバンク・レンディング》市場（米国では、フェデラル・ファンド市場）で供給され得る。一方、現代の中央銀行は翌日物金利を政策目標としているため、翌日物貸出市場の金利に対する何らかの圧力は、中央銀行の自動的な反応を生み出す。

中央銀行が誘導目標としている金利水準で、民間市場が流動性需要を満たすことができない場合、中央銀行は金利を誘導目標の範囲内に維持するために割引窓口《ディスカウント・ウィンドウ》で準備預金を貸し出し、資産を購入する（かつてＦＲＢは政府債務を購入していたが、近年は量的緩和によって民間債務を購入している）。金融危機に際しては、中央銀行は金利を目標水準に維持するためだけでなく、取り付けを食い止めるためにも大規模な貸出を行う必要があるかもしれない。

ミンスキーは、中央銀行が割引窓口のオペレーションの対象を様々な金融機関に拡大することを常に支持していた。世界金融危機が発生した当初に、ＦＲＢが準備預金をすべての金融機関に無制限に貸し出していれば、流動性危機はもっと迅速に解決できた可能性が高い。したがって、このような政府の保護は制限されるべきではない。流動性への逃避に際しては、政府はそれを食い止めるために無制限に貸出を行わなければならない。

中央銀行が準備預金を割り当てる（rationing）ことによって銀行を管理できるという古い考え方は間違っている。平常時には、そのやり方では金利誘導目標を達成できないだろう。逼迫時には、危機を悪化させてしまうだろう。銀行の貸借対照表の負債側を管理しようとするのは誤りである。中央銀行が銀行の貸出を減らしたいと望むのであれば、資産側を規制する必要がある。すなわち、融資の量と質を直接規制（例えば、融資の伸び率を制限したり、自己資金の下限を設定したりするような信用規制を通じて）する必要がある。

要するに、中央銀行は銀行の流動性の不足に応えて、それを供給すべきであり、実際にそうしなければならない。その一方で、中央銀行は銀行の貸借対照表を監督し、キャッシュフロー分析を行って、後述するとおり、マクロ経済と金融の安定性を促進する政策を追求すべきなのである。

もっと大きな問題は、第二のセーフティネットである債務不履行に対する保護である。預金保険は、特定の種類の預金の債務不履行リスクがないことを保証するもので、現在の米国では二十五万ドルまでとなっている。これは、額面どおりの決済を行い安全かつ確実な決済システムを維持するために、不可欠なものである。

問題は、どんな金融機関にこのような預金の提供が許可されるべきか、あるいはどんな資産が付保預金の発行によって調達する対象としてふさわしいのかということである。そのために考慮すべき事項として、資産のリスクの度合い、資産の満期、その種類の資産を購入することが、次章で論じる経済の資本発展という公共の目的にかなうか否かなどが挙げられる。

リスクの高い資産は、政府の預金保険、米国ではFDICに負担を強いる。なぜなら、FDICは付保預金を保護するために預金を額面どおりに支払わなければならない一方で、破綻金融機関を整理しても、資産一ドルにつき数セントしか回収できないからである。ミンスキーは、FDICの改革に関する議論の中で、「財務省の負担」が主要な懸念事項になるべきではないと明確に述べていた。同じ理由から、付保預金の発行により調達された資産のリスク度が主要な懸念事項になるべきではないと結論づけることもおそらく可能であろう。

FRBが必要に応じて準備預金を貸し出す用意があれば、資産の満期はもはや懸念事項ではない。銀行は、常に準備預金を借りることによって預金の引き出しに対処することができることから、長期の資産を売却する必要がなくなるからである。

したがって、金融機関が付保預金の発行によって資産ポジションを調達する能力を制限する主な論拠は、政府が公共の目的を促進する正当な権利を有しているためということになる。銀行には、付保預金の発行で得た資金を、公共の目的が「十分に達成されない」原因となるような形で利用させないようにすべきである。

その他の金融機関（銀行およびシャドーバンク）の預金保険の保証がない負債についてはどうだろうか。「大きすぎて潰せない」金融機関に関しては、事実上の保証がなされる一方で、小規模な金融機関に関しては、支払不能になった場合に、保険が適用されない債権者の損失を許容している。大規模な金融機関は、必ずしも小規模な金融機関より効率的とは限らないにもかかわらず、明らかに大規模な金融機関に利益をもたらす不当なバイアスが掛かっている。ミンスキーの考え方からすれば、これは非常に問題があり、望ましくない。むしろ、問題を抱えた金融機関は整理されるべきであり、保険の適用されない債権者および株主は損失を共有すべきである。

▽堅実な銀行業務を促進するための四つの改革

堅実な銀行家がどのように行動するのかは説明したとおりである。現実の銀行家が、この理想像からかけ離れたものになってしまっていることは明らかである。堅実な銀行業務を促進するために、銀行に対する規制と監督をどのように改革すればよいだろうか。ここでは、ミンスキーの四つの考えを確認する。第一に、与信審査の改善、第二に、資本要件の引き上げ（広く普及しているアプローチ）、第三に、割引窓口の利用拡大による銀行評価の強化、そして第四に、ミクロ・プルーデンス規制*（長らく支持されてきた、もう一つのアプローチ）とマクロ・プルーデンス規制である。

＊与信審査の改善

流動性と（部分的な）支払能力の保証という形で政府の保護を受ける銀行は、本質的に官民の共同事業体である。銀行は、政府が行うよりも高い能力を発揮できる活動に特化することによって、公共の目的を促進している。

このような活動の一つが与信審査、つまり、借り手の信用力を査定し、借り手の返済意欲を高めるための借り手との関係を築くことである。過去十年で、与信審査は不要であるという考え方が生まれ、その後爆発的に広まった。世界金融危機の余波の中で、金融機関は、信用格付、信用スコア、クレジット・デフォルト・スワップ（ＣＤＳ）の保険料が与信審査の代わりにはなり得ないことに気がついた。その理由の一部は、それらが不正操作される可能性があるからでもあるが、地域密着型金融の消滅が、借り手と貸し手の行動を変えてしまうからでもある。この状況は、（信用格付機関が気づいていたように）過去の債務不履行率が参考にならなくなることを意味する。

銀行が適切な与信審査を行わないのであれば、政府が銀行を共同事業者として必要とする理由が見出せなくなる。政府が、公益にかなうと考える活動に対して直接資金供給する方がはるかに簡単であろう。その場合、住宅ローン、学生ローン、州・地方政府のインフラ整備、中小企業の活動（商業不動産や運転資本の費用）までもがその対象となる。つまり、政府は融資を行う民間銀行を支援するのではなく、直接融資を行うことができるのである。

米国では、連邦政府が直接融資を行うよりも、民間の負債を保証することが好まれる傾向がある。

＊　前者は個別の金融機関の健全性を、後者は金融システム全体の安全性・安定性を確保することを目的とした規制を指す。

民間金融機関が政府よりも優れた与信審査者であるならば、政府が自ら直接融資を行うよりも保証に頼ることには説得力がある。しかし、（米国の住宅ローンの場合がそうだったように）民間金融機関が適切な与信審査を行わないのであれば、政府が保証ではなく直接融資を行うことは理にかなっている。実際に、政府が学生ローンに対する主導権を取り戻す方向へ向かう動きが出てきている。政府が、預金と融資（例えば、住宅ローンや学生ローン）の両方を保証する場合、銀行が果たすべき役割は、誰が米国政府によって保証される融資を受けるに値する信用力を有するか判断する与信審査を除いて見出すのが困難である。

比較的高い債務不履行率が許容される、強い公共目的がそこにあるならば、政府の直接融資を支持する論拠は一層強力なものになる。例えば、米国では、大学生は学費を支払うために学生ローンを利用するのが一般的である。国がほぼ無償の大学教育を提供している多くの富裕国の場合とは異なり、米国の連邦政府は（研究助成金を除いて）比較的少ない支出しか行っていない。その結果、連邦政府の保証付き融資に大きく依存して借金をしなければならない多くの学生にとって、大学進学は手の届かないものになっている。大学教育が価値の高いものだとすれば、堅実な与信審査はさほど重要ではないため、民間金融機関の参加を打ち切ることは理にかなっているかもしれない。社会に対する大学教育の全体としての純価値は、比較的高い債務不履行率によって生じる損失を相殺するのに十分なものかもしれない（なお、連邦政府には、内国歳入庁を通じて、債務不履行者の将来の所得を特定しそこから回収する、かなり強力な債権回収を行う能力があることに留意すべきである）。

＊資本要件の引き上げ

資本要件は、銀行貸出を規制するのに適した方法であると長らく考えられてきた。すなわち、資本要件を厳しくすれば、銀行の安全性を高めるだけでなく、銀行が資本を増強できない限り、銀行貸出を抑制できることにもなる。残念ながら、ミンスキーによれば、どちらの主張も正しいとは言えない。厳格な資本要件は、S&L危機の余波の中で課され、バーゼル合意[12]によって体系化された。* しかし、銀行は資産の購入を抑制するのではなく、資産と負債を単に自らの貸借対照表から切り離し、例えば、特別目的事業体（special purpose vehicles, SPV）に移すなどの方法をとった。

バーゼル合意はまた、銀行が低い資本要件の恩恵にあずかれる低リスクの資産を保有するように促すために、資本要件にリスクに応じた重み付けを行っていた。これは、リスクウェイトで調整した資本要件を設定することで、銀行が最もリスクの高い活動を避けるよう促し、たとえリスクの高い活動を避けなかったとしても、より高い自己資本比率が損失を吸収できるという考え方である。

残念ながら、銀行は二つの方法でそのシステムを悪用した。リスクウェイトは階層別になっていたので、銀行はそれぞれの階層で許される最もリスクの高いポジションをとり、信用格付機関と連携して、望みのリスクウェイトを達成するべくＭＢＳのような資産を構築した。例えば、サブプライムローンや「うそつき《ライアー》ローン」のオルトＡ住宅ローンのパッケージから、（政府債務と同じくらい安全な）トリプルＡ格のトランシェ**を手に入れることは比較的簡単だった。そして、それらのパッケージの（非常に安全と考えられている）投資適格のトランシェには、リスクの高い住宅ローンが八十五〜九十パー

＊ 日本では、合意がなされた機関である国際決済銀行（ＢＩＳ）から「ＢＩＳ規制」で呼ばれることが多いが、ＢＩＳの所在地であるスイスのバーゼルから、バーゼル合意と呼ばれることもある。

＊＊ 証券化商品の発行に際して、集められた資産は支払優先度の異なる複数の階層に切り分けられるが、その階層をトランシェという。トリプルＡ格のトランシェは、最も支払優先度の高い階層を指す。

セントも含まれていた。しかし、実際には、信用格付機関はリスクを無視していたか、あるいは少なくとも軽視していた。

最後に、ミンスキー（『金融不安定性の経済学』、一九八六年）は、他の条件がすべて同じなら、高い自己資本比率は必然的に自己資本利益率（ひいては純資産の増加率）を引き下げ、それは銀行の収益性の低下を意味するので、自己資本比率の向上が銀行の安全性を高めるとは限らないと論じていた。(13) それどころか、自己資本比率が高まれば、銀行は目標とする自己資本利益率を達成するために、よりハイリスク・ハイリターンの資産ポートフォリオを選択しなければならなくなる。規制当局がリスクの高い貸出の増加率を抑制したいと欲するのであれば、直接的な信用規制の方がより適切であるように思われる。規制当局は、銀行の融資量（あるいは総資産）の増加率に上限を設定するか、あるいは（例えば、より多くの自己資金、より優良な担保、より低い融資比率*を要求するなどによって）特定の種類の貸出を抑制することができる。

一方、銀行が貸出を行いたくないときに、銀行に貸出を促すために〔当局が〕できることはあまりない。これは、古くから言われている「ひもは引けても押せない」という議論であり、世界金融危機以降の状況を非常にうまく説明している。政府が銀行に貸出を行うようにどれだけ働きかけても、銀行は貸出を拒んだのである。政府の政策は、銀行が行いたくない融資を銀行に行わせようとするべきではない。結局のところ、銀行がわれわれの与信審査者だとすれば、そして銀行が実行するに値する良質な融資がないという意見であれば、われわれはその判断を信用すべきである。その場合、貸出は総需要を刺激して経済を完全雇用に向けて動かすための方法ではない。むしろ、財政政策こそがそのための手段である。

＊割引窓口を通じた銀行の検査

希望するすべての金融機関にＦＲＢが準備預金を貸し出すことを、ミンスキーが望んでいた理由の一つは、民間金融機関が「借金をしている」状態、すなわちＦＲＢの債務者になることを望んでいたからである。ＦＲＢは債権者として、銀行家に「どうやって返済するのか」、すなわち「どのような収益性資産を買うつもりか」と尋ねることができるようになる。ミンスキーが言ったように、

> ＦＲＢの検査権限は、割引窓口を通じて銀行に貸出を行う能力の中に本来備わっているものである……銀行への貸し手として、商業銀行に対する準備ベースの通常の供給者（世界大恐慌以前の通常のオペレーション）として、あるいは潜在的な最後の貸し手として、中央銀行は、顧客である銀行とその経営陣の、貸借対照表、収益、能力について知る権利を有している。これは、どの銀行も自らの顧客について知る権利があると考えているのと同じである。(14)
>
> ――Minsky, 1992c, p. 10

ＦＲＢは、銀行に融資の返済能力を生み出すキャッシュフローがある証拠を見せるように要求するだろう。中央銀行は、特定の種類の資産を優遇する「掛け目《ヘアカット》」を利用して、有担保で貸出を行うのが一般的な慣行である（例えば、銀行は、国債に対しては一ドルにつき百セント借りることができるが、住宅ローンに対しては一ドルにつき七十五セントしか借りられないかもしれない。これは、銀行が担保として利用可能な国債を買

＊　担保不動産の評価額に対する融資額の割合のこと。

う動機づけになる)。担保要件と掛け目は、銀行に規律を守らせるために使われ、彼らが購入する資産の種類に影響を与えることができる。

また、銀行の帳簿を検査することで、中央銀行はリスクの高い慣行を探し、動向を常に把握することができるようになる。FRBが二〇〇七年に始まった危機によって、不意を突かれたことは明らかだが、その一因は、割引窓口ではなく公開市場操作で大部分の準備預金を供給していたからであった。民間銀行を「借金をしている」状態にする(すなわち、銀行にFRBから直接借りるよう強制する)ことで、FRBは銀行の活動に対してより大きな影響を与えることができる。それゆえ、一九九〇年代初頭のFRBから金融機関の規制と監督に対する責任の一部を奪う財務省の提案に、ミンスキーは反対した。それどころか、ミンスキーならFRBの役割を拡大し、窓口割引を銀行監督の重要なツールとして利用するだろう。

ミンスキーは、中央銀行は準備預金を割り当てることによって銀行の活動を制約できるという古い主流派の考え方を否定した。しかしながら、ミンスキーは、公開市場操作(中央銀行が資産、大部分は国債を購入するために準備預金を創造する)で準備預金は供給されるべきであるというマネタリストの考え方にも一九六〇年代から異を唱えていた。この方法では、単に翌日物市場(米国では、フェデラル・ファンド市場)に準備預金を注入するだけなので、金融システムの健全性に関する有益な情報をほとんど得られないからである。その代わりに、準備預金を必要とする銀行が個々に中央銀行に出向き、担保として資産を差し出さなければならないのであれば、中央銀行は銀行が担保として何を保有しているか知ることができる。ミンスキーは、中央銀行は債権者として借り手に帳簿を開示するように要求できるのだから、もっと詮索好きであって良いと強調していた。中央銀行が準備預金の貸出を拒否するのではなく、金融慣行を知る手段を手に入れるというのが、彼の考え方である。

＊ミクロ・プルーデンス規制とマクロ・プルーデンス規制

ミンスキーの見解は、世界金融危機の余波の中での、金融システム全体を監視する規制当局《スーパー・システミック・レギュレーター》の創設に関する最近の議論と関連しており、おそらくミンスキーならＦＲＢの権限を強化したいと考えている人たちに味方したであろう。実のところ、米国が経験したほとんどの大規模な金融危機のあとがそうだったように、ＦＲＢは「上に向かって失敗した」のである。つまり、危機を防ぐのに失敗した後にＦＲＢの権限が強化されたのである。一九二九年の世界大恐慌のあとも、二〇〇七年から二〇〇八年の世界金融危機のあとも、ミクロレベルの銀行監督よりも、銀行経営を取り巻くマクロ経済環境に対する中央銀行のコントロールにより一層の重点が置かれるようになった。

従来の、金融機関に対する規制のアプローチは、「銀行破綻の急増の引き金となり、『恐慌を引き起こす』ショックを経済に与える可能性がある」ような「特異な破綻」[15]（p. 255）からシステムを保護するというものである。そこでの焦点は、個々の銀行の無能な経営陣や不正な経営が、取り付けの口火を切ったり、あるいは他の銀行に対する債務不履行を引き起こしたりすることによって、他の銀行に破綻が連鎖するのを阻止することにある。しかし、ミンスキーは、たとえ「特定の銀行が、自らの特異な性質のせいで破綻する」としても、システム全体が脆弱でない限り、この破綻が深刻な金融危機をもたらす可能性は低いと強調していた。ミンスキーは、規制当局や銀行監督当局が金融不安定性の理論を採用していないことを批判した。そして、不安定性へと向かうマクロ環境の漸進的な変化を抑制しようとせずに、個々の銀行の行動を検査するだけでは、大規模な金融危機を防ぐことはできないと主張した。

ミンスキーは、一九八〇年代の初めに貯蓄貸付組合（Ｓ＆Ｌ）危機が米国経済を襲ったとき、自分の正しさが立証されたと感じていた。確かに当時の銀行検査は甘く、前述のとおり、貯蓄金融機関部門はほとんど規制されていなかった。それでもやはり、規制当局は、多くのマクロ的な要因が金融システムを危険にさらしていることを認識できていなかった。そのマクロ的な要因とは、ボルカーの高金利政策、米国金融機関が保有する途上国債務残高の急増、米国の商業不動産バブル、石油ブームによる地域的な住宅バブルなどである。クレーゲル（Kregel, 2014）が論じているように、この危機を契機に、個別の銀行のリスクを特定し、各銀行がどのようなリスク管理を行ってきたかを評価する「リスクに焦点を合わせた検査プロセス」が開発された。このアプローチは、バーゼル合意で国際的にも採用された。

しかし、ミンスキーによれば、「ポジション形成の観点からすると、銀行破綻は、単に無能力や腐敗した経営陣だけが原因で発生するわけではない。それは主に、金融機関および経済主体間の、支払約束やポジション形成のための取引が有する相互依存関係に起因して発生するものである」（Campbell and Minsky, 1987, p. 255）。ある経済主体が、期限どおりに支払いを行う能力は、その債権者の支払能力に依存しているが、これらの債権者もまた、自身の債務者の健全性に依存しているのである。

二〇〇〇年代までに、事態はさらに複雑になっていた。というのも、クレジット・デフォルト・スワップ（ＣＤＳ）という「保険」によって、リスクをヘッジするのが当たり前になっていたからである。その保険は、保険の売り手となる金融機関の財務状況に依存しており（カウンターパーティー・リスク）、その売り手も一般的に、貸倒引当金を積まず、その代わりに同種の「保険」（やはりＣＤＳ）を購入してリスクをヘッジしていた。危機が発生したとき、ＡＩＧの一部門が金融システムの「保険」の多くを引き受けていたことが明らかになった。ＡＩＧは債務不履行に陥り、米国政府がその損失の多くを穴埋めすることになった。

このような理由から、効果的な銀行検査、すなわちミクロ・プルーデンス規制を導入するだけでは十分でなく、システム全体のマクロ・プルーデンス規制もまた必要不可欠なのである。世界金融危機後、規制当局関係者の間では、この考え方はほとんどスローガンにまでなっていた。しかし、クレーゲル（Kregel, 2014）が論じているように、マクロ・プルーデンス規制を導入しても、それが不安定性へと向かう金融システムの漸進的な変化を認識する理論に基づいていなければ不十分である。

ミンスキーが一九七〇年代初頭から展開していたものは、「動態的に進化する金融機関と金融関係の組み合わせ」という視点を有する、動態的マクロ・プルーデンス規制と呼ぶことができる。[16]実効性のある規制は、「頻繁に再評価され、進化する市場と金融構造に合致させなければならない」のである。[17]

> 時間の経過とともに、最初は適切だった規制と監督のパターンが、だんだん不適切になってくる。受け継がれた規制と監督の体系は、まずあまり適切ではなくなり、後に意に反したものになる。制度または利用法の変化が発生することとの累積的な影響は、われわれの経済が内生的に不安定化する力を抑制するはずの制度が、その力の多くを失ってしまうことである。
>
> ――Minsky, 1994, p. 4[18]

言い換えれば、規制当局および監督当局は、規制下にある銀行だけではなく、ほとんど規制されていないシャドーバンキング・システムも含めて、金融システム全体の状況を把握していなければならないということである。そして、規制は金融慣行とともに進化しなければならない。

しかし、中央銀行は、いったいどうすればシャドーバンク部門の動向を注意深く追うことができただろうか。結局のところ、中央銀行は、二〇〇六年まで住宅ローン証券化のビジネスで何が問題になっていたのかをほぼ完全に見逃していた。

ミンスキーは、「中央銀行が金融システムで何が起きているかを熟知しているべきだとすれば、中央銀行は銀行および市場との間で、業務上、監督上、検査上の関係を有している必要があ」り、銀行を検査し監督する責任を軽減してしまったら、中央銀行の「金融政策機能を発揮する能力」を阻害してしまうことになると考えていた。「なぜならば、金融政策運営は、その運営が銀行の活動および市場の安定性に及ぼす影響に関するＦＲＢの考え方によって、制約されているからである」（Minsky, 1992a, p. 10）。ＦＲＢは、銀行を監督、検査する限りにおいて、豊富な情報を得られるだろう。中央銀行が監視を続けるための一つの方法は、前述のとおり、銀行を割引窓口へ強制的に行かせることである。割引窓口をシャドーバンク部門の少なくとも一部に開放すれば、ＦＲＢは銀行以外の活動についても情報を得ることができるだろう。

次章では、全般的な政策改革に対するミンスキーの提言を論じ、本書を締めくくる。

第八章　結論——安定性、民主主義、安全および平等を促進するための改革

資本主義的な金融機関を有する経済には根本的な欠陥が存在するが、それは、中央銀行家がいかに創意工夫に富み、鋭い洞察力を持っていても、資本主義の投機的かつ革新的な要素が、結局、不安定性を助長するような金融の慣行および関係をもたらすからである。

——Minsky, 1977[1]

現在われわれが直面している問題は、過去の政策を導いてきた理論が、われわれが採用している経済で起こることを決定するプロセスを誤って規定した結果である可能性がある。

——Minsky, 1992, p. 21[2]

経済学者も実務家も、政策を立案し、提唱する際には、市場は常に公共の福祉の促進につながると説くスミスの理論と、市場プロセスは経済の資本発展を十分に達成しない、すなわち公共の福祉の促進以外の結果を導く可能性があると説くケインズ理論の、どちらかを選択しなければならない。

——Minsky, 1992, p. 5

この最終章では、民主主義、安全および平等を促進しつつも経済の安定化に資する改革に特に焦点

を当てて、ミンスキーの改革案を検討する。

資本主義の三つの根本的な欠陥

ケインズの『一般理論』(一九三六年)は、資本主義システムの二つの根本的な欠陥、すなわち慢性的な失業と過度の不平等を指摘していた。この二つはつながっており、過度の不平等は、支出するよりも貯蓄率を高めることを好む富裕層に過剰な所得を与えることになる。それが、需要を押し下げて、雇用不足のままにしてしまうのである。[3]

ミンスキーは、三番目の欠陥を付け加えた。つまり、不安定性は、金融的な経済システムである現代資本主義の標準的な特徴である。さらに、永続的な安定性は、たとえ適切な政策を実行しても達成することができない。なぜならば、安定性が、「それ(恐慌と負債デフレ)」が起こりやすくなる方向に、行動を変えてしまうからである。ミンスキーが述べたように、

> ほとんどすべての教科書と最新の学術誌の論文を読む上で、資本主義が本質的に好況と不況にさらされる欠陥を有するのかという貨幣的経済学における最も重要な問題を意識させられることはない。しかし、これは明らかにケインズと一九三〇年代のシカゴ学派の関心事であった。
>
> ――Minsky, 1972, p. 2

他のケインズの解釈者が、経済が景気後退を経験する可能性があることを強調しているのは事実だが、たとえそれが深刻なものであっても、これをシステムに対する様々な「ショック」によってもたらされた均衡からの逸脱だと、ほとんどの解釈者は見なしている。あるいは、別の言い方をすれば、

彼らは資本主義システムが生来安定的であると前提している。経済が均衡から外れれば、政府が金融政策や財政政策を利用して押し戻すことができる、というのである。

ミンスキーは、状況は全く逆であると主張していた。システムは本質的に不安定だが、不安定性は財政政策と金融政策の適切な利用によって抑制することができる。とはいえ、これは簡単なことではない。まず、政策の有効性に関する不確実性が存在する。もっと重要なのは、政策の採用が行動を変化させてしまう可能性が高いことである。そして、政策が実際に不安定性を抑制する分だけ、安定化させる政策の効果を弱めてしまう行動の変化を、より確実に誘発する。安定性が不安定性を生み出すのである！

このため、ミンスキーは「微調整《ファインチューニング》」の考え方を否定した。政策が一時的な安定を達成できたとしても、それが不安定性を再び呼び込むプロセスを開始させるからである。したがって、「政策課題は、深刻な不況の可能性を高めることなく、インフレーション、失業、そして生活水準改善の減速などへの突入を緩和させるような、制度的構造や政策手段を考案すること」(Minsky, 1986, P. 295, 邦訳三六七頁) になる。しかし、成功は永続的なものではなく、政策は変化する状況に適応すべく継続的に調整されなければならない。ニール・ヤングのアルバムタイトルにあるとおり、『サビは眠らない (*rust never sleeps*)』のだ。政策形成は動態的でなければならず、政策が誘発する行動順応に適応すべく常に進化しなければならない。

一九八六年にミンスキーの『金融不安定性の経済学』が出版された後、彼は、戦後期の相対的に安定した状態が、「五十七種類の資本主義」のうちの非常に不安定なバージョンであるマネー・マネージャー資本主義の出現につながったと論じた。ミンスキーは、一九八七年の予見的な記事の中で、最終的に二〇〇七年の金融崩壊をもたらした住宅ローン証券化の膨張を予言していた。[4] 実のところ、彼は証券化の本当の潜在力を理解していた数少ない解説者の一人であった。原理上、すべての住宅ローン（および他の多くの資産）は、リスクをカバーするための価格差をつけて、様々なリスクの階層に分けてパッケージ化することが可能である。ミンスキーがその文章で述べていたとおり、「証券化が可能なものは、何でも証券化される」のである。

ミンスキーは、証券化は二つの変化を反映していると論じていた。第一に、証券化は国境に縛られない金融商品を生み出すので、それは金融のグローバル化に不可欠なものである。米国の住宅所有者に直接接触できないドイツの投資家が、活況に沸く米国不動産市場の儲けの一部を購入することができる。ミンスキーが好んで指摘していたとおり、第二次世界大戦後の先進国（そして、途上国の多くでさえも）における類を見ないデフレなき経済成長は、運用益を追求するマネー・マネージャーによって運用される資金の世界的な過剰を生み出した。有名な格付機関によってリスク格付された証券化商品は、望ましいドル建て資産比率を達成しようとするグローバルな投資家にとって魅力的だった。

ミンスキーにとっては、米国の証券化された住宅ローンの価値が、二〇〇七年のピーク時には連邦政府債務の市場価値を上回っていたことも、二〇〇七年半ば以降、米国の住宅ローン問題が瞬く間に世界中に広がったことも驚くべきことではないだろう。米国の住宅ローン問題は、二〇〇七年七月に救済措置《ベイルアウト》を要請したドイツの銀行（ドイツ産業銀行：ＩＫＢ）に始まり、フランスのＢＮＰパリバ（フランス最大手の銀行）の問題、英国のノーザン・ロックの取り付けへ、といった具合に世界中に広がっていった。

ミンスキーが見出した第二の変化は、銀行（預金受け入れと貸出を行う、狭義の金融機関）の重要性が「市場」に対し相対的に低下したことである（金融資産全体に占める銀行のシェアは、一九五〇年代の約五十パーセントから一九九〇年代の約二十五パーセントにまで低下した）。グローバル・カジノには燃料が必要であり、それが、伝統的な銀行業務から「ＯＴＤ（Originate-to-Distribute）」モデル[*]への移行であった。ＯＴＤモデルによって、投機的な賭けの土台となるリスクの高い住宅ローン商品が氾濫する結果になったのである。

ニューディール改革によって非常に安全になった住宅部門全体が、シャドーバンキングによって、賭けの上に賭けを重ねる巨大なグローバル・カジノに変貌したのである。リスクの高い住宅ローンが証券化され、トランシェ分けされた粗悪なＭＢＳが作られたが、そのうちでも最も劣後する部分は債務担保証券（ＣＤＯ）として再証券化され、再ＣＤＯ化（ＣＤＯの二乗）、さらには再々ＣＤＯ化（ＣＤＯの三乗）される可能性があった。このようにして、たった一つのリスクの高い住宅ローンを、いくらでも賭けの素材にでき、その際ギャンブラーは、成功に賭けるか、失敗に賭けるか選択できた。米国不動産市場の構造は、小さな家の持ち主である貧しい亀のマックが、空に届かんばかりに積み重なった亀の塔を一番下で必死に支えている『亀のヤートル』[5]の話に似ていた。マックがゲップをする、つまり、住宅ローンの返済をわずかでも滞らせると、積み重なったすべての亀が崩れ落ちてしまった。そして、マックは自分の家を失ってしまったのである。

ミンスキーは、かなり以前の論文で、「連邦準備当局が金融慣行の変化に驚いているかのように見えることが、あまりにも頻繁な」[6]（p.150）ことを懸念していた。事実、ＦＲＢは、大部分の主流派経済学者と同様に、シャドーバンキング・システム全体の台頭を見逃していた[7]。ミンスキーは、実社会の銀行家とのつながりを通じて、金融慣行および金融システムそのものの漸進的な変化を熟知してい

＊　第七章の註（6）および本章の註（15）を参照のこと。

た。
伝統的な銀行業の役割の低下は、規則、規制、伝統によって銀行に割り当てられていた金融分野が、継続的に浸食されたことで拍車がかかった。銀行ビジネスにおける二側面での競争激化、すなわち、銀行以外の金融機関による市場金利を支払いながらも小切手の振出が可能な預金の登場と、企業が商業銀行を迂回することを可能にするコマーシャル・ペーパー市場の台頭が、銀行業の収益性を悪化させたのである。

ミンスキーは、銀行は資産から得られる金利から負債に対して支払う金利を差し引いた利ざや《スプレッド》が約四百五十ベーシスポイント[8]必要らしいと観測していた。このスプレッドは、銀行の通常の資本利益率のほか、銀行に課されている必要準備率という「負担[9]（ｔａｘ）」、および顧客サービスのコスト（例えば、人件費）をカバーしている。それに対して、「シャドーバンク」は、必要準備率、資本要件の規制、および地域密着型金融《リレーションシップ・バンキング》のコストの大部分を免除されていることから、はるかに低いスプレッドで経営を行うことができる。同時に、金融市場は、銀行の安全性を高めてきたニューディール規制と比べより自由であった。

この状況は、金融部門の中で成長している部分がほとんどの規制から自由なばかりでなく、競争によって政策立案者が銀行の規制を緩和せざるを得なくなったことを意味していた。最終的に金融危機につながった不動産ブームのころには、もはや「商業銀行」と「投資銀行」の間に本質的な差違はなくなっていた。

住宅金融に関連するニューディール改革は、短期の住宅ローン（典型的には、多額のバルーン返済*を伴うもの）が世界大恐慌の一因となったとする一般認識に刺激されたものだった、とミンスキーが論じていたことは注目に値する。皮肉なことに、二〇〇〇年代の投機ブームにつながった住宅ローン金融の「革新」、つまり米国の堅固な住宅市場を築いた古い固定金利・元利均等返済・三十年満期の住宅ローンに取って変わった新型のリスクの高い住宅ローンが、こうした状況を大いに再現していたのである。[10]

「グリーンスパン・プット」(FRBが、悪いことが起きないようにしてくれるという信念のことで、その証拠として、ヘッジファンドのロングターム・キャピタル・マネジメント(LTCM)の救済、およびドットコム・バブル崩壊後の迅速な利下げが挙げられる)に加えて、FRBが採用した新しいオペレーション手順(漸進主義、透明性、期待のコントロール、つまり、市場参加者を驚かせないようにすることを採用する新しい貨幣的合意)が、投資家心理のバランスを恐怖から強欲へと転じさせた。[11] クリントン政権期の好況とジョージ・W・ブッシュ政権期の軽微な景気後退は、成長に対する考え方の修正をもたらした。その考え方によれば、景気拡大はインフレを招くことなく、より力強いものになり、景気後退は短く、比較的痛みの少ないものになる。これが、バーナンキの「大いなる安定《グレート・モデレーション》」である。

このような安定はすべて、リスク選好を強め、リスクプレミアムを引き下げ、よりレバレッジを高めることを促した。さらに、証券化、ヘッジ取引、(クレジット・デフォルト・スワップのような)様々な種類の保険が、リスクを最も負担できる人たちのところにリスクを移転させているように見えた。ミンスキーが、世界金融危機に先立つ彼の死からの十年間を観察できていたとすれば、彼はそれを、不信の極端な停止(*a radical suspension of disbelief*)の時代と呼んでいたであろう。この言い回しは、悪いことが起きる可能性があることを「信じない」と、自分に言い聞かせる人たちを表現するために彼が使っ

* ローンの期間中は利子だけ返済し、満期日に元本を全額清算する返済方式のこと。

たものである。
これらの動きはすべて、過去三十年間にわたる政策の方向性について疑問を投げかけている。このあとの節では、ミンスキーの提言に従った場合、政策がどのような方向に進むのかを検討する。提言は、資本主義の三つの根本的な欠陥、つまり失業、不平等、不安定性のすべてに対処することを目的とするものとなる。

経済の資本発展の促進

ミンスキーは、新たに独立した東欧諸国の発展のための提案の中で、「経済の発展、民主主義の醸成、および資本主義世界との統合を促進する通貨・金融システムの構築」が重要な課題であると論じていた[12] (p. 28)。三つ目の目標を除けば、この言説は、欧米諸国の資本発展の促進にも同様に当てはまる。

ミンスキーは、「資本発展」という用語を、官民のインフラ投資、技術の進歩、(教育、訓練、保健・福祉の改善を通じた) 人間の能力開発を含む非常に広い意味で使っていた。なお、ミンスキーは常に、完全雇用、さらなる平等、安定性を政策目標に含めていたので、経済の資本発展の追求は、それらの目標をも確実に達成する経路を通らなければならないことに留意が必要である。

ミンスキーは、経済の資本発展を「十分に達成できない」主に二つの場合があると主張していた。「スミス型」と「ケインズ型」である。前者は、「誤った配分」と呼ばれるもので、間違った投資に資金が供給されることである。後者は、投資の不足を意味しており、高雇用を促進するには総需要が少なすぎる水準を、生活水準改善を促進するには生産能力が不足した状態をもたらす。

一九八〇年代にはこれらの両方に苦しんだが、何よりも重要なのは不適切な投資、とりわけ商業不動産への過剰な投資に苦しんだことである。二〇〇〇年代もまた、住宅用不動産部門にあまりにも大量の資金が流れ込んだために、資本発展が十分に達成されない「スミス型」の状況に再び苦しんだと言って良い。いずれのケースでも、ミンスキーなら証券化の問題を指摘するだろう。一九八〇年代の場合、貯蓄金融機関は住宅ローンを保有していなかった（代わりに、証券化していた）ので、商業不動産に流れ込んだ資金を供給する能力を有していた（この場合、REIT、すなわち不動産投資信託が問題の一部であった）。二〇〇〇年代の場合は、高リスク（高収益）の資産担保証券（ABS）を原動力にしたサブプライムローンとオルトAローンへの熱狂が問題だった。同時に、われわれは、バブルによる好況時であっても、慢性的に高すぎる失業率に直面していた。その結果、総需要が慢性的に不足することになった。総需要の不足は、国民の所得の大部分を（支出よりも貯蓄を行う）富裕層の手に委ねる不平等の拡大によって、悪化するばかりであった。

したがって、改革の立案に際しては、「スミス型」の問題と「ケインズ型」の問題の両方に直面することになる。まずは、金融機関が適切な量の資金を供給していないというケインズ型の問題を取り上げ、そのあと、資本発展を実際に促進する活動に適切な量の資金を配分するという、スミス型の問題を扱うことにする。

中央銀行が割引窓口《ディスカウント・ウィンドウ》を開いて準備預金を弾力的に供給すれば、銀行は中央銀行の誘導目標金利でそれを借り入れ、資産のポジションに資金を望むだけ供給できるようになる。この方法は、ケインズ型の問題の解決を保証するものではない。なぜなら、銀行は、経済の資本発展を促進するが、完全雇用を達成する上で、過剰に資金を供給する、あるいは過少に資金を供給するかもしれないからである。

ケインズ型の問題の「過剰」部分を解消するのは、どちらかというと簡単である。銀行がこのような活動に過剰な資金供給を行っていることが明らかになった場合、中央銀行や他の責任ある銀行規制当局が、銀行の資産購入に制約を課すことができるからである。例えば、過去の米国の不動産ブームの際には、貸出を減らすべきことが（主流派経済学者や多くのＦＲＢ関係者以外には）明らかであった。ＦＲＢはその権限を有していたにもかかわらず、介入することを拒んだ。

問題は、過剰な貸出に対する伝統的な対応が、ＦＲＢの誘導目標金利の引き上げだということである。借入は、特に陶酔的なブーム時には、金利に対してさほど敏感に反応しないので、効果を上げるには金利を一気に引き上げなければならない。また、金利の引き上げは、金融の安定性を維持するというＦＲＢの目標と矛盾する。というのも、一九七九年からのボルカーの実験が明らかにしたように、好況を終わらせるに足る金利の上昇は、深刻な金融的混乱を引き起こすのに十分な規模でもあるからである（全貯蓄金融機関のおよそ四分の三が支払不能に陥った）。現実の世界では、金利の上昇と貸出需要の減少の間になめらかな相関関係はない。金利が支払不能を誘発するほど高くなれば、最終的には経済のいたるところで債務不履行が雪だるま式に広がり、パニックと支出の急減を引き起こす。

実のところ、この認識の存在が、グリーンスパンとバーナンキ時代のＦＲＢが、一連の非常に小刻みな利上げによってメッセージをうまく伝える「漸進主義」に転じた理由の一つである。残念ながら、この方法は、市場が利上げに備えて、それを埋め合わせるだけの時間が十分にあることを意味し、政策の効果が小さくなってしまう。これらの理由から、金利の引き上げは、銀行の貸出量を制御する適切な手段ではない。その代わりに、政府の監督当局（ＦＲＢ、連邦預金保険公社（ＦＤＩＣ）、通貨監督庁）が使用する規制手段は直接的であるべきである。例えば、自己資金の比率や担保要件の引き上げ、さらには何らかの活動に対してそれ以上の資金が供給されないよう貸出停止命令さえ発するべきである。

他方、金利の引き下げは必ずしも借入や支出を促進するものではない。世界金融危機の余波の中で目にしたとおり、金利がゼロに近づいても民間支出は低迷したままである。良い借り手が見つからないときに民間金融機関に貸出を行わせるのは難しく、悲観的な予想が支配的だと良い借り手は借入や支出を行いたがらない。「ひもは引けても押せない」という格言は、低金利は総需要を押し上げないという意味である。不況期には、金融政策は無力であり、政府は財政政策に頼らざるを得ない。

正統派か異端派かを問わず、多くの経済学者は、公共インフラ投資を増やすべき時期は不況期だと主張している。不況期には、民間支出が落ち込み、労働者や機械は遊休状態にあり（それゆえ、それらを公共の領域に向け直すことができる）、金利は低い（そのため、中央、州、地方の各政府は低金利で債券を発行することができる）。公共支出を抑制しているのは、中央政府の財政赤字に対する不合理な恐怖だけである。

しかし、ミンスキーは、不況期に政府支出を増やし好況期にそれを抑える自動安定装置を、より重視していたと言うべきである。自動安定装置の重視は、選挙で選ばれた代表者が、長く激しい論争になる可能性がある政策プログラムの選択と支出の承認プロセスを経る必要がなく、自動的に作動することから有効である。ミンスキーが提唱した最も重要な自動安定装置は、彼が最後の雇い手プログラムと呼んでいた雇用保証であった。

経済の資本発展を促進するような融資を銀行に実行させる必要があるという、スミス型の問題の解決には、銀行の貸借対照表の資産サイドの活動を直接監督することが必要である。経済の資本発展を推し進める金融活動は促進されなければならず、それを「十分に達成しない」活動は抑制されなければならない。さらに、資本発展を支えるのに必要なすべての資金の供給を、銀行とシャドーバンクだけに頼らなければならない理由はない。後ほど詳細に論じるように、政府の資金供給が果たす役割も存在するのである。

改革に向けてのミンスキーの検討事項

ミンスキーは、一九八六年の著書『金融不安定性の経済学』の中で、以下の四つの主要な領域に焦点を当てた、改革に向けての検討事項を提示していた。

- 大きな政府（規模・支出・課税制度）
- 雇用戦略（最後の雇い手）
- 金融改革
- 市場支配力

本節ではミンスキーの検討事項を要約し、その後の節で、それを一九九〇年代以降の彼の著作に基づいてアップデートする。

ミンスキーは、あらゆる種類の資本主義が欠陥を抱えている（そして、民間所有の高額な資本資産に依存するいかなる形態の資本主義も、本章の冒頭で述べた失業、不平等、不安定性という三つの根本的な欠陥を示している）が、その欠陥が目立たないような資本主義を発展させることは可能であると主張していた。

本書の冒頭でも述べたように、ミンスキーは、投資が小さく消費が大きい資本主義、完全雇用を維持する資本主義、より小さな組織を育成する資本主義を支持していた。彼は、政策の焦点を移転支出から雇用に移したいと考えていた。また、政府による直接雇用創出がなくても完全雇用に近いものが達成できるという考え方には懐疑的だった。

したがって、ミンスキーは、包括的な最後の雇い手プログラムを作るための指針となる例として、ニューディールの資源保存市民部隊（ＣＣＣ）や国民青年局（ＮＹＡ）のような様々な雇用プログラムを挙げ、政府だけが完全雇用のために不可欠な労働力需要を無限に弾力的に提供できると論じていた。ミンスキーは、プログラムの包括的なコストを国民総生産の約一・二五パーセントと見積もっていた。これは、このようなプログラムを促進している他の研究者の最近の見積もり（Philip Harvey 1989, Wray 1998）や、アルゼンチンとインドにおける実際の経験と一致している。さらに、ミンスキーは、これもまたGDPの約一・二五パーセントに相当する、普遍的な児童手当[13]を支給するだろう。これらのプログラムを合わせれば、大部分の福祉と失業給付の支出を置き換えることができ、プログラムへの参加者に対して、現在実行されているプログラムよりも多くの機会と尊厳を与えることができるだろう。[14]

ミンスキーは、自身のプログラムはインフレを起こしにくいと主張していた。働かない人々にお金を支給し、それゆえ供給を増やすことなく生産物に対する需要を増やす福祉とは異なり、雇用プログラムは有用な生産物を生産し、生産性を向上させる。これは、雇用の一部が、経済の資本発展（前述のとおり、経済の資本発展には公共インフラが含まれる）を促進することに焦点を当てているからである。さらに、人々を雇用し続け、職場内での訓練を提供することは、人的能力を向上させることになる。

また、ミンスキーは、完全雇用はインフレを促進するにちがいないという反論を予想して、実際に賃金を安定させるのに有益な土台となる、比較的固定された一律のプログラム賃金を提案していた。これらの主張はすべて、近年、最後の雇い手政策の支持者によって受け入れられている。

最後に、ミンスキーなら、社会保障給与税（payroll tax）を廃止すること、また年金受給者が社会保障給付を失うことなく働けるようにすることで、労働力参加の障壁を減らすだろう。彼ならば、すべての労働者の社会保障給与税を二パーセントポイント引き下げるオバマ大統領の「社会保障タックスホリデー」を支持しただろう（残念ながら、この減税期間は、二〇一三年初頭の「財政の崖」の交渉において、大統領が共和党と妥協したことで終了した）。ミンスキーならば、社会保障給与税の従業員負担分と雇用主負担分の両方を廃止することによって、それをさらに推し進めたであろう。彼は労働意欲を減退させること、とりわけ逆進的な税によって減退させることに、公共的な目的を見出すことができなかった（社会保障給与税は、その「上限」のせいで、中・低所得者層を最も苦しめるように設計されている。すなわち、一定の水準を超える賃金には課税されず、賃金以外の所得には全く課税されないのである）。とはいえ、ミンスキーの提案のもう一つの要素は、社会保障の受給者が、税の免除を受けてより多くの収入を得つつ働き続けることができるようになったことで、実際に採用されている。

ミンスキーは、銀行の規模はその取引企業の規模に関係があると考えていたため、中小規模の銀行を支援する政策を支持していた。ミンスキーならば、これらの小規模な銀行に対してニューディールの規制の一部を緩和し、小規模な顧客が必要とするサービスを幅広く提供できるようにしただろう。ところが、米国の政策は反対方向へと進み、最終的なニューディール改革の廃止よりも前に、巨大銀行に対してグラス・スティーガル法の規制を免除したのである。それゆえ、銀行業は、ミンスキーがこれらの提案を行ったときよりもはるかに集中が進み、まさに彼が取ったであろう方向とは正反対のものとなった。

同時に、前述のとおり、政策立案や金融革新が「銀行」よりも「市場」を重視するようになったことも、さらなる銀行の統合を促進した。二〇〇七年に金融危機が発生すると、FRBと財務省は救済措置手法を採用したが、それによって、残っていた少数の巨大金融機関への集中が実際に増してしまった。金融危機後、巨大金融機関は以前よりはるかに巨大化し、はるかに競争相手が少なくなった。さらに、市場は、政府が「大きすぎて潰せない」銀行の後ろ盾となることで、実際にそれら銀行の競争上の優位を高めるのに対し、小規模な銀行については破綻を許容するという教訓を学んだ。したがって、これらすべての点で、政策が事態を悪化させたのである。

　ミンスキーの「大きな政府」は、その予算の反景気循環的な動きを通じて経済を安定化させるのに役立つ。既に述べたとおり、大きな政府は呼び水によって経済を微調整することができるという主流派ケインジアンの考え方を、ミンスキーは否定していた。ミンスキーは目標を定めた支出を支持していた（雇用保証がその一例であり、呼び水によって景気を刺激し、雇用が生み出されるのを期待するのではなく、雇用を直接創出するのである）。また、ミンスキーは、呼び水は持続不可能であり、完全雇用に近いものを達成するとインフレ促進的になり、それゆえストップさせられなければならないと主張していた（前述のストップ・ゴー政策）。最後に、伝統的なケインズ政策は、寡占化と労働組合の組織化が進んだ、それゆえ高需要に直面すると急上昇する管理価格で動いている部門を優遇することによって、不平等を拡大するとミンスキーは主張していた。

　政府の財政は「大きく」なければならない。前述のとおり、政府の財政の変動は、民間投資や経常収支の変動を相殺するのに十分な大きさがなければならないのである。そのような規模であれば、政府財政は総需要、所得、消費、利潤の安定に貢献することができる。われわれは、ゴッドリーの部門間《セクトラル》バランス・アプローチについて既に議論してきたので、国内民間部門が黒字化するためには財政赤字が経常収支赤字よりも大きくなければならないこと、またこのアプローチが金融安定性を高めるのに貢献することを理解している。

　ミンスキーは、政府支出のウェイトを移転支出から雇用・投資型の支出にシフトしたいと考えていた。この方法もやはり、経済の資本発展を促進するために利用され、それは大きな政府の支出によるインフレ圧力を軽減するのに役立つ。

　ミンスキーは大企業よりも中小企業を優遇したいと考えていた一方で、矛盾しているように思えるかもしれないが、法人所得税の廃止を提唱していた。しかしながら、彼は、個人所得税を計算するという目的で、すべての利益を企業の株主に帰属させるように、税務当局に求めたであろう。このような会計処理は、（株主の節税を可能にするために）企業が利益を留保する動機を弱め、経営幹部の報酬のためのストックオプションの利用を減らし（彼らは、株主に帰属する利益に基づいて課税されることになる）、負債を利用することへの偏重を減らすだろう（現在のところ、企業は支払利息を費用計上できるので、資本による資金調達の代わりに負債による資金調達を利用している）。

決済システムの改革

一九九〇年代、ミンスキーは、「金融の再構築」に注力しており、それに関する彼の提案は、既にいくつか紹介したとおりである。貯蓄貸付組合（S&L）危機（それに続いて、一九八〇年代後半から一九九〇年代初頭には、大銀行に問題が生じた）のあと、米国では預金保険に関する議論が盛んに行われた。預金保険に対する不満は、政府の保険が銀行や貯蓄金融機関の後ろ盾になっている以上は米国政府がそれらの金融機関の失敗を埋め合わせてくれるので、預金者が金融機関を律する理由がなくなってしまうというものであった。この問題を受けて、預金保険の改革もしくは廃止さえ要求されることになった。ミンスキーは、その議論に彼独自の考えを持ち込んだ。

ミンスキーによれば、過去三十年〜四十年にわたって銀行が直面してきた問題は、シャドーバンク（あるいは、ミンスキーが言うところの、マネー・マネージャーの運用する資金）による、銀行ビジネスの「いいとこ取り」である。マネー・マネージャーの運用する基金（MMMFなど）の小切手の振出が可能な預金保険の保証がない預金は、より高い利回りを提供しながらも、比較的便利な預金保険の保証がある預金［以降、付保預金］の代替物であり、決済システムのかなりの部分で銀行を迂回することを可能にしている。
ミンスキーが主張していたように、クレジットカードもまた銀行を通さない、決済システムの迂回を行っている（とはいえ、大銀行はクレジットカードビジネスの多くを取り込んでいる）。その一方で、企業が銀行融資を下回る金利で短期借入ができるコマーシャル・ペーパー市場が発達したことにより、銀行は貸借対照表の反対側〔借方〕でも苦しめられていた（場合によっては、企業は銀行が資金調達する場合より低金利で資金を借りられることもあった）。ここでも銀行は、コマーシャル・ペーパーに保証を行い、手数料を得ることで、そのビジネスの一部を再び取り込んでいた。しかし、これらの競争圧力により、銀行はコストのかかる与信審査や地域密着型金融《リレーションシップ・バンキング》を放棄し、それらは「ＯＴＤ（Originate-to-Distribute）」モデルに取って代わられた。[15]
これらの競争圧力に対する簡単な解決法はないが、ミンスキーはいくつかのアイディアを提示していた。ミンスキーは、いくつかの出版物で、決済システムを銀行の利益《プロフィット》センターにする方向へ政策が進むべきだと主張していた。

銀行システムの弱点の一つは、資産から得る収益と預金に支払う利子の差額で決済システムのコストを賄うという米国のスキームにまつわるものである。一般的に、当座預金口座の管理には、小切手の利用可能な預金額の三・五パーセント程度のコストがかかる。もし当座預金口座が銀行にとって独立した利益《プロフィット》センターになれば、銀行はマネー・ファンドとの競争においてより有利な立場になると考えられる。
——Minsky, 1992a, p. 36

戦後間もないころのように、銀行や貯蓄金融機関が決済システムを独占していた時代に戻ることは望ましくないかもしれない。しかし、一八〇〇年代に連邦政府は、〔州法銀行が発行する〕民間の銀行券に課税することで民間銀行券を排除した。それと同じように、銀行を介した決済に優遇措置を講じれば、銀行の競争力を回復することができるのではないだろうか。シャドーバンクの決済システムのコストが、伝統的な銀行のシステムのコストに比べて高くなるように、マネー・マネージャーの運用する基金を通じた決済に取引税を課すことも可能である。さらに、FRBの決済システムの利用手数料を引き下げ、銀行を助成することも可能である。また、ミンスキーは、デビットカードが小切手に取って代わることで、銀行が決済システムの運用コストを大幅に引き下げられるのではないかと期待していたが、それは実際に起きているようである。(16)

一部の論者は、しばしばシカゴプランと呼ばれる、アーヴィング・フィッシャーとミルトン・フリードマンによる百パーセント準備論の提案への回帰を求めた。ミンスキーは、シカゴ大学の学生としてこのアイディアに接し、好意的に受け止めていた（彼はそのアイディアを推進する本(17)に、それを支持する序文を書いている）。簡単に言えば、レヴィ経済研究所の研究者であるロニー・フィリップスの提案は、預金を提供する一方で、最も安全な資産（国債）しか保有しないナローバンクのシステムを創設するというものである。その考え方は、金融システムの一部分を切り離し、完全に安全な状態に保とうというものである。「カジノ経済」を避けたいと思う人は誰でも、安全なナローバンクに預金を保有しておくことができる。これは、現代の金融機関は、規制を逃れるために金融革新を起こすか、あるいは本社を海外に移転するから、現代の金融部門を規制することは「不可能」だと主張する批評家に対する一つの回答である。ナローバンクの提案は、金融部門を「安全な」セグメントと「リスクの高い」セグメントに分割するのである。

しかし、ミンスキーは、この方法は、

経済の資本発展という主要な目的を見〔失っていると主張していた〕。銀行業の重要な役割は貸出であり、より良い資金供給である。あらゆる金融システムにおいて問われるのは、銀行やその他の金融機関の保有する資産は何を対象としているのか、最も身近な金融業者は分散化した地元の金融機関であった方が経済の資本発展がより良いものになるのか、そして、業務制限は部門別の金融機関に向かうべきか、それとも広範な管轄権を有する金融機関に向かうべきか、ということである。

——Minsky, 1992a, pp. 36-37

シカゴプランは、ある意味で、「うまく機能しているものを変更する」ものである。世界金融危機の際、取り付けが付保預金に対しては起きなかったことに留意する必要がある。預金保険は、取り付けを食い止めるというまさに期待されていたとおりの役割を果たしたのである。真の問題は、保険がつけられていない「預金類似」商品であるMMMFにあった。政府は、取り付けを食い止めるために、MMMFにまで保証の対象を拡大しなければならなかった。政府は、これらの保険がつけられていない資金に対しては、その「預金」が銀行の付保預金と同じように安全であるかのように見せかけることを禁止し、二度とそのような保険がつけられていないファンドの保有者を保護しないことを明確にした方が良いように思われる。

確かに、ミンスキーは、ナローバンクの提案を全面的に否定していたわけではない。ミンスキーは、この提案が周辺的な問題、すなわち決済システムと貯蓄システムの安全性および健全性にしか対処していないと考えたに過ぎない。ナローバンクは、経済の資本発展の促進に取り組むものではない。したがって、ミンスキーは、ナローバンクを持つことはよいが、ナローバンクではない金融機関をどう取り扱うかという、より大きな問題を依然として抱えたままだと考えていたのである。

また、ミンスキーは、預金保険を廃止すれば、預金者がやりたい放題の銀行に規律を課すようになるという主張には惑わされなかった。これは端的に不可能である。預金者には、そのような時間も専門知識もないだけでなく、銀行の詳細な貸借対照表を閲覧することもできない。銀行は、守秘義務のために、預金者に対して（政府の規制当局を除く他の誰に対しても）その帳簿を開示することはできない。したがって、預金者が銀行の資産が優良かどうかを判断することは、文字どおり不可能である。市場原理に頼ることを支持する論者は、信用格付機関が必要な情報を提供すると主張しているが、今やそれはばかげたことだと分かっている。信用格付機関は、世界金融危機へと向かう時期に、惨めにも資産のリスクを適正に評価することに失敗したのである。

安定性、安全、民主主義を促進するための制度設計

その後、ミンスキーは、レヴィ経済研究所に在籍しながら現代資本主義のための制度設計を提唱する政策研究を続けた。彼は、資本主義は動態的で様々な形態に変化するので、一九三〇年代の改革はもはやマネー・マネージャーの形態の資本主義には適していないと主張した。

この段階の資本主義が、ニューディールや「ケインジアン時代」の政策が残したものを廃止しようとする新保守主義《ネオコンサバティブ》のイデオロギー（あるいは、米国外では新自由主義《ネオリベラリズム》と呼ばれているもの）の台頭に遭遇することになったのは偶然ではない。金融機関の規制から退職年金の公的な提供にいたるまで、あらゆるものが民営化推進論者による攻撃を受けている。民主党の大統領ビル・クリントンは、寿命を限界とする支援を一時的な支援に置き換えることで、「われわれが知っているような福祉を終わらせ」さえした。ミンスキーは（既に述べた理由から）福祉の熱心な支持者ではなかったが、クリントンはムチを

与えてアメを与えなかった。クリントンは、「福祉受給権」を取り上げたが、雇用の供給を自由市場任せにすることを選好して雇用を与えなかったのである。

しかしながら、ミンスキーは、自由市場イデオロギーは、特にこの段階の資本主義においては危険であると主張していた。皮肉なことに、戦後初期には、民間債務の水準が低く、民間のポートフォリオは政府債務で占められ、一九二九年の大暴落の記憶が保守的な行動を生み出す状況にあったことから、「見えざる手」はさほど悪影響を及ぼすことがなかった。しかし、民間の負債比率がはるかに高くなり、恐怖よりも強欲を促進する環境の中で数十年にもわたってレバレッジをかける投資を続けたことで、現在では「見えざる手」がますますリスクの高い行動を助長している。

したがって、一九九〇年代のミンスキーによる代替的な政策提案は、危険を軽減し、安定性を促進し、民主主義を促進することを目的としたものであった。彼は、雇用創出、賃金の一層の平等を促進する政策、それに児童手当を引き続き支持していた。

ミンスキーは、レヴィ経済研究所の他の研究者とともに、クリントン大統領に、小規模なコミュニティ開発銀行の仕組みを創設するプログラムを採用するよう働きかけた。ミンスキーの提案は、クリントン政権の初期に実際に採用されたプログラム（明らかにミンスキーの提案の影響を受けていた）よりもはるかに先を行くものであり、十分なサービスが行き届かない地域に提供される金融サービスの範囲を広げるものであった。

ミンスキーは、メガバンク化の傾向が、「米国の銀行システムの最も弱い部分である巨大銀行の拡大を可能にしてしまうのではないか」と懸念しており、それは巨大銀行が「効率的だからではなく、その巨大な資産基盤とキャッシュフローの影響力を利用して、地方銀行を不利な状況に追い込むことができるからである。米国の状況では、略奪的な価格設定や［市場の］独占を排除できない」（Minsky,

1992a, p. 12）と論じていた。さらに、融資の規模は資本基盤に左右されるので、大銀行は当然「大口取引」と相性が良い一方で、小規模な銀行は小規模な顧客にサービスを提供しているとして、次のように論じている。「資産が十億ドルの銀行[18]は、八千万ドルの資本を有しているかもしれない。そのため、その銀行は八百万〜千二百万ドルの信用供与限度額を持つことになる……米国の状況において、そのような銀行の通常の顧客は地域企業や中小企業であることを意味し、そのような銀行は中小企業を発展させる企業である」（Minsky, 1992a, p. 12）。

▽コミュニティ開発銀行の提案

そのような理由で、ミンスキーは、小規模なコミュニティ開発銀行を創設し支援する政府の積極的な政策を提唱していた。[19] 簡単に言えば、国家の資本発展と一国のコミュニティの資本発展は、幅広い金融サービスの提供を通じて促進されるという主張であった。残念なことに、多くのコミュニティ、低所得の消費者、中小企業、ベンチャー企業には、これらのサービスが十分に供給されていない。[20]

例えば、多くのコミュニティでは、銀行の店舗よりも小切手現金化業者や質屋の方がはるかに多い。多くの家計は当座預金口座さえ保有していない。中小企業は、クレジットカードの負債を利用して資金調達を行うことも多い。これらはすべて、銀行よりも割高な代替手段である。

したがって、ミンスキーの提案は、以下のようなすべての種類のサービスを提供する小規模なコミュニティ開発銀行のネットワーク（十分なサービスを受けていないコミュニティのためのユニバーサルバンク[21]のようなもの）を創設するものであった。

1　小切手の現金化と決済、およびクレジットカードとデビットカードのための決済システム

2　貯蓄と決済を実施するための安全な預金
3　住宅ローン、消費者ローン、学生ローンなど家計のための資金供給
4　融資、給与支払業務、経営アドバイスなどの商業銀行サービス
5　企業の資産に対する適切な債務構造を決定し、これらの債務を売り出すための投資銀行サービス
6　家計向けの資産運用とアドバイス

——Minsky et al., 1993, pp. 10-11

このコミュニティ開発銀行によって行われるべきサービスのリストは、前章で述べた金融システムが果たすべき基本的な機能のリストに似ている。そのため、コミュニティ開発銀行の提案は、実のところ金融システムの抜本的な改革の概要を示している。

コミュニティ開発銀行は、小規模で、地域に密着し、高収益を上げるよう維持されることになるだろう。コミュニティ開発銀行は官民の共同事業者であり、それらに資本を供給し、それらを認可して監督するために、コミュニティ開発銀行のための新しい連邦銀行が創設されることになるだろう。それぞれのコミュニティ開発銀行は、銀行持株会社として組織され、その構成は例えば次のようなものになるだろう。

a　決済サービスを提供するナローバンク
b　企業への融資と家計への住宅ローンを提供する商業銀行
c　企業の株式発行や長期負債の売り出しを支援する投資銀行

d　受託者としての役割を果たし、財務に関する助言を提供する信託銀行

前述のとおり、クリントン大統領はコミュニティ銀行を創設する法案の可決を支援し、それに署名したが、実際に創設されたシステムの規模と範囲は、ミンスキーが提唱していたものよりはるかに小さいものだった。

▽シャドーバンキングの改革

金融システム改革では、マネー・マネージャー資本主義における「シャドーバンク」に対処する必要がある。ミンスキーは、特に年金基金に焦点を当てていた。なぜなら、ミンスキーは、年金基金が一九八〇年代のレバレッジド・バイアウト[22]（ＬＢＯ）・ブーム（とその崩壊）の主たる原因であったと考えていたからである。同様に、二〇〇〇年代半ばの一次産品《コモディティ》ブームとその崩壊の原動力が、年金基金であるという有力な証拠もある。確かに、年金基金はマネー・マネージャーの運用する資金の一部分に過ぎないが、税制上優遇されており、年金給付保証公社（ＰＢＧＣ）を通じて準政府機関として援助を受けているため、政府によって保護・支援されている部分である。[23]

したがって、年金基金は、もう一つの官民共同事業であり、公共目的を果たすべきである。ミンスキーは、「年金基金の力は、オープンエンド型のＩＲＡ*（拠出額に限度がなく、引き出しにペナルティはないが課税され、発生した利子および配当金は引き出した場合を除き課税されない）の導入によって弱めるべきではないか」と考えていた（Minsky, 1992a, p. 35）。ミンスキーは、年金基金のファンドマネージャーと競争し、彼らの影響力を弱めるＩＲＡを促進する政策を支持していた。

また、ミンスキーは、金融機関の種類ではなく業務による規制を提唱していた。つまり、シャドーバ

ンクも、銀行が提供する際に規制を受ける金融商品を提供する場合には、規制の対象とすべきだということである。例えば、住宅ローン融資を実行するいかなる種類の金融機関も、住宅ローン融資を行う銀行や貯蓄金融機関と同じように規制されるべきである。そうしたアプローチにより同様のコストを課すことで、「底辺への競争」を行う動機が弱まるだろう。

▽失業、不平等、不安定性に対処するための金融のダウンサイジング

最後に、失業、貧困、不平等、不安定性に対するミンスキーの考え方に戻ると、間違いなく、彼は最近の金融部門の動向に愕然とするだろう。

まず、賃金シェアから総資本所得（すなわち、利潤シェア）への重大なシフトが起きている。賃金の停滞が、一九九〇年代の半ば以降の急加速を伴う過去三十年間にわたる家計の負債増加を促進する役割を果たしたと、多くの論者が主張している。

一九九六年にミンスキーが亡くなって以来、レヴィ経済研究所の多くの研究者は、民間部門の赤字がかつてないほど巨額で慢性的なものであり、持続不可能であることが証明されるだろうと、主張してきた。依然として家計を圧迫している負債の山は、部分的には、家計が生活水準を維持しようとする中で、国民所得が賃金から他にシフトしてしまったことによって引き起こされたものである。このシフトは、主にウォール街の「上位一パーセント」に大きな利益をもたらした。

バブリーナ・チャーネバの研究によれば、世界金融危機からの回復の利益の九十五パーセントは、

＊　個人退職基金口座のことで、個人年金制度の一種である。

上位一パーセントの所得層の手に渡っていた。[24]別の研究からは、米国の人口の上位千分の一（〇・一パーセント）が、今やすべての資産の五分の一を所有していることが分かっている。[25]

同様に問題なのは、金融部門への利益の配分である。金融・保険・不動産（the finance, insurance, and real estate, FIRE）[26]部門は、危機の直前には全企業利益の四十パーセントを得ていたが、その割合が当時の水準に戻ってきている。この高水準は、一九七〇年代までは十〜十五パーセント、一九九〇年代までは二十パーセントであったのとは対照的である。FIRE部門の付加価値も、戦後初期の「GDPの」十二パーセントから現在では二十パーセント近くにまで増加したが、二〇〇〇年代のバブル期には、その利益の割合は付加価値に占める割合の二倍になっていたのである。

したがって、三つの相互に関連する問題が経済の資本発展を妨げている。第一に、利潤への分配があまりに大きく賃金への分配があまりに小さいため、これが需要を押し下げ、失業の原因となっている。第二に、金融部門が、付加価値の二十パーセントを占め、GDPに占める割合があまりに大きすぎて、不安定性を増大させている。第三に、金融部門に配分される企業利益の割合があまりに大きすぎる。

経済の資本発展がうまくいくようにするには、金融のダウンサイジングが不可欠である。企業利益の四十パーセントが金融に集中しているのでは、他の部門の利益が少なくなりすぎるだけでなく、企業家的な努力や革新が、実体経済ではなく金融部門に向かうことを促してしまう。この過度な金融化《ファイナンシャライゼーション》の原因の多くは、「大きすぎて潰せない」金融機関に集中している。それらの機関を財産管理人の下に置き、分割する必要がある。あるいは、「大きすぎて潰せない」金融機関に、銀行免許を失うか、ダウンサイジングするかのどちらかを選択するように要求すべきである。

▽二十一世紀の資本主義の成功を促進するための政策

ミンスキーが最後期の論文の一つで述べていたとおり、「現在の困難な状況は、経済の成功をどのように評価するかだけでなく、二十一世紀の資本主義を成功させるための制度的な前提条件についても考えることを不可欠にしている」[27]。ミンスキーは続けて、自らの段階論アプローチを手短に要約し、戦後の「父権的」資本主義〔経営者・福祉国家資本主義〕の特徴を説明した。

> 〔戦後の「父権的」資本主義の特徴として、〕経済が低迷したときに利潤を維持させる反景気循環的な財政政策、金本位制の問題に制約されない低金利と連邦準備による介入、銀行や貯蓄金融機関に対する預金保険、運輸、工業、金融といった産業に政府の資本を注入する一時的な国営投資銀行〔復興金融公社〕の設立、（住宅や農業のような）部門が抱えている問題に対処するために創設された専門組織による介入〔を含んでいた〕。
>
> ——Minsky and Whalen, 1996, p. 3

> 戦後初期においては、世界大恐慌の記憶が、
>
> 負債の利用を慎重〔にさせていた〕。しかし、順調な経済の期間が長くなるにつれ、負債に対する安全性のゆとり幅《マージン》が低下し、システムが内部金融よりも負債への依存を強め、既存の資産の取得にも負債が利用されるようになった。その結果、かつての頑健な金融システムは次第に脆弱になった。
>
> ——Minsky and Whalen, 1996, p. 4

マネー・マネージャー資本主義が、徐々に父権的資本主義の段階に取って代わり、安定性を提供してきたこれらの制度を侵食していった。

> 急速に進化する金融システムと経済の他の構造的な変容による圧力を考えると、経済的な不安定性が広範に見られるのは当然のことである。父権的な金融構造の消滅に伴って、企業の父権主義も衰退した。ほぼすべての部門が売り買いされ、さらに取締役会が、間接経費を削り、最も安価な可変投入物を探し出すことを常に求めるので、ほぼすべての階層の労働者が不安定になる。
>
> ——Minsky and Whalen, 1996, pp. 5-6

> 多くの世帯が、不況と景気回復を区別できなくなる。好調な利潤と最近の生産性向上にもかかわらず、モルガン・スタンレーの首席エコノミスト、スティーヴン・ローチは、「景気が回復しようとしまいと、一九九〇年代は依然として人員削減、長時間労働、ホワイトカラー・ショック*ばかりで、新規就業の機会は比較的限定されている」と記して、大部分のアメリカ人の考えを要約している。
>
> ——Minsky and Whalen, 1996, p. 8

> 今日の経済学者と政策立案者の目前にある課題は、以下のことを含む過去の貴重な教訓を忘れることなく、来たるべきミレニアムの難題にうまく対処することである。第一に、資本主義は多様性に富むこと、第二に、公共政策を通じて確立された制度は、資本主義がどのような形態になるかを決定する上で極めて重要な役割を果たすこと、そして、第三に、自由放任主義《レッセフェール》は経済的大惨事をもたらす処方箋であることである。
>
> ——Minsky and Whalen, 1996, p. 8

ミンスキーは次に、敵対的で野蛮な「要塞型」資本主義、楽観的で人道的な「共存共栄型」資本主義という、選択可能な二つの未来が存在すると論じている。ミンスキーが亡くなって以来、われわれが前者を追求してきたことは明らかである。それは大惨事への道である。なぜなら、ミンスキーが論じているように、「資本主義は、経済学者や政策立案者が、人々が不確実性と不安定性に対して限られた許容度しか持っていないことを認識している場合にのみ成功し得る」(Minsky and Whalen, 1996, p. 9) からである。これからの課題は、「開かれた民主的な社会の文明的水準」(Minsky and Whalen, 1996, p. 10) を確保しながら、不安定性を軽減することである。これらは相互補完的な目標である。

短期的には、社会は「高成長」路線、あるいは「低賃金」路線を追求して競争することを選択できる。統一後のドイツは、完璧というには程遠いものの、前者の一例である（ドイツは、ＥＭＵ加盟諸国の賃金が上昇している間も賃金を一定水準に保ち、低コストの生産国となった。多くの点で中国も同じだが、中国は非常に低賃金の競争者の位置からスタートしたのでやはり不完全であり、さらに、中国の成長は都市と農村の生活水準の格差を拡大させている）。低賃金路線は、途上国の多くで選択されており、米国でも選択されている。

低賃金路線は、自国民を支援したいと考えている大国にとって持続可能ではない。米国は、世界の先頭を行く国々に多くの点で急速に遅れをとっている。米国の公共インフラは先進国の水準に達していない。米国は世界でほとんど唯一、安価で全国民共通の医療や大学教育（米国の学校教育は現在、先進国としては本当に必要最低限の水準である）を提供することを拒んでいる。米国の退職保障制度は、ほとん

＊　外国企業や外国の労働者との競争により、国内のホワイトカラー労働者の仕事が失われる問題のこと。

どの労働者が大きな個人金融貯蓄を持っていない高齢化社会の面倒を見るという任務に対応できていない。さらに、米国の社会保障プログラムは、それをウォール街の管理下に売り渡そうとする自称民営化推進論者による攻撃を絶えず受けている。

また、ミンスキーは常々、米国の「政府消費支出」の現状を嘆いていた。ミンスキーは、イタリアのベルガモに一時的に住んでいたときに夜の散歩（石畳の通りや広場の散策）をするのが大好きだったが、味気ないショッピングモール（それらの多くは今や破綻し閉鎖されている）しか持たないアメリカ人はなんと貧しいのかと語っていた。それはイタリアに対して少し楽観的すぎる見方かもしれないし、そこでの生活水準はユーロ危機が始まって以来低下しているが、ヨーロッパ（あるいは英国でさえも）を旅行したことがある者ならミンスキーの言わんとすることは理解できるだろう。[28]

結論

過去数十年の間に、「市場は公共の利益を促進するために機能する」という信念が人気を得るようになった。ミンスキーは、「しかし、そうでない場合はどうするのか」と疑問を呈していた。その場合には、抑制と介入のシステムの方がより効果的に機能するだろう。ミンスキーは、現代経済の生来的かつ固有の不安定性を抑制するのに役立つ、制度的な「天井《シーリング》と床《フロア》」を発展させたいと考えていた。

ミンスキーはまた、「産業」が「投機」よりも優位に立つようにしなければならず（ケインズの有名な二分法を思い出して欲しい）、その逆ではないと信じていた。あるいは経済の資本発展は、スミス／新古典派型もしくはケインズ／総需要型という二通りで、十分に達成されないだろうと考えていた。もし投資が誤った方向に向けられれば（スミス型の問題）、資源を浪費するだけでなく、好不況の波が生じる。もし投資が少なすぎれば（ケインズの難問）、失業に苦しむだけでなく、利潤が少なすぎて支払約束を下支えできず、債務不履行に陥る。

さらに、「産業」の利潤が少ないと、金融部門の支払約束も果たされないので、金融部門にも問題が生じる。その場合、個々の利潤追求行動は、金融市場、労働市場、商品市場のすべてで賃金と物価を下落させるように反応し、負債デフレを生み出すという調和のとれない結果をもたらす。

スミス型の考えでは、負債デフレは内生的ではなく、むしろ太い尾《ファットテール》の黒鳥《ブラックスワン》を含む外生的な要因や、政府の過剰な規制や介入のために生じるにちがいないというものになる。したがって、その解決策は、規制緩和、政府の規模縮小、減税、予期せぬブラックスワン・イベントのような「ショック」に迅速に対応できるように市場をより柔軟なものにすることだと考えられている。

ミンスキー派の考え方では、金融構造は、経済運営が成功していることへの経済主体の自然な反応の結果として、好況の時期が続く間に頑健な状態から脆弱な状態へと変容していくものになる。もし政策立案者がこのことを理解していれば、その変容を減少させ危機が生じた際にはそれに対処する政策を策定することができる。ミンスキーにとって、スミスの考えに依拠することは、〔無策で〕「見えざる手の合図」を信じることでしかない。

ミンスキーは自らのアプローチに、安定性が不安定性を生み出す、という悲観論が浸透していることを認めていた。不安定性の問題に対する最終的な解決策はない。しかし、ミンスキーは、将来の見通しについては基本的に楽観的であり、われわれはこれまでやってきたよりも、うまくやることができると考えていた。

監訳者あとがき

横川太郎

一

本書は、ハイマン・ミンスキーの弟子であるL・ランダル・レイによるミンスキー理論の解説書である。

著者であるレイは、一九五三年にカルフォルニア州のユーレカに生まれ、パシフィック大学で心理学を学び、一九七六年に社会科学の学士号を取得した。その後、カルフォルニア州立大学サクラメント校を経て、セントルイスのワシントン大学の大学院に進んで経済学を学び、一九八五年に修士号を、一九八八年に博士号を取得している。そのワシントン大学時代に師事していたのが、本書の主題となっているハイマン・ミンスキーだった。(1) ミンスキーは、一九六五年から一九九〇年までワシントン大学の教授を務めており、レイはミンスキーから直に彼の経済学を学んだ世代となる。ミンスキーは、一九九六年にこの世を去ったが、その著作はミンスキー・アーカイブとしてレヴィ研究所ウェブサイト（https://www.bard.edu/library/archive/minsky/）で公開されている。しかし、アーカイブに収められた資料は膨大であり、なかには草稿や手稿、完全な形で収録されていない資料もあり、ただでさえ難解とされるミンスキーの経済理論を広める上で、さらなる困難をもたらしている。

本書は、そうしたミンスキーの膨大な著作を、その教えを直に受けたレイが読み解き、体系的に再整理して解説したものである。著者であるL・ランダル・レイには数多くの著作がある。単著として一九九〇年に *Money and Credit in Capitalist Economies*、一九九八年に *Understanding Modern Money* を出版しており、なかでも有名なのが二〇一九年に邦訳が刊行された『MMT現代貨幣理論入門（*Modern Money Theory, 2nd Ed.*, 2015）』（東洋経済新報社）であろう。本書を手に取った読者の方にも現代貨幣理論（MMT）に興味がある方が多いのではないだろうか。これは本書での言葉ではないが、レイは「ミンスキーこそが、後にMMTとなる主要な要素をもたらした」（Wray 2018, p.5）と明らかにしており、本書は彼がミンスキーの経済学のどのような側面に注目し、MMTとして発展させていったのかを知る上でも重要な手掛かりになると考えられる。

本書の内容については、著者により第一章で簡潔にまとめられているため、ここですべてを繰り返し論じることは控えたい。ここでは、本書の特徴と注目すべき点について簡単に整理をしたい。

二

ハイマン・ミンスキーといえば、「金融不安定性仮説（Financial Instability Hypothesis）」の提唱者として、経済学者、金融業界関係者、あるいは金融や投資に興味があるビジネスマンなどに知られる研究者である。二〇〇七年以降の世界金融危機の際には、「ミンスキー・モーメント」や「ミンスキー・クライシス」という言葉が人口に膾炙したことを覚えている読者も多いのではないだろうか。

本書でも紹介されているように、世界金融危機の際には、著名な経済学者であるポール・クルーグマンやジャネット・イエレン（現財務長官、前FRB議長）が相次いでミンスキーに言及した。日本でも、二〇〇八年から二〇〇九年にかけて、日本経済新聞上でポール・マカリーや奥村洋彦（学習院大学教授〈現・名誉教授〉）によって、ミンスキー・モーメントや、金融の不安定性や不確実性に関してミンスキーに言及する記事が掲載された。(2)

そういった経緯もあり、ミンスキーと言えば、金融不安定性仮説または金融危機に関する理論家、あるいは金融論の専門家と捉えることが一般的となっている。確かに、主著である『金融不安定性の経済学』でも、金融不安定性仮説に関連した第Ⅲ部「経済理論」の各章と、貨幣供給の内生性と金融革新について論じた第Ⅳ部「制度の動学的運行」の第十章「資本主義経済での銀行」が、(3)これまで主に注目されてきたことは否めない。さらに、本書でも紹介されているように、ミンスキー自身もポスト・ケインジアンではなく「金融的ケインジアン」と自認することを好んでいた。

しかし、本書が明らかにしたように、ミンスキーの研究は、実際には金融不安定性にとどまるものではなく、現代資本主義経済が生来的に有する固有の不安定性を、理論・実証・政策の側面から論じる非常に視野の広いものとなっている。そのなかでも比較的有名なのが、「資本主義の制度的進化」（本書では「資本主義の長期的進化」あるいは段階論）のアプローチだと考えられる。また、『金融不安定性の経済学』でも、第Ⅴ部の政策の部分で用語としては出てこないものの、「最後の雇用者（Employer of Last Resort, ELR）」政策を提言していた。

三

『金融不安定性の経済学』を出版した一九八六年に書かれた論文の中で、ミンスキーは新たな金融不安定性の要因としてマネー・マネージャーの存在を認識するようになっていた（Minsky 1986b）。ミンスキーは一九九〇年代前半を通じて、資本主義経済を四ないし五つの金融的な発展段階、すなわち「商業資本主義」、「金融資本主義」、「経営者・福祉国家資本主義」、「マネー・マネージャー資本主義」に分けて論じるアプローチを形成していった(4)。

本書でも説明されているように、ミンスキーの「金融不安定性仮説」は短期の景気循環の理論であると一般には理解されており、同仮説は負債デフレさえ引き起こしかねない不安定性が、資本主義経済の正常な働きの結果として生じることを明らかにする。不況直後の深刻な景気後退を経験した経済は、景気の拡張局面を通じて脆弱な金融構造へと内生的に変化していく。まさに「安定性が不安定性を生み出す」のである。

しかし、現実の経済において、深刻な不況や負債デフレといった事態が生じるのは稀である。それは、実際に観察される経済的な過程の結果が、市場メカニズム単体によるものではなく、内生的な経済的過程を抑制・制御する制度、慣行および政策介入を踏まえたものだからである(Ferri & Minsky 1992, p.80)。すなわち、制度的な「天井と床」の存在が、景気循環が発散的となることを抑制し、振幅を制限しているのである。この制度的な「天井と床」の最たるものが、「大きな政府」と「最後の貸し手」としての中央銀行(「大きな銀行」)の介入ということになる。ただ、それだけにとどまらず、本書でも説明されていたような株式市場の回路遮断機《サーキット・ブレイカー》などの民間によるものを含む、経済の不安定化傾向を抑制する制度的な仕組みと政策介入が存在している。ミンスキーは、これらの制度的な仕組みや政策介入を、後に「抑止的システム(thwarting system)」と名づけた(*ibid.*)。

抑止的システムは、不安定な経済の安定化に寄与するが、その効果と有効性は時とともに変化することから、その成功は一時的なものとなる。制度的な仕組みや政策介入の存在は、不安定性を抑制するが、利潤を追い求める経済主体には、自らの行動に対する政策と制度の影響を学習し、その行動を最適化する誘因が存在する。つまり、学習を通じて規制を回避したり、規制の抜け穴をうまく利用したりすることで利益を得ようとするのである。それが金融革新を含むイノベーションや制度変化を引き起こす。金融危機で規制に抜け穴があることが発覚した場合、それを埋める必要があるが、改革を実施してもいずれ新たなイノベーションが引き起こされることになる。ミンスキーが「不安定性は、一組の改革によって休止するとしても、時間が経過すれば、装いを新たに出現してくる」（Minsky 1986a, 邦訳四一四頁）と言ったのは、まさにそのためである。ゆえに、当初不安定性を抑制する役割を担っていた制度や政策介入であっても、次第に有効性が低下し、場合によっては不安定性を高める要因にさえなる可能性がある。そうなれば、不安定性の高まりを抑制する適切な制度的な仕組みを新たに構築する制度改革が必要となる（Ferri & Minsky 1992, pp.83-84; 鍋島二〇〇二、一二三―一二九頁）。

実際、ＦＲＢによる「最後の貸し手」としての介入は、金融危機が恐慌に発展するのを阻止する反面、「『問題含みの資産』を連邦準備の負債に変換」（Minsky 1982, 邦訳一一頁）し、金融革新で生まれた新たな金融手段に「暗黙の裏書き」を与えることになる。また大きな政府も企業利潤を維持して債務履行を可能にする反面、脆弱な金融構造の持続を容認することになる。すなわち、「政府の赤字支出と最後の貸し手としての介入を通じて、危険な金融取引に伴う潜在的な費用が、かなりの程度社会化される」（Dymski & Pollin 1994, 邦訳一八七頁）のである。そのため、不安定性を抑制する制度的な仕組みを学習した経済主体にとっては、より大きな上振れ《アップサイド》の可能性を秘めたリスクテイクを促進することが合理的な行動となる。その結果、抑止的システムとしての中央銀行による最後の貸し手と大きな政府の有効性が次第に低下する一方、政策介入の費用は増大していくことになる。脆弱な金融システムを救済し、不況を回避するために介入が必要とされるが、介入政策そのものが脆弱性の増幅を促し、将来の政策介入での負担を増大させる「ミンスキーの逆説」が生じるのである（*ibid.* 185-189, 邦訳二〇一―

二〇一頁)。

このように、金融不安定性仮説には、資本主義の内生的な不安定化を明らかにする「金融的ダイナミクス」の側面と、その不安定性を安定させる「抑止的システム」の存在がイノベーションと制度変化を惹起させ、それが新たな不安定性を生み出して既存の制度と政策の有効性を低下させていくという「制度的ダイナミクス」の側面が存在しているのである(Nasica 2000,鍋島二〇〇三)。

この「制度的ダイナミクス」の繰り返しによる長期的な構造変化に注目した議論が、「資本主義の制度的進化」のアプローチである。すなわち、経営者・福祉国家資本主義の下で、投資と利潤の下振れ《ダウンサイド》リスクに対して「床」を設定したことは、企業や銀行による投機的な金融慣行の追求を促すことになり、企業は負債による資金調達に依存するようになった。その結果、当初は頑健だった金融構造が次第に脆弱な金融構造に変化していった。同時に、経営者・福祉国家資本主義の下での年金を含む家計資産の蓄積が、年金基金をはじめとしたマネー・マネージャーの活動と影響力を拡大させ、マネー・マネージャーによる、またはマネー・マネージャーのための金融革新を促進させた。その結果が、「マネー・マネージャー資本主義」への移行だったのである。

つまり、積極的な経済政策は、資本主義経済の不安定性を抑制する反面、金融市場リスクの社会化を通じて金融システムを脆弱化させるという副作用を伴っているのである。そのため、求められるのは、自由放任主義に向かうことではなく、マネー・マネージャー資本主義に対応した不安定性を抑制する制度的な仕組みと政策介入を再構築し、経済の安定性を高めることである。本書においても第七章と第八章で、金融および経済全体の制度改革について論じているが、特に注目すべきは「最後の雇い手」の提案を第五章と第八章で大きく取り上げていることにある。なぜなら、「最後の雇い手」政策は、積極的な経済政策に伴う副作用を低減する可能性があるからである。

四

「最後の雇い手」政策あるいは「雇用保証プログラム（Job Guarantee Program）」は、近年MMTで有名になったこともあり日本でも知られるようになったが、今日に続く議論については一九九七年頃が一つの画期となっている。

政府がすべての働く能力がある個人に生産的な仕事への就業を保障することの提案は、一九九七年以前にも存在していた。カボウブ（Kaboub 2007, pp.2-13）によれば、政府が「最後の雇い手」になるという考えは早くも十七世紀には登場していた。またアメリカでは、第二次世界大戦中の一九四〇年代から戦後の六〇年代半ばにかけて、世界大恐慌の記憶が残る中で完全雇用を実現する政策として議論がなされてきた。

ミンスキー自身も、本書でも説明されているように、ケネディ＝ジョンソン政権下の「貧困との戦い」に対するオルタナティブとして、一九六〇年代に「最後の雇い手」を提言していた。また、一九八六年に出版された『金融不安定性の経済学』でも、「不安定性、インフレーション、そして失業を引き起こすことのない完全雇用に向けての戦略展開が政策課題」であり、その主要な政策手段として「事業利潤にかんする長期的そして短期的な期待に依存することのない無限弾力的な労働需要を最低賃金水準において創出する」ことが必要であり、それは「唯一政府のみが雇用の収益性を離れて雇用提供が可能であるから……政府によって創出されねばならない」（Minsky 1986a, 邦訳三八三―三八四頁）と論じていた。

ただ、それが大きく注目されるようになったのは、モズラー（Mosler 1997-98）やミッチェル（Mitchell

1998）をはじめとした研究者が、物価の安定を達成しながら非自発的失業を取り除くために最低賃金で働くことを望むすべての人を公共部門が雇用することを、盛んに論じるようになった一九九七年頃を境とする時期だった。そのなかに、レイ（Wray 1997, 1998）やフォステイター（Fostater 1999）といったミンスキーの「最後の雇い手」について言及しながらそれを発展させようとする論文が含まれていた。(5)ただ、ミンスキーによって一九六〇年代に書かれた「最後の雇い手」についての論文は入手が困難な状態が続いており、一般的に閲覧が可能になったのはミンスキー・アーカイブが公開された二〇一〇年以降となる。(6)こういった経緯もあり、これまで日本ではミンスキーの「最後の雇い手」の提案についてはあまり詳しく紹介されてこなかった。(7)本書はミンスキーの貧困と失業の問題に関する研究に一章を割いて論じており、彼の「最後の雇い手」の提案の議論について紹介する重要な機会になるものと考えられる。

では、資本主義の不安定性とその抑制の観点から見た場合、「最後の雇い手」政策にはどのような意義があるだろうか。もちろん、ミンスキーの「最後の雇い手」の提案には、失業者の技能に合わせて雇用を作り出すことで失業に伴う貧困を撲滅する一方で職場内訓練（ＯＪＴ）を通じて彼らの技能を向上させること、厳密な完全雇用を達成することで労働市場が逼迫し、労働力参加率が高まることで家計所得を増加させること、プログラムの賃金を適切な水準に設定することで労働者間の所得分配を改善することなど、多くの利点が示されている。ただ、資本主義経済の不安定性との観点から論じた場合、従来からの民間による高投資戦略からの転換に大きな意義があると考えられる。

本書でも指摘されていたように、高投資戦略を採用する場合、十分な投資規模の確保には、資本所得の確実性を高める必要があり、それを目標とした政策を実施することになる。その場合、利潤を追求する経済主体は、投資の成功に対する確信を高め、負債による資金調達を拡大させて「安全性のゆとり幅《マージン》」を低下させることになる。積極的な経済政策の制度的な仕組みを学習した経済主体にとっては、より確実性の高まった上振れ《アップサイド》リスクをとることが合理的な行動になるのである。くわえて、資本所得の確実性が高められ、実際に実現する中では、それがいずれ資本資産の価格に反映されてキャピタルゲインを生むようになる。そうなれば、さらなる負債による資金調達を伴う投資が行われ、投機的なブームが生じることになる。すなわち、金融的な脆弱性の高まりが助長されるのである。また、高投資戦略を採用する場合、投資を行うことができる高所得層とそれ以外の層との所得格差が拡大し、それが高所得層とその模倣者による消費の拡大を促して需要牽引型のインフレが引き起こされるとされる。

　金融的な脆弱性とインフレが高まる中では、高投資戦略を維持できないため、政策立案者は「ストップ・ゴー」政策を採用せざるを得なくなる。その結果は、失業が好況期に減る一方で不況期に増大することが繰り返されるだけではない。好況期に金融革新と制度変化が促進されて金融的な脆弱性が高まり、それを不況期に中央銀行による「最後の貸し手」を含む政策介入で有効化する＝社会化することが繰り返される結果、既存の制度と政策の有効性が低下する。すなわち、高投資戦略は、経済の振幅を拡大させて不安定性を高めるだけでなく、不安定性を抑制する制度的な仕組みの機能低下をより促進すると考えられるのである。

　それに対し、「最後の雇い手プログラム」は、失業者が増える不況期に大きく拡大し、失業者が減る好況期には次第に縮小する反景気循環的な政策となる。雇用された労働者の多くは所得の大部分を消費に回すことになる。最後の雇い手プログラムの賃金による所得の補完が、累進所得税の自動《ビルトイン・》安定化装置《スタビライザー》や従来からあった失業保険よりも大きければ、あるいは従来よりも労働力参加率が高まれば、その分だけ家計消費の維持や拡大が可能になり、それが企業利潤を下支えして企業は債務不履行を免れる可能性が高くなる。すなわち、総需要と総消費に新たな「床」を設定することになるのである。一方、好況期にはプログラムから労働者が民間部門に引き抜かれることで次第に政府支出が減少し、反景気循環的な金融政策を補完することになる。

そのため、高投資戦略を採らず、「最後の雇い手」政策を採用して高消費を促進する場合、金融不安定性の高まりと、不安定性を抑制する制度的な仕組みの機能低下の進行がより緩和され、所得の平等性のみならず経済の安定性も高まるものと考えられるのである。

五

最後に、現在我々は新型コロナウイルス感染症（COVID-19）の世界的大流行という歴史的な事態の中にいる。この監訳者あとがきを書いている二〇二一年二月現在、日本ではワクチン接種が緒についたところであり、収束の見通しについてはいまだ立っていない状況である。一日も早く、この世界的大流行が収束することを願っている。

ただ、コロナ以前とコロナ以後では経済構造は同じにはならず、構造的な変化を伴うとの指摘は多い。その結果、現在の状況にも増して、深刻な失業問題が生じる可能性が高い。その際、我々が採用すべきは、「貧困との戦い」で採用された「労働インセンティブ」の増大のような「解決策」ではなく、まずは失業者の技能に合わせて仕事を作り出して、彼らをあるがままに受け入れ、しかる後に、ＯＪＴによって技能を向上させるミンスキー型の「最後の雇い手」政策であると考えられる。

本邦訳書の出版を通じてミンスキーの「最後の雇い手」の提案に改めて注目が集まることを切に願っている。

註

（1）本人CVおよびインタビューより。

（2）日本経済新聞、二〇〇八年一月二十二日朝刊および二〇〇九年一月十二日朝刊。

（3）同テーマについては、『投資と金融』の第七章「中央銀行業務と貨幣市場の変容」も頻繁に引用されている。

（4）Minsky 1990, 1993. なお、ミンスキーの資本主義の制度的進化のアプローチは、発展途上の段階にあり、時期により各段階の名称が異なっている。そのため、四段階で分類したものに加えて、「金融資本主義」の段階の前半期を「産業資本主義」に分けた五段階とするものもある（Minsky 1996, p.362）。詳しくはWhalen(2001)を参照のこと。

（5）レイ（Wray 2020, p.2, 29）によれば、四人はオンライン・ディスカッション・グループ「ポスト・ケインジアン思想（PKT）」のメンバーであり、一九九七年三月には「ハイマン・ミンスキーと最後の雇い手としての政府についての討論会」が、レイらにより開催されている。また、ミンスキー自身も、最後となるウェイレンとの共著論文（Minsky & Whalen 1996-97）において、簡潔にではあるが「最後の雇い手」政策の必要性を論じていた。

（6）レヴィ研究所ウェブサイトより（http://www.levyinstitute.org/about/minsky/ 二〇二一年二月十二日閲覧）。また、二〇一三年には、ミンスキーの「最後の雇い手」に関する著作を集めた論文集『貧困の終焉——福祉ではなく雇用による（*Ending Poverty: Jobs, Not Welfare*）〔未翻訳〕』が、レヴィ研究所の同僚であるパディミトリウとレイの手で編纂され出版された。

（7）「最後の雇い手」政策や「雇用保証プログラム」について紹介した初期の論文として金尾（二〇〇四）、内藤（二〇〇九）などがある。

参考文献

Dymski, Gary and Robert Pollin (1994) "The Costs and Benefits of Financial Instability," *New Perspectives in Monetary and Macroeconomics*, G. Dymski and R. Pollin(ed.), Ann Arbor: The University of Michigan Press（「金融不安定性の費用と便益」藤井宏史・高屋定美・植田宏文訳『現代マクロ金融論』晃洋書房、二〇〇四年、一八三－二二二頁）.

Ferri, Piero and Hyman P. Minsky (1992) "Market Processes and Thwarting Systems," *Structural Change and Economic Dynamics*, Vol.3 No.1, pp.79-91.

Forstater, Mathew (1999) "Functional Finance and Full Employment: Lessons from Lerner for Today," *Journal of Economic Issues*, Vol. 33 No.2, pp.475-482.

Kaboub, Fadehel (2007) "Emploment Gurantee Programs: A Survey of Theories and Policy Experiences," Levy Working Paper No.498.

Minsky, Hyman P. (1982) *Can "It" Happen Again?*, Armonk, NY: M. E. Sharpe（岩佐代市訳『投資と金融』日本経済評論社、一九八八年）.

—(1986a) *Stabilizing an Unstable Economy*, New Haven, CT: Yale University Press, 1986; New York: McGraw-Hill, 2008（吉野紀、浅田統一郎、内田和男訳『金融不安定性の経済学』多賀出版、一九九六年）.

—(1986b) "The Crises of 1983 and the Prospects for Advanced Capitalist Economies," *Marx, Schumpeter, Keynes: A centenary celebration of dissent*, Helburn, Suzanne W. and Bramhall, David F. (ed.), pp.284-96, Armonk, N.Y., and London: Sharpe.

—(1990) "Schumpeter: Finance and Evolution," *Evolving Technology and Market Structure: Studies in Schumpeterian Economics*, Arnold Heertje and Mark Perlman(ed.), Ann Arbor: The University of Michigan Press.

—(1993) "Schumpeter and Finance," *Market and institutions in economic development*, Salvatore Biasco and Alessandro Roncaglia, Michele Salvati(ed.), Basingstoke, Hampshire : Mcmillan Press.

—(1996) "Uncertainty and the Institutional Structure of Capitalist Economies," *Journal of Economic Issues*, Vol. 30 No.2,

pp357-368.
Minsky, Hyman P. and Charles J. Whalen (1996-97) "Economic insecurity and the institutional prerequisites for successful capitalism," *Journal of Post Keynesian Economics*, Vol. 19 Issue 2, pp.155-170.
Mitchell, William F. (1998) "The Buffer Stock Employment Model and the NAIRU: The Path to Full Employment," *Journal of Economic Issues*, Vol. 32 No.2, pp.547–556.
Mosler, Warren B. (1997-98) "Full Employment and Price Stability," *Journal of Post Keynesian Economics*, Vol.20 Issue 2, pp.167-182.
Nasica, Eric (2000) *Finance Investment and Economic Fluctuations*, Cheltenham: Edward Elgar.
Whalen, Charles J. (2001) "Integrating Schumpeter and Keynes: Hyman Minsky's Theory of Capitalist Development," *Journal of Economic Issues*, No.35, Vol4, pp.805-823.
Wray, L. Randall (1997) "Government as Employer of Last Resort: Full Employment Without Inflation," Levy Working Paper No.213.
—(1998) "Zero Unemployment and Stable Prices," *Journal of Economic Issue*, Vol. 32 No. 2, pp.539-545.
—(2018) "Functional finance: A Comparison of the Evolution of the Positions of Hyman Minsky and Abba Lerner," Levy Working Paper No.900.
—(2020) "The 'Kansas City' Approach to Modern Money Theory," Levy Working Paper No. 961.
金尾敏寛（二〇〇四）「ケインズ、カレツキおよび雇用保証政策—現代日本の不況の分析と対策をめぐって—」『現代経済学研究』西日本理論経済学会、第一一号、一一五—一三七頁。
内藤敦之（二〇〇九）「最後の雇用者政策とベーシック・インカム—ポスト・ケインジアンと認知資本主義の比較—」『大月短大論集』、第四十巻、三七—六四頁。
鍋島直樹（二〇〇三）「金融不安定性と制度的動学」『富大経済論集』富山大学経済学部、第四十九巻一号、一一五—一四〇頁。

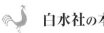

訳者略歴

横川太郎（よこかわ・たろう＝監訳、第二章、第三章訳）
一九八三年生まれ。東京大学大学院経済学研究科博士課程修了。博士（経済学）。現在、東京経済大学経済学部准教授。主な業績として「アメリカのファンド資本主義化と金融危機」『世界経済危機とその後の世界』（日本経済評論社）、「サブプライム金融危機とミンスキー・クライシス」『季刊経済理論』（第五十二巻三号）、「ミンスキーの『資金運用者資本主義』と投資銀行」『季刊経済理論』（四十九巻一号）他がある。

鈴木正徳（すずき・まさのり＝第二章、第三章を除く訳）
一九六四年生まれ。早稲田大学法学部卒業。一九八七年、第一勧業銀行入行。二〇〇二年より、複数の投資ファンド系資産運用会社に勤務の後、翻訳家。主な訳書にL・ランダル・レイ『MMT現代貨幣理論入門』（東洋経済新報社）がある。

ミンスキーと〈不安定性〉の経済学
MMTの源流へ

二〇二一年三月一五日 印刷
二〇二一年四月一〇日 発行

著　者　L・ランダル・レイ
監訳者©　横　川　太　郎
訳　者©　鈴　木　正　徳
発行者　及　川　直　志
印刷所　株式会社　理想社
発行所　株式会社　白水社

東京都千代田区神田小川町三の二四
電話　営業部〇三（三二九一）七八一一
　　　編集部〇三（三二九一）七八二一
振替　〇〇一九〇・五・三三二二八
郵便番号　一〇一・〇〇五二
www.hakusuisha.co.jp
乱丁・落丁本は、送料小社負担にてお取り替えいたします。

誠製本株式会社

ISBN978-4-560-09831-8
Printed in Japan

索　引

さ行

た行

な行

は行

ま行

や・ら・わ行

欧文

人名

註

はじめに

（1） http://www.bard.edu/library/archive/minsky/.

序論

（1） ハイマン・P・ミンスキー著、堀内昭義訳『ケインズ理論とは何か』岩波書店、1999年（Hyman P. Minsky, *John Maynard Keynes*, New York: Columbia University Press, 1975; New York: McGraw-Hill, 2008）.
（2） Minsky, *John Maynard Keynes*.
（3） ミンスキーの1982年の著書〔邦題『投資と金融』〕の（英語）タイトルは、*Can "It" Happen Again?*（「それ」は再び起き得るのか？）だった。彼は、この質問に対して条件付きで「ノー」と答えていた。しかし、彼は後に、1980年以降の金融システムの変容によって、条件付きで「イエス」になる可能性がますます高まっていることを懸念していた。
（4） *The Financial Crisis Inquiry Report: Final Report of the National Commission on the Causes of the Financial and Economic Crisis in the United States*, http://www.gpo.gov/fdsys/pkg/GPO-FCIC/content-detail.html.
（5） William K. Black, *The Best Way to Rob a Bank is to Own One: How Corporate Executives and Politicians Looted the S&L Industry* (Austin, TX: University of Texas Press, 2005).
（6） 以下を参照のこと。Joe Nocera, "Inquiry Is Missing Bottom Line," Talking Business, *New York Times*, January 28, 2011, www.nytimes. com/2011/01/29/business/29nocera.html; Gretchen Morgenson,"A Bank Crisis Whodunit, with Laughs and Tears," Fair Game, *New York Times*, January 29, 2011, www.nytimes.com/2011/01/30/business/30gret.html.
（7） 以下を参照のこと。James A. Felkerson, "$29,000,000,000,000: A Detailed Look at the Fed's Bailout by Funding Facility and Recipient," Annandale-on-Hudson, NY: Levy Economics Institute, Working Paper No. 698, December 2011, http://www.levyinstitute.org/pubs/wp_698.pdf, and L. Randall Wray, "The Lender of Last Resort:A Critical Analysis of the Federal Reserve's Unprecedented Intervention after 2007," Annandale-on-Hudson, NY: Levy Economics Institute,

Research Project Reports, April 2013, http://www.levyinstitute.org/publications/the-lender-of-last-resort-a-critical-analysis-of-the-federal-reserves-unprecedented-intervention-after-2007.

(8) あらゆるものを売却することで、アーヴィング・フィッシャーが「負債デフレ」として説明したように価格が崩壊し、それがあらゆる人を破産させ、不況をさらに悪化させた。

(9) http://en.wikipedia.org/wiki/Andrew_W._Mellon#Great_Depression.

(10) クルーグマンは、1986年の『金融不安定性の経済学 (*Stabilizing an Unstable Economy*)』について言及している。

(11) Paul Krugman, "Actually Existing Minsky," The Conscience of a Liberal, *New York Times*, May 19, 2009, http://krugman.blogs.nytimes.com/2009/05/19/actually-existing-minsky/?_php=true&_type=blogs&_r=0.

(12) これは、1990年代の初めにミンスキーがレヴィ経済研究所で始めた「金融システムの再構築」をテーマとする学会である。ミンスキーを記念して、それ以来毎年開催されている。

(13) Janet Yellen, 2009, http://www.frbsf.org/our-district/press/presidents-speeches/yellen-speeches/2009/april/yellen-minsky-meltdown-central-bankers/.

(14) Paul Krugman, "Frustrations of the Heterodox," The Conscience of a Liberal, *New York Times*, April 25, 2014, http://krugman.blogs.nytimes.com/2014/04/25/frustrations-of-the-heterodox/?_php=true&_type=blogs&_r=0.

(15) Hyman P. Minsky, "Securitization," 1987, published as Levy Policy Note 2008/2, June 2008, http://www.levyinstitute.org/publications/securitization.

(16) 実際には、当時の政策立案者は、今日正統派が主張しているほど盲目ではなかった。1994年には、連邦公開市場委員会（Federal Open Market Committee, FOMC）の政策決定会合で早くも資産価格バブルについて議論がなされていたし、2000年代の初めには、住宅バブルと住宅ローン市場で蔓延している詐欺を警告していた委員もいた。FRBが実際に金利を引き上げ始めたのは2004年で、2006年の7月にはフェデラル・ファンドの金利誘導目標は5.25パーセントになっていた。極端に高いレバレッジとシャドーバンクの貸借対照表の相互接続に、FRBが不意を突かれたことは間違いないようだが、規制下にある商業銀行が急速に成長する「非銀行金融機関 (nonbank banks)」（マカリーがシャドーバンクと呼び名を変える前はこう呼ばれていた）に市場シェアを奪われていることに、金融部門を注意深く見守っていた者なら誰もが気づいていたはずである。(http://media.pimco.com/Documents/GCB%20Focus%20May%2009.pdf).

(17) Adam Smith, *An Inquiry into the Nature and Causes of the Wealth of Nations*, 5th ed., Edwin Cannan, ed. (London: Methuen and Co., Ltd., 1904).

(18) Hyman P. Minsky, *John Maynard Keynes* (New York: Columbia University Press, 1975; New York: McGraw-Hill,2008).

第一章

(1) Hyman P. Minsky, "Beginnings," in *Recollections of Eminent Economists, Volume 1*, Jan A. Kregel, ed. (New York: Macmillan Press, 1988): 169–79, originally published in *Banca Nazionale del Lavoro*, No. 154, September 1985, 172.

(2) Minsky, 1992a, "Reconstituting."

(3) 短いが優れた参考文献を以下に2つ紹介しておく。本節での議論は、これらの参考文献と私自身の記憶を基にしている。Minsky, "Beginnings," in Kregel, 1988, and Dimitri B. Papadimitriou, "Minsky on Himself," in *Financial Conditions and Macroeconomic Performance: Essays in Honor of Hyman P. Minsky*, Steven Fazzari and Dimitri B. Papadimitriou, eds. (Armonk, NY: M. E. Sharpe, 1992).

(4) Minsky, "Beginnings," in Kregel, 1988, 178.

(5) Minsky, "Beginnings," in Kregel, 1988, 172.

(6) ミンスキーは、ポール・サミュエルソン、フランコ・モディリアーニ、ジェイムズ・トービン、ロバート・ソロー、ケネス・アローなどの、ノーベル経済学賞を受賞した戦後の偉人の多くと知り合いだった。悲しいことに、ミンスキーがノーベル賞の候補に上がることはなかった。それは、主として彼が主流派から外れすぎていたからであり、おそらく最も権威のある学術誌が好む種類の論文を書くことをやめてしまったからである。学問の世界に身を投じた最初のころこそ多くの一流学術誌で論文発表していたものの、彼はすぐにそれらの学術誌が要求するあまりに単純な数学モデルに不満を抱くようになった。ミンスキーは、数学よりも言語を使った方がはるかに複雑な考えを説明できることに気づいた。それが、クルーグマンがミンスキーの1986年の著作を読んだ際、「仰々しい表現のせいで長くつらい作業」と不満を述べた理由かもしれない。大部分の経済理論はかなり単純なものであり、それゆえ理論を数学に落とし込むことが容易になるが、数学の限界が理論をかなり制約することになる。ミンスキーはケインズと同様に、より複雑な考え方を自由に探求できるように数学を放棄したのである(2人とも数学で学位を取得していた)。残念ながら、今日の経済学者は「仰々しい表現」に慣れていない。クルーグマンは、「私はケインズを原書で十分に理解できるようになるまで数十年かかった」と率直に認めていた。

(7) ジョン・G・ガーレイとエドワード・S・ショー著、櫻井欣一郎訳『貨幣と金融』至誠堂、1963年(John G. Gurley and Edward S. Shaw, *Money in a Theory of Finance*, Washington, DC: Brookings Institution, 1960)を参照のこと。ミンスキーは、商業銀行とミンスキーが「非銀行金融機関」と呼んだもの(後に、ポール・マカリーによってシャドーバンクと呼ばれたもの)との間に明確な区別をすべきではないという認識は、ガーレイとショーの功績によるものと認めていた。ミンスキーの考え方は、非銀行金融機関によって発行された債務は銀行預金と競合する、というガーレイとショーの主張に影響を受けていた。ミンスキーが後に語っていたように、誰もが貨幣を創造することができるのである。

(8) 2014年の「ミンスキー・カンファレンス」は、4月11日と12日にワシントンD.C.のナショナル・プレスクラブで開催された。

(9) この領域におけるミンスキーの研究の多くは、彼の死後に以下の書籍で発表され

た。Minsky, *Ending Poverty: Jobs, Not Welfare*, (Annandale-on-Hudson, NY: Levy Economics Institute, 2013). http://www.amazon.com/Ending-Poverty-Jobs-Not-Welfare/dp/1936192314/ref=sr_1_1?ie=UTF8&qid=1366125357&sr=8-1&keywords=ending+poverty+jobs+not+welfare.

(10) ハイマン・ミンスキー著、吉野紀、浅田統一郎、内田和男訳『金融不安定性の経済学』多賀出版、1989 年、284 頁（Hyman P. Minsky, *Stabilizing an Unstable Economy*, New Haven, CT: Yale University Press, 1986, p. 255）

(11) ミンスキー『金融不安定性の経済学』、283 頁〔訳を一部変更した〕（Minsky, *Stabilizing an Unstable Economy*, p.255）。

(12) ハイマン・P・ミンスキー著、岩佐代市訳「中央銀行業務と貨幣市場の変容」『投資と金融』日本経済評論社、2003 年、239-261 (Minsky, "Central Banking and Moncy Market Changes," *Quarterly Journal of Economics*, 71, no. 2, May 1957, pp.171–87)。

(13) ステファニー・ベル（現姓ケルトン）と私は、ミンスキーの研究をアップデートし、貧困削減にとって正規雇用の仕事が重要なことを明らかにした（第 5 章で議論する）。Stephanie Bell and L. Randall Wray, "The War on Poverty after 40 Years: A Minskyan Assessment," Public Policy Brief No. 78, June 2004, http://www.levyinstitute.org/publications/the-war-on-poverty-after-40-years.

(14) ヨーロッパでは、この段階の資本主義は社会民主主義と呼ばれることが多い。ニューディールは米国の政策だが、西側先進諸国の多くが米国と同じような、金融機関を規制する政策を採用した。

(15) L. Randall Wray, "Ford–Levy Institute Projects: A Research and Policy Dialogue Project on Improving Governance of the Government Safety Net in Financial Crisis," *Levy Economics Institute Research Project Report*, Annandale-on-Hudson, NY: Levy Economics Institute, April 2012. http://www.levyinstitute.org/ford-levy/governance/.

(16) Hyman P. Minsky, *Stabilizing an Unstable Economy* (New Haven, CT: Yale University Press, 1986; New York: McGraw-Hill,2008), 297.

(17) この現象を完全に説明しようとすると話が複雑になる。貿易収支は経常収支の主要部分である。そうなる理由についてここでは深入りしないが、ある国の政府財政が均衡している状態で経常収支が赤字になるということは、恒等式によって国内民間部門が赤字（所得よりも支出が多い）になっていることを意味する。民間部門の赤字は、民間部門がこれまで以上に負債を膨らまさなければならないため、経済を不安定にしがちである。これはまさに、1990 年代の後半から世界金融危機にいたる間の米国で起きたことである。経常収支赤字でありながら民間部門の赤字を回避するには、政府財政は少なくとも経常収支赤字と同程度の赤字を計上しなければならない。これが、「大きな政府」の適正規模について考える際に、貿易収支を考慮することが理にかなっている理由である。政府赤字は、投資の変動を相殺するだけでなく、経常収支赤字をも相殺しなければならないのである。これらの要素を考慮に入れると、こう結論づけられる。米国では、連邦政府支出は GDP の 25 パーセント前後に、一方で租税収入は平均 20 パーセント程度になるはずである。つまり、政府財政の赤字が当然予想されることを意味する。

(18) ここでミンスキーが言及していたのは、投資銀行業務と商業銀行業務を分離したグラス・スティーガル法であることに留意が必要である。実際には、この「分離」は1999年に終わった。しかし、それは主に巨大銀行を利するものであった。その巨大銀行が、わずか数年後に起こった世界金融危機の大きな原因となった。

第二章

(1) ハイマン・ミンスキー著、吉野紀、浅田統一郎、内田和男訳『金融不安定性の経済学』多賀出版、1989年（Hyman P. Minsky, *Stabilizing an Unstable Economy*, New Haven, CT: Yale University Press, 1986）。

(2) 本書では、主流のケインズ派、ジョーン・ロビンソンが「似非ケインジアン（Bastard Keynesian」と呼んだものを指すときは、「ケインジアン」のようにカギ括弧をつける。

(3) 1937年に、ジョン・ヒックスは、「ケインズ派」の帰結と「古典派」の帰結を対比できるシンプルな枠組みとして、ケインズの理論を提示するために、IS-LMモデルを作り出した。

(4) ジョン・メイナード・ケインズ著、塩野谷祐一訳『雇用・利子および貨幣の一般理論』東洋経済新報社、1983年（John Maynard Keynes, *General Theory of Employment, Interest, and Money*, London: Macmillan, 1936, ポール・クルーグマンのイントロダクションを含む新版が2007年に出版された）。

(5) 本節では、正統派〔新古典派〕のアプローチの中心的な主張を簡単に概観するだけで、詳細な言及については避けている。詳細な要点の解説と参考文献は、一般的に使用されている多くのマクロ経済学の教科書で提供されている。ポール・サミュエルソンの教科書、都留重人訳『経済学（上・下）』岩波書店、1974年（Paul A. Samuelson, *Economics*, 9th ed., New York: McGraw-Hill, 1973）は、「ケインジアン」の新古典派総合を理解するのに役立ち、1970年代以降の発展については、N・グレゴリー・マンキューの教科書、足立英之、石川城太、小川英治、地主敏樹、中馬宏之、柳川隆訳『マンキュー経済学Ⅱマクロ編（第4版）』東洋経済新報社、2019年（Gregory Mankiw, *Macroeconomics*, 8th ed., New York: Worth Publishers, 2012）が学部生には良いだろう。そして、B・スノードン、H・R・ヴェイン著、岡地勝二訳『マクロ経済学はどこまで進んだか：トップエコノミスト12人へのインタビュー』東洋経済新報社、2001年（Brian Snowdon and Howard R. Vane, *Modern Macroeconomics: Its Origins, Development and Current State*, Cheltenham, UK: Edward Elgar Publishing, 2005）が、より高度な検討を行っている。

(6) サミュエルソン（1974年［Samuelson, 1973］）。

(7) D・パティンキン著、貞木展生訳『貨幣・利子および価格：貨幣理論と価値理論の統合』勁草書房、1971年（Don Patinkin, *Money, Interest, and Prices: An Integration of Monetary and Value Theory*, 2nd ed. New York: Harper & Row, 1965）およびミンスキー著『金融不安定性の経済学』、1989年（Minsky, *Stabilizing an Unstable Economy*, 1986）を参照されたい。

(8) Karl Brunner, “The Role of Money and Monetary Policy,” *Federal Reserve Bank*

of St. Louis Review, 1968; Milton Friedman, *The Optimal Quantity of Money and Other Essays* (Aldine: Chicago,1969).

(9) ロバート・スキデルスキー著、山岡洋一訳『なにがケインズを復活させたのか：ポスト市場原理主義の経済学』日本経済新聞出版社、2010 年、13 頁（Robert Skidelsky, *Keynes: Return of the Master*, New York: Public Affairs, 2009, p. xiv）。

(10) Eugene Fama, "Efficient Capital Markets: A Review of Theory and Empirical Work," *Journal of Finance*, 25, no. 2 (1970).

(11) ロバート・スキデルスキー著、山岡洋一訳『なにがケインズを復活させたのか：ポスト市場原理主義の経済学』日本経済新聞出版社、2010 年、14 頁〔訳を一部変更した〕、(Robert Skidelsky, *Keynes: Return of the Master*, New York: Public Affairs, 2009, p. xviii)。

(12) ストックとワトソンは、「大いなる安定」の大部分は、経済構造や金融政策の改善ではなく、説明不能の要因に起因するものであり、運こそが大いなる安定の主な原因であると結論づけている (J. H. Stock and M. W. Watson, "Has the Business Cycle Changed and Why?" *NBER Macroeconomics*, 17, 2002, pp.159-218. J. H. Stock and M. W. Watson, "Understanding Changes in International Business Cycle Dynamics," *Journal of the European Economic Association*, 3, no. 5, 2005, pp.968–1006)。

(13) これは、正統派が貨幣を完全に無視してきたと言っているわけではない。実際、前述したように、リアル・ビジネス・サイクル・アプローチ以外のすべての理論は、貨幣が重要となる状況を見つけようとした。つまり、「非中立的」にしようとした。しかし、貨幣は、ハーンの失望（以下に引用されている）が明らかにしたように、説得力ある方法で導入されたことはなかった。正統派のアプローチはいずれも貨幣を生産の目的にしない。ケインズの用語法でいえば、正統派の経済学の対象は、企業家経済ではないので、貨幣は使われるかもしれないが本質的なものではないのである。

(14) 以下を参照のこと。Frank H. Hahn, "The Foundations of Monetary Theory," (1987): 172–94 in L. Randall Wray, ed., *Theories of Money and Banking, Volume II: Alternative Approaches to Money, Financial Institutions and Policy* (Cheltenham, UK: Edward Elgar Publishing, 2012).

(15) Charles A. E. Goodhart, "Money and Default," in Mathew Forstater and L. Randall Wray, eds., *Keynes for the Twenty-First Century: The Continuing Relevance of the General Theory* (New York: Palgrave Macmillan, 2008): 213–23.

(16) ジョン・メイナード・ケインズ著、宮崎義一訳「自由放任の終焉（1926 年）」『説得論集』（ケインズ全集第 9 巻）東洋経済新報社、323-353 頁、1981 年（"The End of Laissez- Faire," in John M. Keynes, *The Collected Writings of John Maynard Keynes: Essays in Persuasion*, vol. IX, London and Basingstoke: Royal Economic Society, 1978, pp.272–94）。

(17) 1960 年代の「ケインジアン」政策が 1970 年代のスタグフレーションを引き起こした、としばしば主張されている。

(18) 経済原理についてのすべての教科書に提示されている考え方は、投資が 100 増えると、総所得はその倍数、例えば、4 倍の 400 になるというものである。その理由

は、投資によって所得と雇用が増加すると、労働者は所得の大半を消費し、それがより多くの売上を生み出し、結果として、より多くの雇用と所得を生み出すことになるからである。追加的な雇用により「誘発された」消費は、投資の「乗数」効果である（政府支出にも同様の効果があると「ケインジアン」は述べている）。

（19）長期停滞滞論は、最近、ラリー・サマーズ（“U.S. Economic Prospects: Secular Stagnation, Hysteresis, and the Zero Lower Bound,” in *Business Economics* 49 (2014): 65–73）やポール・クルーグマン（“Three Charts on Secular Stagnation,” The Conscience of a Liberal, *New York Times*, May 7, 2014, http://krugman.blogs.nytimes.com/2014/05/07/three-charts-on-secular-stagnation/?_r=0）といった主流派「ケインジアン」によって支持されている。簡単に言えば、問題は100ドルの投資が支出乗数を通じて需要を400ドル増加させるとしても、その投資の結果として生じる追加的な生産力が、例えば600ドルといったように、より大きくなる可能性があるということである。これは過剰な生産力があることを意味し、将来的にさらなる投資を行う誘因を低下させることを意味している。これは需要をさらに低下させ、成長が弱まり、停滞を招くことになる。ヴァッターとウォーカー（*The Rise of Big Government in the United States* (Armonk, NY: M. E. Sharpe, 1997)）は、ケインズにならって、必要とされる需要を提供するためにさらなる政府支出を促進することが1つの解決策であると論じている。

（20）以下を参照のこと。Hyman P. Minsky, “Discussion,” *American Economic Review*, 53, no. 2 (1963): 401–12, and Wynne Godley and L. Randall Wray, “Can Goldilocks Survive?” *Policy Notes* (1999) 1999/4, Annandale-on-Hudson, NY: Levy Economics Institute.

（21）ジョン・メイナード・ケインズ著、ドナルド・モグリッジ編、舘野敏、北原徹、黒木龍三、小谷野俊夫訳「いかにして不況を避けるか」（『タイムズ』紙、1927年1月12日～14日）『世界恐慌と英米における諸政策：1931～39年の諸活動』（ケインズ全集第21巻）、東洋経済新報社、437-450 2015年（John M. Keynes, “How to Avoid the Slump,” *The Times*, January 12–14, 1937. Reprinted in D. E. Moggridge, ed., *The Collected Writings of John Maynard Keynes*, vol. 21, London: Macmillan, 1973, pp. 384–95）。

（22）Minsky, *Ending Poverty: Jobs, Not Welfare* (Annandale-on-Hudson, NY: Levy Economics Institute, 2013).

（23）Stephanie Bell, “Do Taxes and Bonds Finance Government Spending?” *Journal of Economic Issues*, 34, no. 3 (2000): 603–20;L. R. Wray, *Understanding Modern Money: The Key to Full Employment and Price Stability* (Northampton, MA: Edward Elgar, 1998).

（24）Minsky, “The Reconsideration of Keynesian Economics,” Working Paper, Washington University at St. Louis, April 7, 1970, in Hyman P. Minsky Archive, Paper 475, http://digitalcommons.bard.edu/hm_archive/475.

（25）Abba Lerner, “Functional Finance and the Federal Debt,” *Social Research: An International Quarterly* 10, no. 1 (Spring 1943): 38–51, and “Money as a Creature of the State,” *The American Economic Review*, 37, no. 2 (May 1947), Papers and proceedings of the fifty-ninth annual meeting of the American Economic

Association, 312–17.

第三章

(1) ハイマン・P・ミンスキー著、吉野紀、浅田統一郎、内田和男訳『金融不安定性の経済学』多賀出版、1989 年（Hyman P. Minsky, *Stabilizing an Unstable Economy*, New Haven, CT: Yale University Press, 1986)。

(2) C. Campbell and Hyman P. Minsky, "How to Get Off the Back of a Tiger or, Do Initial Conditions Constrain Deposit Insurance Reform?" in Federal Reserve Bank of Chicago, ed., *Proceedings of a Conference on Bank Structure and Competition* (Chicago: Federal Reserve Bank of Chicago, 1987): 252–66.

(3) これは、ポール・サミュエルソンの「新古典派総合」版のケインズ経済学を形作った前述のヒックス＝ハンセンモデルのことである。IS-LM モデルは、（投資と貯蓄が等しいときに均衡が生じる）IS 市場と（貨幣需要と貨幣供給が等しいときに均衡が生じる）LM 市場という 2 つの「市場」の均衡に基づいている。モデルの背後には、より一般的な金融資産を表すことになる債券市場が第 3 の市場として存在している。そこでは、債券の需要が債券の供給に等しいという均衡が生じる。もし、3 つの市場（投資と貯蓄、貨幣、債券）しかないとすると、2 つの市場（IS と LM）が均衡していれば、第 3 の市場も均衡していることが（ワルラスの法則により）示される。このモデルは、1937 年にジョン・ヒックス卿によって展開されたものであるが、多くの問題が存在する (J. R. Hicks, "Mr. Keynes and the "Classics": A Suggested Interpretation," *Econometrica*, 5, no. 2 (April 1937): 147– 59)。晩年、彼は、このモデルは首尾一貫していないと論じて撤回した (John Hicks, "IS-LM: An Explanation," *Journal of Post Keynesian Economics*, 3, no. 2 (Winter 1980–1981): 139–54)。しかし、このモデルは今でも経済学の授業で教えられており、長い間、現実世界の多くの政策決定の背後に存在していた。現代版では、LM 曲線を（多くの場合、テイラー・ルールにしたがう）利子率を設定する金融政策ルールの曲線に置き換えた、新しい貨幣的合意（new monetary consensus）に基づくものとなっている。その違いについては、制度の問題が依然として切り捨てられたままであるため、ここでは触れない。ただ、読者が本書の議論を理解する上で、これらのモデルについて精通している必要はないので、安心されたい。

(4) フリードマンは、中央銀行はマネーサプライの成長率を一定のレート、例えば、4 パーセントに固定できるのであり、固定すべきであると主張した。この提案は、交換方程式 MV=PQ から始まる貨幣数量説のフリードマンによる改訂に基づいている。ここでの M はマネーサプライ、V は貨幣の流通速度、P は一般物価水準、Q は実質生産量である。フリードマンは、V は極めて安定しており、Q は経済の実質能力によって決まる一定の速度で成長すると仮定していた。その場合、マネーサプライの成長率が P の成長率を決定し、それがインフレーションになる。したがって、マネーサプライの増加をコントロールすることで、中央銀行はインフレーションをコントロールすることになる。

(5) Hyman P. Minsky, "A Theory of Systemic Fragility," in E. I. Altman and A. W.

Sametz, eds., *Financial Crises* (New York: Wiley, 1977): 138–52.

(6) Hyman P. Minsky, "Central Banking and Money Market Changes," *Quarterly Journal of Economics*, 71, no, 2 (May 1957): 171.

(7) ハイマン・P・ミンスキー著、堀内昭義訳『ケインズ理論とは何か』岩波書店、1999 年（Hyman P. Minsky, *John Maynard Keynes*, New York: Columbia University Press, 1975)。

(8) 例えば、ある製品を作る機械を生産するのに 100 ドルを要すると仮定しよう。生産者は、自身の金利費用、間接費および利潤をカバーするために、マークアップとして 50 ドルを追加する。十分な内部資金を持つ企業は、150 ドルで機械を購入することができる。しかし、外部資金が必要な場合、貸し手に支払う金利と手数料をカバーするために、供給価格はより高い、例えば 175 ドルになる。したがって、外部金融された資本資産を取得するためには、生産費用をカバーし、生産者の利潤を含む供給価格と、貸し手のリスクをカバーする資金調達費用で、175 ドルを支払わなければならないことになる。

(9) あるいは、資産価格が十分に上昇すれば、ポンツィ金融のポジションにある経済主体は資産を売却して負債を返済することができるかもしれない。2006 年以前の米国の好調な不動産市場では、多くの住宅所有者が、住宅ローンを支払えるだけの十分な所得がないというポンツィ金融のポジションにあった。しかし、住宅価格が急上昇したため、売却により住宅ローン債務を返済したり、より有利な条件で借り換えたりできた場合もあった。

(10) カレツキーの関係式は、ケンブリッジ大学でケインズと共に研究を行ったポーランド人経済学者ミハウ・カレツキーにちなんで名づけられた。彼は、総生産（例えば、GDP）＝総所得という恒等式から始めた場合、集計レベルでは、「利潤＝投資＋政府の赤字＋純輸出＋利潤からの支出－賃金からの貯蓄」と示せることを明らかにした。そして、カレツキーは、利潤は企業のコントロール下にはなく、他の変数は選択の結果であることを指摘して、この恒等式を因果関係へと押し進めた。簡略化された「古典的」なバージョンでは、最後の 2 項がゼロ（労働者は貯蓄せず、資本家は消費しない）と仮定するため、利潤は「投資＋財政赤字＋純輸出」と等しく、かつそれらによって決定される。他の条件が同じならば、投資の増加は、集計レベルで同じ量だけ利潤を増加させるのである。詳しくは、M. Kalecki, *Collected Essays on the Dynamics of the Capitalist Economy 1933–1970* (Cambridge, UK: Cambridge University Press, 1971) を参照されたい。

(11) ハイマン・P・ミンスキー著、吉野紀、浅田統一郎、内田和男訳『金融不安定性の経済学』多賀出版、1989 年（Hyman P. Minsky, *Stabilizing an Unstable Economy*, New Haven, CT: Yale University Press, 1986)。

(12) 以下を参照のこと。Hyman P. Minsky and Charles J. Whalen, "Economic Insecurity and the Institutional Prerequisites for Successful Capitalism," Levy Working Paper No. 165, May 1996.

(13) 以下を参照のこと。John Cassidy, "The Minsky Moment," *The New Yorker*, February 4, 2008. http://www.newyorker.com/magazine/2008/02/04/the-minsky-moment, and Edward Chancellor, "Ponzi Nation," *Institutional Investor*, February 7, 2007. http://www.institutionalinvestor.com/article.aspx?articleID=1234217#.

VN-5cC7py1Q.

(14) 明確化のために言及しておくと、正統派に近いケインズ経済学（新古典派総合とニューケインズ学派の両方）では、失業は粘着性のある賃金（と価格）によって引き起こされる。そこでは、賃金が完全に柔軟であれば、市場は実質賃金を引き下げることで失業を解消するだろうと主張されている。したがって、これらのケインズ経済学では、賃金をより柔軟にするか、失業によって引き起こされる苦痛を改善するために政策を用いるかのどちらかになる。対照的に、ケインズ自身の理論では、賃金の柔軟性を高めれば、失業率が上昇する原因になる可能性が高い。ケインズにとって、賃金の相対的な安定は、実際には市場の安定性を向上させるのである。

(15) 以下を参照のこと。Piero Ferri and Hyman P. Minsky, "Market Processes and Thwarting Systems," Annandale-on-Hudson, NY: Levy Economics Institute, Working Paper No. 64, November 1, 1991, and Minsky, 1986.

第四章

(1) Hyman P. Minsky, "Suggestions for a Cash Flow-Oriented Bank Examination," in Federal Reserve Bank of Chicago, ed., *Proceedings of a Conference on Bank Structure and Competition* (Chicago: Federal Reserve Bank of Chicago, 1975): 150–84.

(2) Hyman P. Minsky, "Money, Other Financial Variables, and Aggregate Demand in the Short Run," in G. Horwich, ed., *Monetary Process and Policy* (Homewood, IL: Richard D. Irwin, 1967): 265–94.

(3) Hyman P. Minsky, "Private Sector Asset Management and the Effectiveness of Monetary Policy: Theory and Practice," *Journal of Finance*, 24, no.2 (1969): 223–38. Published by John Wiley and Sons. © American Finance Association.

(4) Paul Krugman, "Banking Mysticism, Continued," The Conscience of a Liberal, *New York Times*, March 30, 2012, http://krugman.blogs.nytimes.com/2012/03/30/banking-mysticism-continued/.

(5) ミンスキーは、シカゴの貸金業者は返済が遅れたらあなたの足をへし折る、とよく冗談を言っていた。貸金業者は、本物の金融仲介機関であり、現金を貸す前にそれを手に入れなければならない。銀行はそのように業務を行っていない。銀行は、自らの借用書を貸し出しているのである。

(6) 確かに、小売業者は１日の終わりに現金を預金する。しかし、非常に多くの現金が米国外で流通しており、国内保有分のうちかなりの部分が非合法活動の中で流通している。小売業者によって受け取られ、預金される現金の額は、銀行が１日に平均して生み出す融資の総額のごく一部に過ぎないのである。

(7) 今日、記帳はコンピューターのキーストロークによって行われる。コンピューターの登場以前は、ペンとインクで記帳していた。いずれにしても、たとえインクが使われているとしても、これらの記帳は「無から生み出される」と言っても全く誤解を招くものではない。紙幣の場合でさえ、実際に消費される資源の量は微々たるものである。

(8) ピザハットは、年中「無」から無料ピザのクーポン券という負債を創造している。ピザハットは無料クーポン券を発行する前にピザを作る必要はない。ピザハットは「無」から無限にクーポン券を創造することができる（これは賢い経営判断ではないだろうが）。
(9) 以下を参照のこと。Paul McCulley, "The Shadow Banking System and Hyman Minsky's Economic Journey," Global Central Bank Focus, May2009, http://www.pimco.com/EN/Insights/Pages/Global%20Central%20Bank%20Focus%20May%202009%20Shadow%20Banking%20and%20Minsky%20McCulley.aspx.
(10) NOW は Negotiable Orders of Withdrawals（譲渡性払い戻し指図書〔NOW 勘定は、銀行または貯蓄貸付組合（S&L）が提供する小切手が振り出せる貯蓄性預金のことで、NOW はその払い戻し指図書を指す〕）、MMMF は Money Market Mutual Funds（短期証券投資信託）の略である。
(11)「元本割れ」とは、1 ドルの預金の価値が 1 ドルを下回ることを言う。連邦預金保険公社（FDIC）によって保証された銀行預金の場合は、政府が通貨との等価を保証しているため、元本割れは起こり得ない。しかし、シャドーバンクによって発行された MMMF などの債務には、その裏に政府の保証が付いていない。
(12) 銀行とシカゴの貸金業者の混同を避けるために、これを「前貸し（advance）」と呼ぶことができる。銀行は自らの借用書を貸すのであって、現金を貸すのではない。
(13) 現在の量的緩和の状況下では、FRB は銀行システムに大量の超過準備を維持している。しかし、FRB は超過準備に利子を付与する政策に移行したため、フェデラル・ファンド金利はその利子の水準まで押し下げられるが、それよりも下がることはない。その理由は、FRB が超過準備に付与する利子よりも低い金利を得るためにフェデラル・ファンド市場で準備預金を貸す銀行はないからである。したがって、銀行は超過準備を保有したままにし、FRB が超過準備に付与する利子を受け取っている。
(14) Basil Moore, *Horizontalists and Verticalists: The Macroeconomics of Credit Money* (Cambridge, UK: Cambridge University Press,1988).
(15) Hyman P. Minsky, "Reconstituting the United States' Financial Structure: Some Fundamental Issues," Working Paper No. 69. Annandale-on-Hudson, NY: Levy Economics Institute, January 1992a, p. 12.
(16) 貯蓄預金は短期の定期性預金である。要求払預金の場合と異なり、銀行は預金引き出しに対して 30 日前の解約通知を要求できる。譲渡性預金（CD）はそれより期間の長い、例えば、90 日間の定期性預金であり、期日前の引き出しにはペナルティが課される。
(17) Hyman P. Minsky, "Financial Crises: Systemic or Idiosyncratic," Annandale-on-Hudson, NY: Levy Economics Institute, Working Paper, No. 51, April 1991, p. 13, http://digitalcommons.bard.edu/cgi/viewcontent.cgi?article=1243&context=hm_archive.
(18) すべての債権者に対して債務者がおり、すべての貸し手に対して借り手がいる。
(19) 米国の貯蓄貸付組合（S&L）は、法律的には別物であるが、実際には銀行の貯蓄預金のように機能する預金（mutual share deposit）を伝統的に供給していた。
(20) 例えば、世界金融危機が発生した際、投資銀行は投資家に売るつもりだった不動産

担保証券（MBS）を抱えて身動きが取れなくなった。

（21）企業が融資を返済できない場合、銀行は損失を減らすためにその商品を取り上げて売却することができる。しかし、それは最後の手段である。銀行は一般的に担保物を取り上げることを望まない。とりわけ、売却が困難な可能性がある非金融資産についてはそうである。

（22）以下を参照のこと。Martin Mayer, "The Spectre of Banking," *One-Pager* No. 3, Annandale-on-Hudson, NY: Levy Economics Institute, May 2010.

（23）「エフォー（ephor）」とは、監督する者の意である。

（24）シュムペーター著、塩野谷祐一、中山伊知郎、東畑精一訳『経済発展の理論』岩波文庫、1977 年（J. Schumpeter, *The Theory of Economic Development*, New Brunswick, NJ: Transaction Publishers, 1997 [1934]）。

（25）この場合、商業銀行は資本財（例えば、機械や建物）の生産段階における短期の資金を提供し、投資銀行は、資本財を利用しようとする者がそれを購入できるようにするために長期の資金を提供する。

（26）ヒルファディング著、岡崎次郎訳『金融資本論』岩波文庫、1982 年（Rudolf Hilferding, *Finance Capital: A Study in the Latest Phase of Capitalist Development*, London: Routledge, 2006 [1910]）。

（27）世界大恐慌へといたるまでの、ゴールドマン・サックスのような投資銀行による詐欺的行為についての最も優れており、かつ最も面白い記録は、ジョン・ケネス・ガルブレイスの『大暴落 1929』（村井章子訳、日経 BP 社、2008 年（*The Great Crash 1929*, New York: Houghton Mifflin Harcourt, 2009 [1954]））である。ガルブレイスは、ゴールドマン・サックスについてまるまる 1 章を当てており、その活動の描写は 2007 年の世界金融危機にいたるまでの活動を説明しているように読める。

（28）これら全般についてのミンスキーの考え方に関心のある人は、レヴィ経済研究所の以下の論文を参照されたい。L. Randall Wray, *What Should Banks Do? A Minskyan Analysis*, Public Policy Brief No. 115, September 2010, http://www.levyinstitute.org/publications/?docid=1301.

第五章

（1）Hyman P. Minsky, "Where Did the American Economy—and Economists—Go Wrong?" Unpublished manuscript, 1971. 本稿は、ミンスキー・アーカイブの No. 428 に "Further Rewrite（再修正）" 版として収録されている。

（2）Hyman P. Minsky, "The Poverty of Economic Policy," Presented at the Graduate Institute of Cooperative Leadership, New York, July 14, 1975.

（3）Hyman P. Minsky, "Institutional Roots of American Inflation," in N. Schmukler and E. Marcus, eds., *Inflation through the Ages: Economic, Social, Psychological and Historical Aspects* (New York: Brooklyn College Press, 1983): 265–77.

（4）ミンスキーの論文はバード大学レヴィ経済研究所のミンスキー・アーカイブ（http://www.bard.edu/library/archive/minsky/）にある。貧困と失業に関する彼の研究の

一部は、彼の死後に以下の書籍で発表された。Hyman P. Minsky, *Ending Poverty: Jobs, Not Welfare*, published by the Levy Economics Institute, Annandale-on-Hudson, NY, 2013.

(5) マイケル・ハリントン著、内田満、青山保訳『もう一つのアメリカ：合衆国の貧困』日本評論社、1965年（Michael Harrington, *The Other America*, New York: Macmillan, 1962; reprint edition, paperback, New York: Scribner, 1997)。

(6) 本章は、以下の論文を参考にしている。*The War on Poverty after 40 Years* by Stephanie Bell and L. Randall Wray, June 2004, Levy Institute Public Policy Brief No. 78, http://www.levyinstitute.org/publications/the-war-on-poverty-after-40-years.

(7) Hyman P. Minsky, "The Role of Employment Policy," in *Poverty in America*, Margaret S. Gordon, ed. (San Francisco: Chandler Publishing Company, 1965), p. 175.

(8) 1976年の大統領選のスピーチで頻繁に使われたレーガンの話の出所を突き止めようとしたジョッシュ・レビンによれば、「『福祉の女王』という言葉を造り出したのはレーガンだが、シカゴのこの女性は架空の人物であったとする説明が多い」という。リンダ・テイラーというシカゴ在住の女性がその逸話のモデルだったかもしれないことは分かっているが、実際の話はレーガンがほのめかしていたものよりずっと複雑である。詳細はこちらを参照されたい。http://www.slate.com/articles/news_and_politics/history/2013/12/linda_taylor_welfare_queen_ronald_reagan_made_her_a_notorious_american_villain.html. それから20年後の1996年、クリントン大統領は貧困層への生活補助に対する連邦政府保証を打ち切り、福祉プログラムを各州に引き継ぐ法案に署名して、「本日、われわれが知っているような福祉を終わらせる」と述べた。詳しくはこちらを参照されたい。Barbara Vobejda, "Clinton Signs Welfare Bill amid Division," *Washington Post*, August 23, 1996, p. A1, http://www.washingtonpost.com/wp-srv/politics/special/welfare/stories/wf082396.htm.

(9) ケインズの考え方を一部採用していたが、それを新古典派経済学の考え方に「総合した」正統派「ケインジアン」についての、先の議論を思い出して欲しい。

(10) よく使われる比喩は、「経済成長の上げ潮がすべての船を持ち上げる」である。これに対する批判として、以下を参照されたい。Marc-Andre Pigeon and L. Randall Wray, "Can a Rising Tide Raise All Boats? Evidence from the Clinton-Era Expansion," *Journal of Economic Issues*, 34, no. 4 (2000): 811–45.

(11) パブリーナ・チャーネバは、景気回復（上げ潮）の恩恵は、戦後の全期間にわたって、所得分布の上位の人たちに常に偏って与えられていたことを明らかにした。その偏りは景気回復のたびに大きくなり、直近の回復においては、すべての恩恵を超えるもの（116パーセント）が上位10パーセントの人々に与えられている。以下を参照のこと。Pavlina R. Tcherneva, "Growth for Whom?" One-Pager, No. 47, Annandale-on-Hudson, NY: Levy Economics Institute, October 6, 2014, http://www.levyinstitute.org/pubs/op_47.pdf.

(12) 黒人の貧困率は低下したが、それは「貧困との戦い」以前から低下していた。しかし、これは主に、彼らが合衆国南部から北部のより良い仕事へと移ったこと、その

後の公民権法制定が差別を減らしたことによるものであった。

(13) *Papers of U.S. Presidents*, Lyndon B. Johnson, 1963–1964. (Washington, DC: U.S. Printing Office, 1965) 1: 375–80.

(14) Judith Russell, *Economics, Bureaucracy, and Race: How Keynesians Misguided the WOP* (New York: Columbia University Press,2004).

(15) Hyman P. Minsky, "The Role of Employment Policy," in *Poverty in America*, Margaret S. Gordon, ed. (San Francisco: Chandler Publishing Company, 1965).

(16) Hyman P. Minsky, "The Poverty of Economic Policy," Presented at the Graduate Institute of Cooperative Leadership, New York, July 14, 1975.

(17) ミンスキーはこの計算を行うために「オークンの法則」を利用した。それに従えば、失業率が1パーセントポイント下がるごとにGNPが3パーセント増加する。

(18) 以下を参照のこと。 L. Randall Wray and Stephanie Bell, "The War on Poverty after 40 Years: A Minskyan Assessment", Public Policy Brief, Annandale-on-Hudson, NY: Levy Economics Institute, No. 78, 2004; and "The War on Poverty Forty Years On," in *Challenge*, 47, no. 5 (September–October 2004): 6–29.

(19) Hyman P. Minsky, "The Strategy of Economic Policy and Income Distribution," *Annals of the American Academy of Political and Social Science*, 409 (September 1973): 92–101.

(20) ミンスキーが言わんとしているのは、消費はGDPに占める割合がより大きくあるべきだが、投資はより小さくあるべきだということである。彼の考えによれば、投資の拡大は不安定性の増大と関連している。なお、彼は、無駄な消費や環境破壊を引き起こすような消費に賛成していなかったことにも留意すべきである。

(21) Hyman P. Minsky, "Effects of Shifts of Aggregate Demand upon Income Distribution," *American Journal of Agricultural Economics*, 50, no. 2 (1968): 328–39.

(22) ELRの提案の詳細については、以下を参照のこと。Mathew Forstater, "Public Employment and Economic Flexibility," Public Policy Brief No. 50, Annandale-on-Hudson, NY: Levy Economics Institute; Phillip Harvey, *Securing the Right to Employment* (Princeton, NJ: Princeton University Press, 1989); Jan Kregel, "Currency Stabilization through Full Employment: Can EMU Combine Price Stability with Employment and Income Growth?" *Eastern Economic Journal*, 25, no. 1 (1999): 35–48; and L. Randall Wray, *Understanding Modern Money: The Key to Full Employment and Price Stability* (Northampton, MA: Edward Elgar, 1998).

(23) 以下を参照のこと。Nick Taylor, *American-Made: The Enduring Legacy of the WPA: When FDR Put the Nation to Work* (New York: Bantam, 2009).

(24) Marc-Andre Pigeon and L. R. Wray, "Can a Rising Tide Raise All Boats? Evidence from the Clinton-Era Expansion," *Journal of Economic Issues*, 34, no. 4, December 2000.

(25) 以下を参照のこと。 Marc-Andre Pigeon and L. R. Wray, "Demand Constraint and the New Economy," in *A Post Keynesian Perspective on Twenty-First Century Economic Problems*, Paul Davidson, ed. (Aldershot, UK: Edward Elgar, 2002), pp. 158–94.

(26) プログラムの賃金は最低賃金から始めるが、そうする理由は、それが最も問題が生じにくいからである。しかし、ミンスキーにならって、われわれは不平等格差を埋めるためにこの賃金を徐々に増やさなければならない。したがって、その賃金の伸び率は全体の賃金の伸び率および労働生産性の伸び率を上回るべきである。それによって、所得分配が最下層の方に傾くことになる。
(27) これは不正行為を最小化するのに役立つ。プログラムの雇用主が、支払われる賃金にアクセスできなくなるからである。
(28) これにより、連邦政府は賃金以外の経費を負担することになるが、連邦政府の資金で管理費や材料費を賄うことを主な目的としてプロジェクトが作られるほど大きなものではない。

第六章

(1) Hyman P. Minsky, "Securitization," 1987, republished as Policy Note 2008/2, June 2008.
(2) Hyman P. Minsky, "Securitization," 1987.
(3) Hyman P. Minsky, "Securitization," 1987.
(4) Hyman P. Minsky, "Reconstituting the United States' Financial Structure: Some Fundamental Issues," 1992, Annandale-on-Hudson, NY: Levy Economics Institute, Working Paper No. 69.
(5) この言葉によってミンスキーが言いたいのは、見せかけの安定性が、投資家、金融機関、企業家によるさらなるリスクテイクを促すということである。彼らは期待利潤に比してより大きな借入を行い、よりリスクの高い金融商品を導入する傾向がある。さらに、規制当局は、下振れリスクが小さくなったと信じて、規則をゆるめるかもしれない。これらのすべてが、金融の脆弱性を強め、ひいては不安定性を高める。
(6) 以下を参照のこと。L. Randall Wray, "The Rise and Fall of Money Manager Capitalism: A Minskian Approach," *Cambridge Journal of Economics*, 33, no. 4 (2009): 807–28, and Hyman P. Minsky, "The Transition to a Market Economy," Working Paper no. 66, 1991, Annandale-on-Hudson, NY: Levy Economics Institute.
(7) Ben S. Bernanke, "The Great Moderation," Speech given at the meetings of the Eastern Economics Association, Washington, DC, February 20, 2004, www.federalreserve.gov/Boarddocs/Speeches/2004/20040220/default.htm.
(8) ミンスキーは、時折これを「産業資本主義 (industrial capitalism)」段階と呼んでいた。以下を参照のこと。Hyman P. Minsky and Charles J. Whalen, "Economic Insecurity and the Institutional Prerequisites for Successful Capitalism," Levy Working Paper No. 165, May 1996. 重要なポイントは、産業〔資本〕が高額で長期の資本資産のための外部金融を必要とし、それゆえ投資銀行に頼ることであった。
(9) ジョン・ケネス・ガルブレイス著、村井章子訳『大暴落 1929』日経 BP 社、2008 年（John Kenneth Galbraith, *The Great Crash 1929*, New York: Houghton Mifflin Harcourt, 2009 [1954].）を参照のこと。

(10) ミンスキーは、これを「父権的資本主義（paternalistic capitalism）」段階とも呼んでいた。そこでは、大きな政府と大企業が労働者とその家族の面倒を見ていた。(Hyman P. Minsky and Charles J. Whalen, “Economic Insecurity and the Institutional Prerequisites for Successful Capitalism,” Levy Working Paper no. 165, May 1996).

(11) スーザン・ストレンジ著、小林襄治訳『カジノ資本主義』岩波現代文庫、2007 年(Susan Strange, *Casino Capitalism*, Manchester, UK: Manchester University Press, 1997), Jane D’Arista, *The Role of the International Monetary System in Financialization* (Amherst, MA: Financial Markets Center, 2001), http://www.peri.umass.edu/fileadmin/pdf/financial/fin_darista.pdf .

(12) ミンスキーが述べていたとおり、金融構造は「現在の『マネー・マネージャー』資本主義の段階へと進化しており、金融市場と金融仲介はファンドマネージャーによって支配されている……」。ファンドマネージャーは、「大規模な金融商品のポートフォリオを運用する金融機関」で働いている（Minsky and Whalen, 1996, pp. 3-4）。

(13) グレシャムの法則は通常、硬貨に適用されるものであり、硬貨が金《きん》のような貴金属で鋳造されていた時代に言及して、「悪貨は良貨を駆逐する」と表現される。人々は、軽い硬貨（金貨は、金《きん》を集めるために、削ったり、すり減らされたりすることがあった）で支払うことを好み、重い硬貨を保有することを好んだ。ここでは、「良い慣行を駆逐する」ために「悪い慣行」を促進する競争圧力に言及するためにこの用語を使っている。

(14) 自己資本比率は、純資産を総資産で割ったものである。その比率が高ければ高いほど、銀行は支払不能に陥るまでにより大きな損失に耐えられる。銀行は損失をカバーするために貸倒引当金も維持しているが、それが尽きると、損失は純資産から支払われることになる。自己資本比率を低下させ、あるいは貸倒引当金を減少させると、銀行の利潤率は上がるが、支払不能のリスクも増大する。

(15) Wray, 2009 を参照のこと。

(16) Minsky and Whalen, 1996 を参照のこと。

(17) したがって、「貧困との戦い」は、ダニエル・パトリック・モニハンの「貧困の文化」論と一致していた (Daniel Patrick Moynihan, “The Negro Family: The Case for National Action.” Office of Policy Planning and Research, U.S. Department of Labor, March 1965, http://www.dol.gov/dol/aboutdol/history/webid-meynihan.htm)。

(18) An NPR report, “Stopping the ‘Brain Drain’ of the U.S. Economy,” is here:http://www.scpr.org/news/2012/02/06/31135/stopping-the-brain-drain-of-the-us-economy/.

(19) 以下を参照のこと。 L. Randall Wray, “Surplus Mania: A Reality Check,” Policy Notes, 1999/3, Annandale-on-Hudson, NY: Levy Economics Institute; Wynne Godley and L. Randall Wray, “Can Goldilocks Survive?” Policy Notes, 1999/4, Annandale-on-Hudson,NY: Levy Economics Institute; and Wynne Godley and L. Randall Wray, “Is Goldilocks Doomed?” *Journal of Economic Issues*, 34, no. 1 (March 2000): 201–206.

（20）ただし、米国連邦政府は 1920 年代の終わりに黒字になり、米国の家計は（当時の技術革新である電気製品の）購入を賄うために信用を利用できるようになっていた。1930 年に、経済は急速に悪化し、政府財政は赤字に戻り、家計は借入をしなくなった。世界大恐慌が本格的に始まったのである。興味深いのは、クリントン政権期までは、1920 年代後半が、連邦政府が持続的に政府黒字だった最後の時代だったことである。またデジャヴが始まったのである。

（21）この負債の数字には、すべての負債、つまり政府、家計、民間の金融機関および非金融機関の負債が含まれている。他方、これと比較できる世界大恐慌につながった「大暴落」前の数字でもたったの 300 パーセントであった。したがって、今回の負債比率はそれよりずっと高かった。

（22）政府の債務比率が一定の閾値《しきいち》を超えると経済成長が鈍化することを示すとされていた実証研究に対する批判については、以下を参照のこと。Yeva Nersisyan and L. R. Wray, "Does Excessive Sovereign Debt Really Hurt Growth? A Critique of 'This Time Is Different,' by Reinhart and Rogoff," Annandale-on-Hudson, NY: Levy Economics Institute, Working Paper No. 603, June 2010, http://www.levyinstitute.org/pubs/wp_603.pdf. この研究は、欠陥がある理論と実証分析の誤りに基づいていた。以下を参照のこと。"This Time is Different: Eight Centuries of Financial Folly," *Challenge*, 54, no. 1 (January–February 2011): 113–20.

（23）ウォルター・バジョット著、久保恵美子訳『ロンバート街：金融市場の解説』日経 BP 社、2011 年（Walter Bagehot, *Lombard Street: A Description of the Money Market*, London: CreateSpace Independent Publishing Platform, 2012[1873]).

（24）罰則的な金利で必ず優良な担保に対して貸出を行うことを推奨したのは、その貸出が、優良な資産を有する支払能力のある銀行に対するものであって、担保を設定するのにふさわしい資産がなく、支払能力のない銀行に対してのものではないことを確実にするためであった。健全な銀行は、優良で収益性の高い資産を有しており、懲罰的な金利を支払う能力があるが、専ら流動性の不足に直面しているという理由で、借入を行う必要があったのである。

（25）危機への対応についてのより詳細な批判的分析は、以下で提供されている。Eric Tymoigne and L. Randall Wray, *The Rise and Fall of Money Manager Capitalism: Minsky's Half Century from WWII to the Great Recession* (New York: Routledge, 2013).

（26）Tymoigne and Wray, 2013 を参照のこと。

（27）財務省は（FDIC を通じて）整理についての責任を負う。支払不能の銀行を整理するには、営業を停止させて債務をカバーするために資産を売却する方法から、健全な金融機関への合併を資金面で支援する方法にいたるまで、様々な方法がある。

（28）この過程をすべて説明しようとすると、非常に専門的で複雑になる可能性がある。詳しくは、Tymoigne and Wray, 2013 を参照のこと。

（29）財務長官のヘンリー・ポールソンは、危機の初期に金融機関を救済するため議会から 7000 億ドル以上の予算を引き出したが、それでは十分というにはほど遠かった。

（30）以下を参照のこと。L. Randall Wray, "The Lender of Last Resort: A Critical Analysis of the Federal Reserve's Unprecedented Intervention after 2007," Annandale-on-Hudson, NY: Levy Economics Institute, Research Project Reports,

April 2013, http://www.levyinstitute.org/publications/the-lender-of-last-resort-a-critical-analysis-of-the-federal-reserves-unprecedented-intervention-after-2007.

（31）以下を参照のこと。James Felkerson, “$29,000,000,000,000: A Detailed Look at the Fed's Bailout by Funding Facility and Recipient,” Annandale-on-Hudson, NY: Levy Economics Institute, Working Paper No. 698, December 2011, http://www.levyinstitute.org/pubs/wp_698.pdf.

（32）以下を参照のこと。the Ford–Levy Institute Project on “Financial Instability and the Reregulation of Financial Institutions and Markets,” http://www.levyinstitute.org/ford-levy/.

第七章

（1） Hyman P. Minsky, “A Theory of Systemic Fragility,” in E. I. Altman and A. W. Sametz, eds., *Financial Crises* (New York: Wiley, 1977): 138–52. © John Wiley and Sons.

（2） Hyman P. Minsky, “Reconstituting the United States' Financial Structure: Some Fundamental Issues,” Annandale-on-Hudson, NY: Levy Economics Institute, Working Paper No. 69, January 1992a.

（3） それらの金融機関を、「大きすぎて潰せない」ではなく、「大きすぎて刑務所に入れられない（too big to jail）」と呼ぶ者もいる。それらの巨大金融機関のすべてが、数々の詐欺行為を認め、それぞれ数百億ドルの罰金を支払ったにもかかわらず、経営幹部が誰 1 人として詐欺罪で訴追されなかったからである。

（4） Hyman P. Minsky. “Bank Portfolio Determination,” from Hyman P. Minsky Archive, Annandale-on-Hudson, NY: Levy Economics Institute, January 1, 1959. 本節の引用はすべて、この初期の論文からの引用である。

（5） ミンスキーは、「バンカーズ・キャッシュ」という言葉を、他の銀行との資金決済や預金者による現金引き出しを賄うのに利用される中央銀行準備預金の意味で使っている。ここで彼が論じているのは、銀行は、貸出金利よりも低い市場性資産の金利を甘受するだろうということである。その理由の一端は、銀行は有価証券を売却するだけで準備預金を手に入れられるため、預金の引き出し（や銀行間決済）による流出を賄うのに必要な準備預金の借入コストを節約できることにある。

（6） 金利リスクは、一般的に満期までの期間に応じて増大する。銀行が、今日例えば 4 パーセントの金利で融資を実行し、預金にほぼゼロパーセントの金利を支払っているのだとすれば、その融資は収益性がある。しかし、金利が全般的に上昇して、銀行が預金金利を 2 パーセントに上げざるを得なくなれば、4 パーセントの融資はもはや魅力的ではない。金利リスクで生じる損害の最も良い例は、1980 年代前半の米国の貯蓄貸付組合危機（S&L 危機）である。銀行や貯蓄金融機関は、典型的に 30 年固定金利の住宅ローンを 6 〜 7 パーセントで実行していたが、銀行が預金債務に支払うコストが 2 〜 3 パーセントであったときは、それで全く問題なかった。しかし、FRB のボルカー議長が、インフレ抑制のために短期金利を 20 パーセント超まで引き上げると、銀行は短期債務を発行するために多くの金利を支払わなければ

ばならなくなった。しかし、それでも低収益の住宅ローンを抱えたままでいなければならず、過去に実行したローン毎に膨大な損失を蓄積することになってしまったのである。これが、金利リスクを、証券化された住宅ローン債権の保有者に転嫁することを目的とした"OTD（Originate-to-Distribute）"モデル〔貸出を行い、そのローンを証券化して売却する金融ビジネスモデルのこと〕が生み出された理由の1つである。

(7) リンカーン貯蓄貸付組合は、S&L危機に関連して最も悪名高い詐欺師の1人であるチャールズ・キーティングの指揮の下で、実際にこれを行っていた。彼は、「キーティング5人組」として知られる5人の上院議員に取り入っており、その中には大統領候補の常連であったジョン・マケインも含まれていた。

(8) ジョン・ケネス・ガルブレイス著、村井章子訳『大暴落1929』日経BP社、2008年（John Kenneth Galbraith, *The Great Crash 1929*, New York: Houghton Mifflin Harcourt, 2009 [1954].）を参照のこと。「株価操作 (pump and dump)」とは、経営者が一時的に株価を押し上げて、市場が株価の上昇が根拠のないものだと気づく前に自社株を売り抜けられるようにする戦略の追求を指す。

(9) Hyman P. Minsky, "The Capital Development of the Economy and the Structure of Financial Institutions," Annandale-on-Hudson, NY: Levy Economics Institute, Working Paper No. 72, January 1992b.

(10) Hyman P. Minsky, "Reconstituting the United States' Financial Structure: Some Fundamental Issues," Annandale-on-Hudson, NY: Levy Economics Institute, Working Paper No. 69, January 1992a.

(11) Hyman P. Minsky, "Suggestions for a Cash Flow Oriented Bank Examination," Paper No. 175, Hyman P. Minsky Archive, Annandale-on-Hudson, NY: Levy Economics Institute, 1967.

(12) バーゼル合意は、バーゼル銀行監督委員会によって策定され、国際的な銀行業務と銀行監督の連携を図るための基礎となるものである。これは勧告に過ぎないが、G20参加国は一般的に、自国で事業を行う銀行を規制・監督する際、この指針に従っている。これまでは、銀行の安全性を確保するために、自己資本比率や（格付機関による）外部リスク評価の活用に焦点が当てられてきた。

(13) 他の条件がすべて同じなら、資産に対して資本が厚ければ厚いほど、銀行の自己資本利益率は低下する。なぜなら、自己資本利益率は、資産から生じる利益フローを純資産で割ることによって算出されるからである。

(14) Hyman P. Minsky, "Reconstituting the Financial Structure: The United States," Paper No. 18, Hyman P. Minsky Archive, Annandale-on-Hudson, NY: Levy Economics Institute, 1992c, http://digitalcommons.bard.edu/hm_archive/18.

(15) C. Campbell and Hyman P. Minsky, "How to Get Off the Back of a Tiger, or, Do Initial Conditions Constrain Deposit Insurance Reform?" in Federal Reserve Bank of Chicago, ed., *Proceedings of a Conference on Bank Structure and Competition* (Chicago: Federal Reserve Bank of Chicago, 1987): 252–66. ミンスキーの考え方の詳細な解説については、以下を参照のこと。Jan A. Kregel, "Minsky and Dynamic Macroprudential Regulation," Annandale-on-Hudson, NY: Levy Economics Institute, Public Policy Brief No. 131, 2014.

(16) Hyman P. Minsky, "Regulation and Supervision," Paper No. 443, Hyman P. Minsky Archive, Annandale-on-Hudson, NY: Levy Economics Institute, 1994, p. 6.
(17) C. Campbell and Hyman P. Minsky, "Getting Off the Back of the Tiger: The Deposit Insurance Crisis in the United States," Working Paper No. 121, Department of Economics, Washington University, February 1988, p. 6.
(18) このアプローチの詳細な解説についても Kregel, 2014 を参照のこと。

第八章

(1) Hyman P. Minsky, "Banking and a Fragile Financial Environment," *Journal of Portfolio Management,* 3, no. 4 (Summer 1977): 22.
(2) Hyman P. Minsky, "Reconstituting the United States' Financial Structure: Some Fundamental Issues," Working Paper No. 69. Annandale-on-Hudson, NY: Levy Economics Institute, January 1992a, p. 21.
(3) 富裕層が生産資本（機械や工場）の形で貯蓄をすれば、それが雇用を生み出すことになるから、実際はこれよりもう少し複雑である。問題は、富裕層が流動性のある形で、つまり広義の貨幣の形で貯蓄することを好み、それが雇用を生み出さないことである。ケインズが言ったとおり、人々が「月（お金）を欲しがる」から、失業が生じるのである。
(4) Hyman P. Minsky "Securitization," Annandale-on-Hudson, NY: Levy Economics Institute, Policy Note 2008/2, (1987) June 2008, http://www.levyinstitute.org/pubs/pn_08_2.pdf.
(5) 以下のドクター・スースの本に登場するキャラクターである。Dr. Seuss [Theodor Seuss Geisel], *Yertle the Turtle and Other Stories* (New York: Random House, April 12, 1958).
(6) Hyman P. Minsky, "Suggestions for a Cash Flow-Oriented Bank Examination," in Federal Reserve Bank of Chicago, ed., *Proceedings of a Conference on Bank Structure and Competition* (Chicago: Federal Reserve Bank of Chicago, 1975): 150–84.
(7) 序論でのクルーグマンの引用を思い出して欲しい。彼は、従来の経済学者が「シャドーバンキングの重要性が増していることに気づくこと」ができなかったことを認め、「経済学者は従来型の銀行を見て、それが預金保険によって保護されているものと理解していたが、事実上、銀行システムの大半がもはやそのようなものではないことに気づくことができなかった」と認めていた。http://krugman.blogs.nytimes.com/2014/04/25/frustrations-of-the-heterodox/?_php=true&_type=blogs&_r=0.
(8) Hyman P. Minsky, "Securitization," Annandale-on-Hudson, NY: Levy Economics Institute, Policy Note No. 2, May 12, 1987 (2008c). 1 パーセントポイントは、100 ベーシスポイントに相当する。したがって、資産から得られる金利 6.5 パーセントと預金に対して支払う金利 2 パーセントの差が、450 ベーシスポイントになる。
(9) 当時、準備預金は、銀行が預金に対して保有していなければならない無利子の資産

であったが、現在では、非常に低利ではあるものの利子が付され、預金創造のコストをわずかに削減している。

(10) 「サブプライム」や「オルトA」といったリスクの高いローンの大部分は、金利が上がれば借り手が苦境に陥る可能性がある変動金利型住宅ローンであった。さらに、それらの多くは、最初の2～3年だけ特別に金利が低く、そのあとは金利が「跳ね上がる」ことになる「お誘い」金利を設定していた。それらは、借り手を「殺す」が、住宅は（差し押えられ、再売却されるべく）そのまま残すので、業界内では「中性子爆弾」住宅ローンと呼ばれていた。借り手の唯一の期待は、住宅価格は上昇するが、市場金利は上昇せず、そして金利が跳ね上がる前により条件の良い融資を受ける資格を得ることであった。残念ながら、2004年以降に住宅を購入した人たちにとって、それははかない夢であった。金利が上がると、彼らは借り換えができず、家を失ったのである。

(11) 漸進主義は、FRBが金利の変更を決定した場合に、小刻みに時間をかけて、典型的には25～50ベーシスポイント刻みで最長1年をかけてそれを行うことを意味する。透明性は、FRBが自らの政策の意図について市場参加者と意思の疎通を行うことを意味する。これはFRBが期待を操るために行うのであり、金利の変更によって市場参加者を驚かすことがないようにするためである。また、金融政策には多くの場合、期待を変化させることによって、経済に影響を与えるという強力な前提が存在している。その信念は、FRBが市場参加者に低インフレと堅調な成長を期待させることができれば、経済は低インフレと堅調な成長を経験するだろうというものである。オズの魔法使いのようなFRB議長（最初はマエストロのグリーンスパン、そのあとはバーナンキおじさん）が、このような信頼を市場参加者から勝ち取ったことで、あらゆる警告が問題にされなくなってしまったのである。

(12) Hyman P. Minsky, "The Economic Problem at the End of the Second Millennium: Creating Capitalism, Reforming Capitalism and Making Capitalism Work," prospective chapter, May 13, 1992d. Hyman P. Minsky Archive.

(13) ほぼすべての先進国が、児童手当を支給している。

(14) 貧困と失業、およびそれらと密接に関連する社会的問題に対処するための社会的支出は、貧困と失業を解消していないにもかかわらず、既にGDPの10パーセントを占めている。

(15) 銀行や住宅ローン会社は、住宅ローンを保有するつもりがなく融資を実行している。それどころか、それらのローン債権は、投資家に販売する目的でそれをパッケージ化して証券化する投資銀行に即座に売却される。ローンの原債権者も証券化の実行者も、借り手の信用力を評価することに関心がないのである。

(16) Hyman P. Minsky, "Reconstituting the United States' Financial Structure: Some Fundamental Issues," Working Paper No. 69. Annandale-on-Hudson, NY: Levy Economics Institute, January 1992a, p. 12.

(17) Ronnie Phillips, *The Chicago Plan and New Deal Banking Reform* (New York: M. E. Sharpe, 1995).

(18) 10億ドルの資産は、大きいように聞こえるかもしれないが、現在の基準に照らせば小規模な銀行である。米国には2兆ドル以上の資産を有する銀行があることを忘れてはならない。

(19) Hyman P. Minsky, Dimitri B. Papadimitriou, Ronnie J. Phillips, and L. Randall Wray, "Community Development Banking: A Proposal to Establish a Nationwide System of Community Development Banks," Public Policy Brief No. 3, Annandale-on-Hudson, NY: Levy Economics Institute, 1993.

(20) ニューヨーク・タイムズで報じられたとおり、「多くの低所得者は『銀行口座を持たない』(金融機関のサービスを受けていない) ため、法外な手数料によって食い物にされていると言って良い。セントルイス連銀が2010年に指摘したとおり、『銀行口座を持たない消費者は、政府給付金小切手の金額のおよそ2.5～3パーセント、給与支払小切手の金額の4～5パーセントを、小切手を現金化するためだけに費やしている。さらに、毎月の決まった出費を支払うために郵便為替を購入するのにも余分なお金を費やしている。隔週の給与支払小切手を現金化し、毎月約6枚の郵便為替を購入するための費用を考えると、手取り収入が2万ドルの家計は、当座預金口座の利用にかかる毎月の費用よりもはるかに高い、年間1200ドルを代替サービスの手数料のために支払うことになる可能性がある』」。Charles M. Blow, "How Expensive It Is to Be Poor," *New York Times*, January 18, 2015, http://www.nytimes.com/2015/01/19/opinion/charles-blow-how-expensive-it-is-to-be-poor.html?hp&action=click&pgtype=Homepage&module=c-column-top-span-region&region=c-column-top-span-region&WT.nav=c-column-top-span-region.

(21) ユニバーサルバンク・モデルは一般的に、それぞれがフルレンジのサービスを提供する一握りの巨大銀行のビジネスモデルであり、ミンスキーが論じていた当時、ドイツの銀行システムがユニバーサルバンク・モデルに近かったが、米国では依然としてある程度金融業務が分離されていた。一方で、ミンスキーが提案していたものは、小規模なコミュニティ開発銀行だけがユニバーサルバンクになることを認められ、大規模な金融機関は依然として業務別の分離の対象とするというものであった。しかし、ミンスキーの死後、米国は反対の方向に進み、分離を義務づけていたグラス・スティーガル法を廃止した。

(22) レバレッジド・バイアウト (LBO) の多くは、マイケル・ミルケンのような金融業者によって企てられた、負債の少ない企業をターゲットにする敵対的な買収である。その買収は、買収対象企業に多額の負債と高金利の支払いを負わせる、高リスクの負債によって資金調達される。金融業者は、手数料収入を手にして取引から抜ける。ミルケンは詐欺により禁固刑に服したが、LBOは現在でも身近な存在である。それどころか、2000年代のLBOブームは、1980年代のそれを上回るものであった。

(23) マネー・マネージャー資本主義にいたる長期的な変容の全般的な議論については以下を参照のこと。Yeva Nersisyan and L. Randall Wray, "The Trouble with Pensions," Levy Public Policy Brief, No. 109, March 2010. および、Y. Nersisyan and L. R. Wray, "Transformation of the Financial System: Financialization, Concentration, and the Shift to Shadow Banking," in *Minsky, Crisis and Development*, D. Tavasci and J. Toporowski, eds. (Basingstoke, UK: Palgrave Macmillan, 2010): 32–49.

(24) 以下を参照のこと。Pavlina Tcherneva, "Growth for Whom?" One-Pager No. 47, October 2014, http://www.levyinstitute.org/publications/growth-for-whom.

(25) Scott Bixby, "This Terrifying Chart Shows the Unstoppable Rise of the 0.1%",

News.Mic, January 3, 2015, http://mic.com/articles/107622/this-terrifying-chart-shows-the-unstoppable-rise-of-the-point-one-percent.

(26) 今日の経済では、これらのビジネスは、「金融部門」と呼ぶことができるほど相互に密接に関係している。オバマケア以降、医療部門も全面的に「金融化」が進んだため、ほぼ FIRE 部門に含めることができる。

(27) Hyman P. Minsky and Charles J. Whalen, "Economic Insecurity and the Institutional Prerequisites for Successful Capitalism," Levy Working Paper No. 165, May 1996.

(28) 米国人の狭量さについての、面白おかしいが説得力のある説明については、以下を参照のこと。"Is This Country Crazy? Inquiring Minds Elsewhere Want to Know," by Ann Jones, TomDispatch, January 11, 2015, http://www.tomdispatch.com/blog/175941/tomgram%3A_ann_jones%2C_answering_for_america/. パスポートを所有しているのは米国人のおよそ 10 人に 1 人だけで、そのことがおそらく、自分たちの国がどれほど富裕国に遅れをとっているか知らない理由を説明するだろう。

参考文献

本文中で引用されている参考文献や他の関連する文献は、こちらに載録されている。ミンスキーの重要な著作の詳細なリストについては、このあとの「ミンスキー著作一覧」を参照されたい。

金融不安定性およびマネー・マネージャー資本主義

Cassidy, J. 2008. “The Minsky Moment,” *The New Yorker*, February 4,http://www.newyorker.com/magazine/2008/02/04/the-minsky -moment.

Chancellor, E. 2007. “Ponzi Nation,” *Institutional Investor*, February 7.

Galbraith, John Kenneth. *The Great Crash 1929*, New York: Houghton Mifflin Harcourt, 2009 [1954]（村井章子訳『大暴落 1929』日経 BP 社、2008 年）.

McCulley, P. 2007. “The Plankton Theory Meets Minsky,” Global Central Bank Focus, March. PIMCO Bonds, Newport Beach, CA: http://media.pimco.com/Documents/GCB%20Focus%20MAR%2007%20WEB.pdf.

Minsky; Hyman P. and Charles J. Whalen. “Economic Insecurity and the Institutional Prerequisites for Successful Capitalism, ” Levy Working Paper No.165, May 1996.

Papadimitriou, D. B., and Wray, L. R. 1998. “The Economic Contributions of Hyman Minsky: Varieties of Capitalism and Institutional Reform,” *Review of Political Economy*, 10, no. 2, pp. 199–225.

Whalen, C. 2007. “The U.S. Credit Crunch of 2007: A Minsky Moment,”Levy Economics Institute, Public Policy Brief, No. 92, http://www.levyinstitute.org/publications/the-us-credit-crunch-of-2007.

Wray, L. Randall. “Financial Markets Meltdown: What Can We Learn from Minsky?” Levy Public Policy Brief No. 94, April 2008a.

Wray, L. Randall. “The Commodities Market Bubble: Money Manager Capitalism and the Financialization of Commodities,” Levy Public Policy Brief No. 96, October 2008b.

Wray, L. Randall 2009. “The Rise and Fall of Money Manager Capitalism: A Minskian Approach,” *Cambridge Journal of Economics*, 33, no. 4, pp. 807–28.

貧困、失業、および最後の雇い手

Anderson, W. H. Locke. 1964. "Trickling Down: The Relationship between Economic Growth and the Extent of Poverty among American Families," *Quarterly Journal of Economics*, 78, no. 4, 511–24.

Brady, David. 2003. "The Poverty of Liberal Economics." *Socio-Economic Review*, 1, no. 3, 369–409.

Council of Economic Advisers. 1965. "Economic Report of the President," Washington, DC: U.S. Government Printing Office.

Forstater, Mathew. 1999. "Public Employment and Economic Flexibility." Public Policy Brief No. 50, Annandale-on-Hudson, NY: Levy Economics Institute.

Harvey, Phillip. 1989. *Securing the Right to Employment*, Princeton, NJ: Princeton University Press.

Keynes, J. M. [1936] 1973. *The General Theory of Employment, Interest and Money*, New York: Harcourt Brace Jovanovich（塩野谷祐一訳『雇用・利子および貨幣の一般理論』東洋経済新報社、1983年）.

Kregel, Jan. 1999. "Currency Stabilization through Full Employment: Can EMU Combine Price Stability with Employment and Income Growth?" *Eastern Economic Journal*, 25, no. 1, 35–48.

Pigeon, Marc-Andre and L. R. Wray. 2000, "Can a Rising Tide Raise All Boats? Evidence from the Clinton-Era Expansions," *Journal of Economic Issues*, 34,no. 24.

Wray, L. Randall. 1998. *Understanding Modern Money: The Key to Full Employment and Price Stability*, Northampton, MA: Edward Elgar.

Wray, L. Randall. 2003. "Can a Rising Tide Raise All Boats? Evidence from the Kennedy–Johnson and Clinton-era expansions," in *New Thinking in Macroeconomics: Social, Institutional and Environmental Perspectives*, Jonathan M. Harris and Neva R. Goodwin, eds., Northampton, MA: Edward Elgar, pp. 150–81.

レヴィ経済研究所におけるミンスキーの重要な著作

▽ワーキングペーパー

"Reconstituting the United States' Financial Structure: Some Fundamental Issues," Working Paper No. 69, January 1992a.

"The Capital Development of the Economy and the Structure of Financial Institutions," Working Paper No. 72, January 1992b.

"Regulation and Supervision," Paper No. 443, Levy Economics Institute, 1994.

"Uncertainty and the Institutional Structure of Capitalist Economies,"Working Paper No. 155, April 1996.

Minsky, Hyman P., Dimitri B. Papadimitriou, Ronnie J. Phillips, and L. Randall Wray, "Community Development Banking: A Proposal to Establish a Nationwide System of Community Development Banks," Public Policy Brief No. 3, Levy Economics

Institute, 1993.

▽ミンスキー・アーカイブに収められた草稿
(http://digitalcommons.bard.edu/hm_archive/)
"The Essential Characteristics of Post-Keynesian Economics", April 13,1993.
"Financial Structure and the Financing of the Capital Development of the Economy", The Jerome Levy Institute Presents Proposals for Reform of the Financial System, Corpus Christie, TX, April 23,1993.
"The Economic Problem at the End of the Second Millennium: Creating Capitalism, Reforming Capitalism and Making Capitalism Work," prospective chapter, May 13, 1992.
"Reconstituting the Financial Structure: The United States," prospective chapter, four parts, May 13, 1992.
"Where Did the American Economy—and Economists—Go Wrong?," unpublished manuscript, May 20, 1971, further rewrite of Paper No. 428.
"Economic Issues in 1972: A Perspective," October 6, 1972, Paper No.427.

▽その他の著作
1963. "Discussion." *American Economic Review*, 53, no. 2, 401–12.
1965. "The Role of Employment Policy," in *Poverty in America*, Margaret S. Gordon, ed., San Francisco: Chandler Publishing Company.
1968. "Effects of Shifts of Aggregate Demand upon Income Distribution," *American Journal of Agricultural Economics*, 50, no. 2,328–39.
1973. "The Strategy of Economic Policy and Income Distribution." *The Annals of the American Academy of Political and Social Science*, 409 (September), 92–101.
1975. "The Poverty of Economic Policy." An unpublished paper, presented at the Graduate Institute of Cooperative Leadership, July 14.
1986. *Stabilizing an Unstable Economy*, New Haven, CT: Yale University Press（吉野紀、浅田統一郎、内田和男訳『金融不安定性の経済学』多賀出版、1996 年）.
1987. (with Claudia Campell) "How to Get Off the Back of a Tiger or, Do Initial Conditions Constrain Deposit Insurance Reform" in *Merging Commercial and Investment Banking* (Proceedings of a Conference on Bank Structure and Competition), Chicago : Federal Reserve Bank of Chicago, 252-66.
1996. "Uncertainty and the Institutionalist Structure of Capitalist Economies: Remarks upon Receiving the Veblen–Commons Award," *Journal of Economic Issues*, XXX, no. 2, June 1996, 357–68.
2013. *Ending Poverty: Jobs, Not Welfare*, Annandale-on-Hudson, NY: Levy Economics Institute.

ミンスキー著作一覧

このリストには、ミンスキーの発表済み論文、書籍、ワーキングペーパーのほとんどが含まれているが、読者はレヴィ経済研究所のミンスキー・アーカイブを利用して、膨大な未発表原稿、特に晩年の未発表原稿にも当たるべきである。

書籍

Minsky, Hyman P. *John Maynard Keynes*, New York: Columbia University Press, 1975; New York: McGraw-Hill, 2008（堀内昭義訳『ケインズ理論とは何か』岩波書店、1999年）.

———. *Can "It" Happen Again?*, Armonk, NY: M. E. Sharpe, 1982（岩佐代市訳『投資と金融』日本経済評論社、1988年）.

———. *Stabilizing an Unstable Economy*, New Haven, CT: Yale University Press, 1986; New York: McGraw-Hill, 2008（吉野紀、浅田統一郎、内田和男訳『金融不安定性の経済学』多賀出版、1996年）.

———. *Ending Poverty: Jobs, Not Welfare*, Annandale-on-Hudson, NY: Levy Economics Institute, 2013.

論文

Minsky, Hyman P. 1957. "Central Banking and Money Market Changes," *Quarterly Journal of Economics*, 71(2), May: 171–87（「中央銀行業務と貨幣市場の変容」岩佐代市訳『投資と金融』日本経済評論社、第7章、239-261頁、1988年に再録）.

———. 1957. "Monetary Systems and Accelerator Models," *American Economic Review*, 47 (6), December: 859-83（「代替的な金融方式と加速度原理モデル」岩佐代市訳『投資と金融』日本経済評論社、第11章、335-368頁、1988年に再録）.

———. 1959. "A Linear Model of Cyclical Growth," *Review of Economics and Statistics*, 41 (2), Part 1, May: 133–45.

———. 1961. "Employment, Growth and Price Levels: A Review Article," *Review of Economics and Statistics*, 43 (1), February: 1–12.

———. 1962. "Financial Constraints upon Decisions, an Aggregate View," *Proceedings of the Business and Economic Statistics Section*, Washington, DC: American Statistical Association, 256–67.

———. 1963. "Can 'It' Happen Again?" in *Banking and Monetary Studies*, Dean Carson, ed. (Homewood, IL: Richard D. Irwin). Reprinted in *Can "It" Happen Again?* Hyman P. Minsky, ed., 1982: 3–13（「大恐慌の再来はあるか」岩佐代市訳『投資と金融』日本経済評論社、第 1 章、21-33 頁、1988 年に再録）.
———. 1964. "Financial Crisis, Financial System and the Performance of the Economy," in *Private Capital Markets*, Commission on Money and Credit, ed., Englewood Cliffs, NJ: Prentice-Hall, 173–380.
———. 1964. "Long Waves in Financial Relations: Financial Factors in the More Severe Depression," *American Economic Review*, 54 (3), May, 324–35.
———. 1965. "The Role of Employment Policy," in *Poverty in America*, Margaret S. Gordon, ed., San Francisco: Chandler Publishing Company.
———. 1965. "The Integration of Simple Growth and Cycle Models," in *Patterns of Market Behavior, Essays in Honor of Philip Taft*, Michael J. Brennan, ed., Lebanon, NH: University Press of New England. Reprinted in *Can "It" Happen Again?* Hyman P. Minsky, ed.,1982: 258–77（「単純な成長モデルと循環モデルの統合」岩佐代市訳『投資と金融』日本経済評論社、第 12 章、369-392 頁、1988 年に再録）.
———. 1966. "Tight Full Employment: Let's Heat Up the Economy," in *Poverty: American Style*, Herman P. Miller, ed., Belmont, CA: Wadsworth Publishing Company, 294–300.
———. 1967. "Financial Intermediation in the Money and Capital Markets," in *Issues in Banking and Monetary Analysis*, Giulio Pontecorvo, Robert P. Shay, and Albert G. Hart, eds., New York: Holt, Rinehart and Winston, Inc.
———. 1967. "Money, Other Financial Variables, and Aggregate Demand in the Short Run," in *Monetary Process and Policy*, George Horwich, ed., Homewood, IL: Richard D. Irwin, 265–93.
———. 1968. "Aggregate Demand Shifts, Labor Transfers, and Income Distribution," *American Journal of Agricultural Economics*, 50 (2), May: 328–39.
———. 1969. "Private Sector Asset Management and the Effectiveness of Monetary Policy: Theory and Practice," *Journal of Finance*, 24 (2), May: 223–38（「民間部門の資産管理と金融政策の有効性―理論と実際―」岩佐代市訳『投資と金融』日本経済評論社、第 13 章、393-409 頁、1988 年に簡約版を収録).
———. 1969. "The New Uses of Monetary Power," *Nebraska Journal of Economics and Business*, 8 (2), Spring. Reprinted in *Can "It" Happen Again?* Hyman P. Minsky, ed., 1982: 179–91（「金融政策権限行使の新しい様式」岩佐代市訳『投資と金融』日本経済評論社、第 8 章、263-280 頁、1988 年に再録).
———. 1972. "Financial Instability Revisited: The Economics of Disaster," in *Reappraisal of the Federal Reserve Discount Mechanism*, Board of Governors, ed., Washington, DC, 95–136. Partly reprinted in *Can "It" Happen Again?* Hyman P. Minsky, ed., 1982（「金融的不安定性仮説の再考―「惨事の経済学」―」岩佐代市訳『投資と金融』日本経済評論社、第 6 章、175-237 頁、1988 年に一部割愛のうえ収録）.
———. 1972. "An Evaluation of Recent Monetary Policy," *Nebraska Journal of Economics and Business*, 11 (4), Autumn: 37–56.

———. 1972. “An Exposition of a Keynesian Theory of Investment,” in *Mathematical Methods in Investment and Finance*, Giorgio Szegö and Karl Shell, eds., Amsterdam, New York, London: North-Holland.Reprinted in *Can “It” Happen Again?* Hyman P. Minsky, ed., 1982: 203–30（「ケインズ投資理論の解明」岩佐代市訳『投資と金融』日本経済評論社、第 10 章、295-333 頁、1988 年に再録）.

———. 1973. “The Strategy of Economic Policy and Income Distribution,” *The Annals* (of the American Academy of Political and Social Science), 409, September, 92–101.

———. 1973. “Devaluation, Inflation and Impoverishment: An Interpretation of the Current Position of the American Economy,” *One Economist's View*, 1 (1): 1–7. St. Louis: Mark Twain Economic and Financial Advisory Service.

———. 1974. “The Modeling of Financial Instability: An Introduction,” *Modeling and Simulation*, 5, Part 1 (Proceedings of the Fifth Annual Pittsburgh Conference), 267–72. Reprinted in *Compendium of Major Issues in Bank Regulation*, Washington, DC: U.S. Government Printing Office, 1975, 354–64.

———. 1975. “Financial Resources in a Fragile Financial Environment,” *Challenge*, July–August: 6–13.

———. 1975. “Financial Instability, the Current Dilemma, and the Structure of Banking and Finance,” in *Compendium of Major Issues in Bank Regulation* (Washington, DC: U.S. Government Printing Office), 310–53.

———. 1975. “Suggestion for a Cash Flow-Oriented Bank Examination,” *Proceedings of a Conference on Bank Structure and Competition*, Chicago: Federal Reserve Bank of Chicago, 1975, 150–84.

———. 1977. “A Theory of Systemic Fragility,” in *Financial Crises*, Edward I. Altman and Arnold W. Sametz, eds., New York: Wiley, 138–52.

———. 1977. “An ‘Economics of Keynes’ Perspective on Money,” in *Modern Economic Thought*, Sidney Weintraub, ed., Philadelphia: University of Pennsylvania Press, 295–307.

———. 1977. “The Financial Instability: An Interpretation of Keynes and an Alternative to ‘Standard’ Theory,” *Nebraska Journal of Economics and Business*, 16 (1), Winter: 5–16. Reprinted in *Challenge*, March–April: 20–27, and in *Can “It” Happen Again?* Hyman P. Minsky, ed., 1982（「金融的不安定性の仮説—『標準理論』に代わるケインズ解釈」—」岩佐代市訳『投資と金融』日本経済評論社、第 3 章、95-111 頁、1988 年に再録）.

———. 1977. “How ‘Standard’ Is Standard Economics?” *Society*, March–April: 24–29.

———. 1977. “Banking and a Fragile Financial Environment,” *Journal of Portfolio Management*, Summer: 16–22.

———. 1978. “The Financial Instability Hypothesis: A Restatement,” *Thames Papers in Political Economy*, Autumn. Reprinted in *Post Keynesian Economic Theory*, Philip Arestis and Thanos Skouras, eds., New York: M. E. Sharpe, 1985, 24–55（「金融的不安定性仮説の再述」岩佐代市訳『投資と金融』日本経済評論社、第 5 章、139-173 頁、1988 年に再録）.

———. 1979. “Financial Interrelation and the Balance of Payments, and the Dollar

Crisis," in *Debt and the Less Developed Countries*, Jonathan David Aronson, ed., Boulder, CO: Westview Press, 103–22.
———. 1980. "The Federal Reserve: Between a Rock and a Hard Place," *Challenge*, May–June: 30–36（「ディレンマのなかの連邦準備制度」岩佐代市訳『投資と金融』日本経済評論社、第 9 章、281-294 頁、1988 年に再録）.
———. 1980. "Capitalist Financial Processes and the Instability of Capitalism," *Journal of Economic Issues*, 14 (2), June: 505–23（「資本主義的金融過程と資本主義経済の不安定性」岩佐代市訳『投資と金融』日本経済評論社、第 4 章、113-137 頁、1988 年に再録）.
———. 1980. "Finance and Profit: The Changing Nature of American Business Cycles," in *The Business Cycle and Public Policy, 1929–1980*, Joint Economic Committee, ed., Washington, DC: U.S. Government Printing Office. Reprinted in *Can "It" Happen Again?* Hyman P. Minsky, ed., 1982: 14–59（「金融と利潤―変質する合衆国の景気循環―」岩佐代市訳『投資と金融』日本経済評論社、第 2 章、35-93 頁、1988 年に再録）.
———. 1980. "Money, Financial Markets, and the Coherence of a Market Economy," *Journal of Post Keynesian Economics*, 3 (1), Fall: 21–31.
———. 1980. "La Coerenza dell'Economia Capitalistica: I Fondamenti Marshalliani della Critica Keynesiana della Teoria Neo-Classica," *Giornale degli Economisti e Annali di Economia*, 34, March–April: 3–181.
———. 1981. "Financial Markets and Economic Instability, 1965–1980," *Nebraska Journal of Economics and Business*, 20 (4), Autumn: 5–17.
———. 1981. "The Breakdown of the 1960s Policy Synthesis," *Telos*, (50): 49–58.
———. 1982. "Can 'It' Happen Again? A Reprise," *Challenge*, July–August: 5–13.
———. 1982. "The Financial-Instability Hypothesis: Capitalist Process and the Behavior of the Economy," in *Financial Crises*, Charles P. Kindlerberger and Jean-Pierre Lafargue, eds., New York: Cambridge University Press, 13–39.
———. 1982. "Debt Deflation Processes in Today's Institutional Environment," *Banca Nazionale del Lavoro-Quarterly Review*, (143), December: 375–93.
———. 1983. "Institutional Roots of American Inflation," in *Inflation through the Ages: Economic, Social, Psychological and Historical Aspects*, Nathan Schmukler and Edward Marcus, eds., New York: Brooklyn College Press, 266–77.
———. 1983. "Pitfalls Due to Financial Fragility," in *Reaganomics in the Stagflation Economy*, Philadelphia: University of Pennsylvania Press, 104–19.
———. 1983. "The Legacy of Keynes," *Metroeconomica*, 35, February–June: 87–103. Reprinted in *Journal of Economic Education*, 16 (1),Winter 1985: 5–15.
———. 1984. "Banking and Industry between the Two Wars: The United States," *Journal of European Economic History*, 13 (Special Issue): 235–72.
———. 1984. (with Steve Fazzari). "Domestic Monetary Policy: If Not Monetarism, What?" *Journal of Economic Issues*, 18 (1), March: 101–16.
———. 1984. (with Piero Ferri). "Prices, Employment, and Profits," *Journal of Post Keynesian Economics*, 6 (4), Summer: 480–99.
———. 1984. "Financial Innovations and Financial Instability: Observations and

Theory," *Financial Innovations*, Federal Reserve Bank of St. Louis, ed., Boston: Kluwer-Nijhoff, 21–45.
———. 1985. "Money and the Lender of Last Resort," *Challenge*, March–April: 12–18.
———. 1985. "Beginnings," *Banca Nazionale del Lavoro-Quarterly Review*, (154), September: 211–21.
———. 1986. "An Introduction to Post-Keynesian Economics," *Economic Forum*, 15, Winter: 1–13.
———. 1986. "The Crises of 1983 and the Prospects for Advanced Capitalist Economies," in *Marx, Schumpeter, Keynes*, Suzanne W. Helburn and David F. Bramhall, eds., New York: M. E. Sharpe, 284–96.
———. 1986. "The Evolution of the Financial Institutions and the Performance of the Economy," *Journal of Economic Issues*, 20 (2), June: 345–53.
———. 1986. "Global Consequences of Financial Deregulation," in *The Marcus Wallenberg Papers on International Finance*, Washington, DC: International Law Institute and School of Foreign Service, Georgetown University, 2 (1): 1–19.
———. 1986. "Money and Crisis in Schumpeter and Keynes," in *The Economic Law of Motion of Modern Society*, Cambridge, UK: Cambridge University Press, 112–22.
———. 1986. "Stabilizing an Unstable Economy: The Lessons for Industry, Finance and Government," in *Weltwirtschaft and Unterrelmerische Strategien*, Karl Aiginger, ed. (Vienna, Austria: Österreichisches Institut für Wirtschaftsforschung), 31–44.
———. 1986. "Conflict and Interdependence in A Multipolar World," *Studies in Banking and Finance*, 4: 3–22.
———. 1987. (with Claudia Campbell) "How to Get Off the Back of a Tiger or, Do Initial Conditions Constrain Deposit Insurance Reform?" in *Merging Commercial and Investment Banking* (Proceedings of a Conference on Bank Structure and Competition), Chicago: Federal Reserve Bank of Chicago, 252–66.
———. 1989. "Financial Structures: Indebtedness and Credit," in *Money Credit and Prices in a Keynesian Perspective*, Alain Barrère, ed., New York: St. Martin's Press, 49–70.
———. 1989. (with Piero Ferri). "The Breakdown of the IS-LM Synthesis: Implication for Post-Keynesian Economic Theory," *Review of Political Economy*, 1 (2), July: 123–43.
———. 1989. "The Macroeconomic Safety Net: Does It Need to Be Improved?" in *Research in International Business and Finance*, Vol. 7, H. Peter Gray, ed., Greenwich, CT: JAI Press, 17–27.
———. 1989. "Financial Crises and the Evolution of Capitalism: The Crash of '87—What Does It Mean?" in *Capitalist Development and Crisis Theory: Accumulation, Regulation and Spatial Restructuring*, Market Gottdiener and Nicos Komninos, eds., New York: St. Martin's Press, 391–403.
———. 1990. "Schumpeter: Finance and Evolution," in *Evolving Technology and Market Structure*, Arnold Heertje and Mark Perlman, eds., Ann Arbor, MI: University of Michigan Press, 51–74.

———. 1990. "Sraffa and Keynes: Effective Demand in the Long Run," in *Essays in Piero Sraffa*, Krishna Bharadwaj and Bertram Schefold, eds., London: Unwin Hyman, 362–71.
———. 1990. "Money Manager Capitalism, Fiscal Independence and International Monetary Reconstruction," in *The Future of the Global Economic and Monetary System*, M. Szabó-Pelsőczi, ed., Budapest, Hungary: Institute for World Economics of the Hungarian Academy of Sciences.
———. 1990. "Debt and Business Cycles," *Business Economics*, 25 (3), July: 23–28.
———. 1991. "The Instability Hypothesis: A Clarification," in *The Risk of Economic Crisis*, Martin Feldstein, ed., Chicago: University of Chicago Press, 158–66.
———. 1991. "The Endogeneity of Money," in *Nicholas Kaldor and Mainstream Economics*, Edward J. Nell and Willi Semmler, eds., New York: St. Martin's Press, 207–20.
———. 1992. (with Piero Ferri). "Market Processes and Thwarting Systems," *Structural Change and Economic Dynamics*, 3 (1): 79–91.
———. 1992. (with Piero Ferri). "The Transition to a Market Economy: Financial Options," in *The Future of the Global Economic and Monetary Systems with Particular Emphasis on Eastern European Developments*, M. Szabó-Pelsőczi, ed., Budapest, Hungary: International Szirak Foundation, 107–22.
———. 1992. "Profits, Deficits and Instability: A Policy Discussion," in *Profits, Deficits, and Instability*, Dimitri B. Papadimitriou, ed., New York: St. Martin's Press, 11–22.
———. 1993. "Schumpeter and Finance," in *Market and Institutions in Economic Development*, Salvatore Biasco, Alessandro Roncaglia, and Michele Salvati, eds., New York: St. Martin's Press, 103–15.
———. 1993. "On the Non-Neutrality of Money," *Federal Reserve Bank of New York Quarterly Review*, 18 (1), Spring: 77–82.
———. 1993. "Community Development Banks: An Idea in Search of Substance," *Challenge*, March–April: 33–41.
———. 1994. "The Financial Instability Hypothesis," in *The Elgar Companion to Radical Political Economy*, Philip Arestis and Malcom Sawyer, eds., Aldershot, UK: Edward Elgar.
———. 1994. "Full Employment and Economic Growth as an Objective of Economic Policy: Some Thoughts on the Limits of Capitalism," *Employment, Growth and Finance*, Paul Davidson and Jan A. Kregel, eds., Aldershot, UK: Edward Elgar.
———. 1994. "Integração Financeira e Política Monetária," *Economia e Sociedade*, No. 3.
———. 1994. "Financial Instability and the Decline (?) of Banking Public Policy Implications," in *Proceedings of a Conference on Bank Structure and Competition*, Chicago: Federal Reserve Bank of Chicago, 55–64.
———. 1995. "Longer Waves in Financial Relations: Financial Factors in the More Severe Depression II," *Journal of Economic Issues*, 29 (1), March: 83–96.
———. 1995. "The Creation of a Capitalist Financial System," in *The Global Monetary*

System after the Fall of the Soviet Empire, M. Szabó-Pelsőczi, ed., Aldershot, UK: Avebury, 153–70.
———. 1995. "Financial Factors in the Economics of Capitalism," *Journal of Financial Services Research*, 9, 197–208. Reprinted in *Coping with Financial Fragility and Systemic Risk*, Harald A. Benink, ed., Boston: Ernst and Young, 1995, 3–14.
———. 1996. "The Essential Characteristics of Post-Keynesian Economics," in *Money in Motion*, Edward J. Nell and Ghislain Deleplace, eds., New York: St. Martin's Press, 70–88.
———. 1996. "Uncertainty and the Institutional Structure of Capitalist Economies," *Journal of Economic Issues*, 30 (2), June: 357–68.
———. 1996. (with Dimitri B. Papadimitriou, Ronnie J. Phillips, and L. Randall Wray). "Community Development Banks," in *Stability in the Financial System*, Dimitri B. Papadimitriou, ed., New York: St. Martin's Press, 385–99.
———. 1996. (with Domenico D. Gatti and Mauro Gallegati). "Financial Institutions, Economic Policy, and the Dynamic Behavior of the Economy," in *Behavioral Norms, Technological Progress, and Economic Dynamics: Studies in Schumpeterian Economics*, Ernst Helmstädter and Mark Perlman, eds., Ann Arbor, MI: University of Michigan Press, 393–412.
———. 1997. (with Charles J. Whalen). "Economic Insecurity and the Institutional Prerequisites for Successful Capitalism," *Journal of Post Keynesian Economics*, 19 (2), Winter: 155–70.

インタビュー、返信、論評、解説、序文

Minsky, Hyman P. 1958. Reply to Colin D. Campbell, *Quarterly Journal of Economics*, 72 (2), May: 297–300.
———. 1963. Comments on Friedman and Schwartz's *Money and the Business Cycle*, *Review of Economics and Statistics*, 45 (1), Part 2, Supplement, February: 64–72.
———. 1963. Financial Institutions and Monetary Policy—Discussion, *American Economic Review*, 53 (2), May: 401–12.
———. 1969. Financial Model Building and Federal Reserve Policy—Discussion, *Journal of Finance*, 24 (2), May: 291–97.
———. 1971. The Allocation of Social Risk—Discussion, *American Economic Review*, 61 (2), May: 388–91.
———. 1979. The Carter Economics: A Symposium, *Journal of Post Keynesian Economics*, 1 (1): 42–45.
———. 1980. Discussion of the Taylor Paper, *Federal Reserve Bank of St. Louis Review*, April: 113–26.
———. 1988. Interview: "Back from the Brink," *Challenge*, January–February, 22–28.
———. 1989. Comments on Benjamin M. Friedman and David I. Laibson's "Economic Implications of Extraordinary Movements in Stock Prices; Comments and

Discussion," Brookings Papers on Economic Activity, 2: 173–89.
———. 1989. Foreword in *Financial Dynamics and Business Cycles*, Willi Semmler, ed., New York: M. E. Sharpe, vii–x.
———. 1995. Foreword in *The Chicago Plan & New Deal Banking Reform*, Ronnie J. Phillips, ed., New York: M. E. Sharpe.
———. 1999. A Letter to the Conference in *Economic Theory and Social Justice*, Giancarlo Gandolfo and Ferruccio Marzano, eds., New York: St. Martin's Press, 253–54.

書評

Minsky, Hyman P. 1952. *Cyclical Movements in the Balance of Payments* in *Journal of Political Economy*, 60 (2), April: 164–65.
———. 1959. *Business Cycle and Economic Growth* in *American Economic Review*, 49 (1), March: 161–62.
———. 1961. *Money in a Theory of Finance* in *Journal of Finance*, 16 (1), March: 138–40.
———. 1961. *Collected Economic Papers, Vol. I* in *Journal of Political Economy*, 69 (5), October: 497–98.
———. 1972. *The Demand for Money: Theories and Evidence* in *Econometrica*, 40 (4), July: 778–79.
———. 1972. *Money and Banking* in *Journal of Finance*, 27 (5), December: 1184–86.
———. 1973. *American Monetary Policy, 1928–1941* in *Journal of Economic Literature*, 11 (2), June: 543–44.
———. 1974. *Money and the Real World* in *Quarterly Review of Economics and Business*, 14, Summer, 7–17.
———. 1974. *Issues in Monetary Economics* in *Economic Journal*, 84 (336), December: 996–97.
———. 1976. *Did Monetary Forces Cause the Great Depression?* in *Challenge*, September–October: 44–46.
———. 1977. *Stagflation and the Bastard Keynesians* in *Journal of Economic Literature*, 15 (3), September, 955–56.
———. 1981. *Essays on Economic Stability and Growth* in *Journal of Economic Literature*, 19 (4), December: 1574–77.
———. 1981. "James Tobin's *Asset Accumulation and Economic Activity*: A Review Article," *Eastern Economic Journal*, 7 (3–4), July–October: 199–209.
———. 1983. *Our Overloaded Economy* in *Journal of Economic Issues*, 17 (1), March: 228–32.
———. 1984. "Frank Hahn's *Money and Inflation*: A Review Article," *Journal of Post Keynesian Economics*, 6 (3): 449–57.
———. 1985. *The Second Industrial Divide* in *Challenge*, July–August: 60–64.

———. 1985. *The Great Depression, 1929–1938: Lessons for the 1980s* in *Journal of Economic Literature*, 23 (3), September: 1226–27.
———. 1986. *The Zero-Sum Solution: Building a World-Class American Economy* in *Challenge*, July–August: 60–64.
———. 1987. *Financial Crises and the World Banking System* in *Journal of Economic Literature*, 25 (3), September: 1341–42.
———. 1987. *Casino Capitalism* in *Journal of Economic Literature*, 25 (4), December: 1883–85.
———. 1988. *Secret of the Temple: How the Federal Reserve Runs the Country* in *Challenge*, May–June: 58–62.
———. 1990. *The Debt and the Deficit: False Alarms/Real Possibilities* in *Journal of Economic Literature*, 28 (3), September: 1221–22.

ワーキングペーパーおよびメモ

Minsky, Hyman P. 1965. "Poverty: The 'Aggregate Demand' Solution and Other Non-Welfare Approaches," Institute of Government and Public Affairs, University of California, MR-41.
———. 1969. "The Macroeconomics of a Negative Income Tax."
———. 1971. *Notes on User Cost.*
———. 1982. "On the Control of the American Economy."
———. 1984. "Conflict and Interdependence in a Multipolar World," Washington University, WP No. 74, December.
———. 1986. "Global Consequences of Financial Deregulation," Washington University, WP No. 96, December.
———. 1991. "Financial Crises: Systemic or Idiosyncratic," Levy Economics Institute, WP No. 51, April.
———. 1991. "Market Processes and Thwarting Systems," Levy Economics Institute, WP No. 64, November.
———. 1991. "The Transition to a Market Economy: Financial Options," Levy Economics Institute, WP No. 66, November.
———. 1992. "Reconstituting the United States' Financial Structure: Some Fundamental Issues," Levy Economics Institute, WP No. 69, January.
———. 1992. "The Capital Development of the Economy and the Structure of Financial Institutions," Levy Economics Institute, WP No. 72, January.
———. 1992. "The Financial Instability Hypothesis," Levy Economics Institute, WP No. 74, May.
———. 1992. (with Dimitri B. Papadimitriou, Ronnie J. Phillips, and L. Randall Wray). "Community Development Banks," Levy Economics Institute, WP No. 83, May.
———. 1993. "Finance and Stability: The Limits of Capitalism," Levy Economics

Institute, WP No. 93, May.
———. 1993. (with Dimitri B. Papadimitriou, Ronnie J. Phillips, and L. Randall Wray). "Community Development Banking: A Proposal to Establish a Nationwide System of Community Development Banks," Levy Economics Institute, Public Policy Brief No. 3.
———. 1994. "The Essential Characteristics of Post-Keynesian Economics," Milken Institute for Job and Capital Formation, WP No.94-2,February.
———. 1994. (with Domenico Delli Gatti and Mauro Gallegati). "Financial Institutions, Economic Policy, and the Dynamic Behavior of the Economy," Levy Economics Institute, WP No. 126, October.
———. 1994. "Financial Instability and the Decline (?) of Banking Public Policy Implications," Levy Economics Institute, WP No. 127, October.
———. 1996. "Uncertainty and the Institutional Structure of Capitalist Economies," Levy Economics Institute, WP No. 155, April.
———. 1996. (with Charles J. Whalen). "Economic Insecurity and the Institutional Prerequisites for Successful Capitalism," Levy Economics Institute, WP No. 165, May.